우리문화재 풍수답사기 ④ 사찰
산 나고 탑 나고 절 나고

초판발행   2007년 5월 24일

글.사진   장영훈
펴낸이   서경원
디자인   맹기영
편집   김인아

펴낸곳   도서출판 담디
등록일   2002년 9월 16일
등록번호   제9-00102호

주소   서울시 강북구 수유6동 410-310 2층
전화   02-900-0652
팩스   02-900-0657
이메일   dd@damdi.co.kr
홈페이지   www.damdi.co.kr

지은이와 출판사의 허락없이 책 내용 및 사진,
드로잉 등의 무단 복제와 전재를 금합니다.

정가 15,000원
저자와의 협의하에 인지는 생략합니다.

2007 ⓒ 장영훈
Printed in Korea
ISBN 978-89-91111-26-4
978-89-91111-12-2(set)

우리문화재 풍수답사기 ❹ 사찰

장영훈 글·사진

산 나고 탑 나고 절 나고

도서출판 **담디**

머 리 말

　우리문화재풍수답사기 ①궁궐, ②왕릉, ③서원 발간 이후 한참 만에 사찰풍수를 집필하게 되었다. 개인적인 사정도 있었지만, 그것 때문에 늦어졌던 것만은 아니다.

　풍수를 처음 접했던 곳은 승려신분이었던 속리산법주사였다. 그 후 명산대찰들을 내 집처럼 돌아다녔다. 산사에서 풍수를 접했고, 도선국사 풍수현장을 통해 풍수가 생명정신이라는 것도 알게 되었다.

　대학 강단으로 들어와서는 구산선문 사찰들의 형세론을 분석했고, 화엄사찰에 걸린 형국론을 연구했다. 그와 더불어 제자의 도선국사 풍수 석사논문 현장지도, 사찰들의 풍수컨설팅 그리고 풍수배치와 설계에 풍수분석까지 현장실무도 수없이 하게 되었다. 그럴수록 사찰풍수의 중요성은 더더욱 다가왔다.

　한국풍수는 도선국사로부터 시작되었고 또 완성되었다. 그러나 불교왕조에서 유교왕조로 바뀐 조선시대에 도선풍수법맥은 끊겼고, 일제식민시대에는 식민사관과 식민풍수에 의해 한국풍수는 무덤이나 보는 발복 잡것으로 매도당하기에 이른다.

　오늘날 무덤풍수와 역풍수들이 한국사회를 활개치고 다니는 것도 풍수법통이 끊긴 풍수밥통현상에서 기인된 것이다. 결국 사찰풍수는 한국풍수 진면목을 밝혀주어야 한다는 사명감과 함께 재조명되어야 하는 한국전통학문의 현장으로 다가왔다.

　한국풍수 법통이 끊어지기 이전에 터잡이 한 명산대찰 속에는 한국풍수의 터무늬와 함께 토종풍수형국까지 들어있다. 이러한 우리풍수의 진면목들을 학문적으로 연결시켜야 하고, 게다가 풍수용어에 낯선 문화지식인들에게 정확히 전달하여야 한다는 사명감이 사찰풍수 집필을 그동안 망설이게 만들었던 것이다.

집필도중 많은 원고내용과 자료들을 칼질하여야만 했다. 방대한 현장자료들을 인용했다가는 문화지식인 조차도 읽지 않을 사찰풍수 학술논문이 되어 버리기 때문이다. 그것들은 제자와 후학들의 학술논문 감으로 남겨두기로 했다. 예컨대 사찰풍수현장사진 1만여 장을 갖고 있으나, 본고에 사용한 것은 고작 3백장도 못된다. 이것들은 후일 학술지를 통해 발표되리라고 본다.

사찰풍수집필에 정신적인 도반으로서 힘을 준 솔스님(백담사 선원장 신룡스님을 청산의 솔이라는 뜻에서 우리는 그렇게 칭한다), 현장작업을 묵묵히 뒷바라지해준 제자 김연호군(영남대학교 대학원 풍수지리 박사과정), 우리 것을 밝히는 것에 출판인으로서 투철한 사명감을 갖고 있는 서경원 대표(도서출판 담디), 그리고 마냥 사랑스럽기만 하던 부산대학교 풍수미학반 제자들의 맑디 맑은 눈 속에도 우리 땅의 기운들을 듬뿍 채워주고 싶다.

무덤발복 타령만 제외시키면, 풍수는 분명히 "한국학의 기초학문"이다. 이는 필자에게서 강의를 듣는 석박사과정생들이 이구동성으로 주장하는 발언이기도 하다. 그런 까닭에 "사찰풍수"라는 이 책이 재조명되어야 하는 우리풍수의 문고리를 잡을 수 있는 연줄이 되기를 지리산 천왕봉에다가 눈 맞춤하며 바래본다.

2007년 5월의 햇볕이 신록을 축제로 몰아가던 지리산 장풍의 품안에서 …

장 영 훈

차 례

머리말

불보사찰 영축산통도사

통도사와 통도한산	12
영취산문과 영축산	14
물줄기 따라 발품을	16
일주문과 장풍소식	22
절 나고 탑 났냐? 탑 나고 절 났다!	28
하로전 - 영축산 지령과 풍수사찰	31
중로전 - 석조봉발, 가출이냐? 출가냐?	40
상로전 - 적멸보궁과 좌혈	48
통도사 창건설화와 쌍룡농주형	56
통도사 산수의 비밀	64

화엄불국토 토함산불국사

서라벌 풍수와 문화유산	80
터무니없는 일주문	87
사천왕 배치와 풍수	92
화엄사찰 불국사	99
무설과 관음전의 소식	106
토함산 옥녀가 택지한 불국사	113
옥녀세발형이 걸러있는 불국사석단	119
다보탑과 석가탑의 풍수미학	126
풍수로써 드러나는 불국사의 비밀	136

법보사찰 가야산해인사

가야산	146
가야산과 해인사	150
일주문 공간과 형국	155
사찰마당과 화룡점정	166
석탑마당에서	173
대적광전과 해인사	178
장경판전	189
사찰의 풍수탑	198
해인사풍수의 비밀	203

승보사찰 조계산송광사

조계산	212
송광사	216
조계천 풍수지킴이 용두석상	221
특이한 문지방들	226
불교역사와 보조국사의 사상	230
대웅보전 앞마당	236
송광산의 지령소식	243
대웅보전이 거기에 있는 까닭은	254
송광사의 진면목	264
풍수볼거리와 국사인걸	271
사찰과 문화유산풍수	278

통도사와 통도한산

경주 남녘 통도사 나들목을 빠져나올 때, 서쪽을 쳐다본다. 눈썰미 있는 사람에게는 단박에 독수리가 연상되는 산이 보인다. 이런 것이 통도사 창건 당시인 신라시대에도 존재하고 있었던 토종풍수시각이다.

통도사는 경남 양산시 영축산에 있다.

경부고속도로를 타고서 경주를 지나 20여분을 더 가면, 통도사 나들목이 나온다. 이곳에서 서쪽을 보면 위 사진과 같은 산이 보인다.

취서산(鷲栖山:1081m)이다.

독수리 취(鷲), 깃들일 서(栖), 독수리 둥지라는 산이다. 산 정상 봉우리(1081m)를 독수리 대가리로 상상하여 본다. 그럴 경우 앞쪽으로 뻗어내린 산줄기는 주둥이에 해당된다. 이렇게 대가리만 잘 잡으면 그때부터는 양쪽 날개를 활짝 펼친 독수리모양이 연상되는 그런 산이다.

이곳 취서산을 영취산(靈鷲山)이라 하기도 한다. 영령한 독수리 산이라는 뜻이다.

이러한 영취산은 어느 산과도 통(通)했다. 그것은 인도[度]의 영축산이었다.

인하여 이곳에 절[寺]을 지으니 통도사(通度寺)가 되었다.

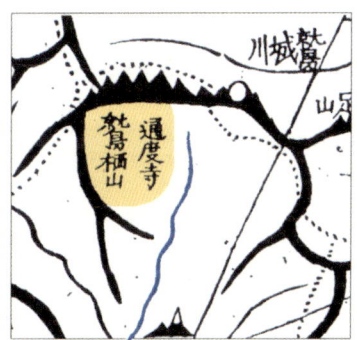

대동여지도에 나온 통도사.
고산자 김정호 선생께서도 독수리가 날개를 활짝 펼친 모양의 취서산을 그려놓았다.

영취산문과 영축산

통도사 출입문.
사진 우측에 있는 가장 높은 봉우리가 통도사 나들목에서 보았던 독수리 대가리이다.

나들목을 빠져나오면 5분 이내에 통도사 출입문을 만난다. 출입문 지붕 위로는 독수리대가리인 영취산 정상도 보인다. 그곳 정상을 기준으로 삼으면, 통도사 출입문은 우측에 있다. 그러므로 독수리 우측 날개 속에 들어 있다는 것이 통도사임을 알게 된다.

출입문에는 영취산문(靈鷲山門)이라는 현판도 걸려 있다. 그러나 이곳 사람들은 이를 영축산문으로 읽어 버린다. 비디오는 영취산문인데, 오디오는 영축산문인 셈이다. 이 같은 현상이 벌어지게 된 것은 이곳에서 풍수와 불교가 만났던 역사 때문이다.

글자는 분명히 "영취산문"인데, 여기서는 그렇게 읽지 않는다.

본래 영축산이란 인도에 있는 산이었다. 석가 생존시, 왕사성 동쪽에 있던 산이다. 독수리들의 서식지인 그곳에서 석가세존은 법화경(法華經)을 설했다. 석가세존이 열반하자 그 산은 영산(靈山)

성지가 되었다. 인도 영축산 이야기는 중국 당나라로 전해진다. 당시 당나라로 유학을 갔던 자장(慈藏)은, 인도순례는 물론 영축산을 본 적도 없었다. 그러나 영축산의 영산회상(靈山會上)이야기는 들을 수가 있었다.

귀국 후, 자장은 인도영산회상과 같은 사찰을 우리 땅에다 짓고 싶었다. 기왕이면 인도 영축산과 닮은 곳에다가 짓고 싶었다. 당시 신라에는 토종형국이라는 것은 있었다. 그리하여 646년, 자장은 독수리형국을 한 이산에다가 사찰을 택지하게 되었다.

그럴 경우 영취산은 풍수형국표기이며, 영축산은 불교 발음에 해당된다. 풍수형국 비디오와 불교 산명 오디오의 만남이 영취산과 영축산이었던 것이다.

식자들은 영축산 통도사의 이같은 통도(通度)를 두고서 〈차산지형 통어인도 영축산형(此山之形 通於印度 靈鷲山形)〉이라고 했다. "이 산의 모양이 인도 영축산과 통한다" 라는 뜻이다.

인도의 영축산 불교와 한국의 영취산 풍수 그리고 이곳 통도사는 그렇게 서로 통했다.

불교 영산회상이 풍수형국을 만나자 그곳에 불보사찰 통도사가 택지되었다.

불보사찰 영축산통도사

물줄기 따라 발품을

출입문을 넘자마자 보게 되는 통도사 풍경. 차도 무정과 인도 유정의 교차로이기도 하다.

통도사 출입문을 통과하자마자 길은 두 갈래로 나뉜다. 차도는 직진하고, 인도는 우회전 한다. 자동차 여행시대인 오늘날 대부분의 사람들은 곧장 직진차도로 질주해 버린다. 그럴 경우 우리는 통도사 들머리 풍광들을 놓치게 된다. 이는 제1막 공연을 놓친 관객이 제2막부터 관람하는 경우와도 같다.

통도사 제1막은 발품의 장이다.

발품을 팔아 들어선 들머리 길은 물줄기와 나란히 한다. 물줄기의 발원지에는 항상 산이 있었다. 산에서 물줄기는 시작되었고, 산이 마름하는 곳에서 물줄기는 마무리 되었다. 산줄기가 여유로우면 물줄기도 여유로웠고, 산줄기가 감아 돌면 물줄기도 구비 돌았다. 이러한 광경을 두고 선조들은 산수회포라 했다. 산수회포의 품안에 너른 터가 마련되면, 그곳에다 집을 지었다. 기왕이면 명당 집을 지으려했던 것이 한국인이었다.

명당(明堂)의 명(明)자는 밝을 명으로 일사량을 듬뿍 받는 양지바른 곳

물줄기 따라 절로 생겨난 절길.
이곳 물줄기는 통도사를 풀어주는 열쇠까지 쥐고 있다.

을 뜻하기도 했다. 또한 명당이란 용어는 마당에서 유래되었다. 그러므로 대표적인 명당 집들을 살펴보면 일사량을 듬뿍 받는 남향 마당이 있다. 남향집 주인에게 부러워서 물어보면, "3대가 적선하였기에 얻은 명당집" 이라고 은근히 가문의 자랑까지 늘어놓는다.

명당 집은 전면이 트여 있어야 한다. 전면을 가로막고 있는 산은 집을 답답케 하고, 그림자는 마당을 음침하게 만든다. 이를 피해 마당 전면은 높은 산이 없는 곳을 향하게 되었다. 산이 없는 낮은 곳에는 으레 물줄기가 흐른다.

전면에 물줄기를 둔 명당 집 뒷녘에는 항상 산이 있다. 그러자 산을 뒤에 두고 앞에는 물이 흐르는 배산임수(背山臨水)가 명당 집 입지조건이 되었다.

통도사 들머리 길에서 마주하게 되는 돌기둥의 정체는?

불보사찰 영축산통도사

깃대와 받침대를 연결하는 돌못도 볼 수 있다.

이곳 영축산 자락을 배산으로 삼아 물줄기를 전면에 둔 통도사 역시 배산임수에 택지된 사찰이다.

통도사의 임수 물줄기와 나란히 놓여 있는 옛길을 따라가면, 정오를 알리는 시계바늘처럼 서 있는 돌기둥을 만난다. 돌기둥 3개 중에서도 가장 긴 것을 당간(幢竿)이라 한다. 우리말로는 기둥이다. 짧은 돌기둥 2개는 지주(支柱)라고 한다. 우리말로는 받침대이다. 깃대와 받침대를 이리저리 살펴보면, 돌못 2개가 상하로 박혀있다. 돌못이 박혀있는 당간지주는 통도사에서 처음 보았다. 예전에는 이곳에서 이것을 본 기억은 없다. 근래에 누군가가 세워놓은 것 같다.

깃대를 당간이라 부르는 것은 깃대 꼭대기에 당(幢)이라는 깃발을 매달았기 때문이다. 당은 여기가 화엄세계라는 것을 알려주는 역할을 한다. 이 같은 당간지주는 화엄사찰(華嚴寺刹)에서만 볼 수 있는 물건으로 신라시대에 등장했다.

신라 제30대 문무왕 16년(676년)은 당나라군까지 몰아낸 실질적인 통일신라 첫 해였다. 그 해 의상대사는 부석사를 창건한다. 부석사를 화엄종찰로 삼아 시작되었던 것이 우리 땅의 화엄사찰들이었다.

그런데 이곳 통도사는 부석사보다 30년이나 앞선 646년에 창건된 사찰이다. 통도사 창건 당시에는 부석사와 같은 화엄사찰은 물론 당간지주라는 것도 없었다. 그러므로 이곳 당간지주만 보고서 통도사를 화엄사찰에다 연결시킨다면 통도사 답사는 처음부터 어긋나 버린다.

이곳에서 다시 몇 걸음을 더 가면 물줄기 위에 걸쳐있는 무지개 모양의 삼성반월교(三星半月橋)를 보게 된다.

통도사 물줄기를 건너는 삼성반월교. 이러한 물줄기를 지나면 일주문을 만나게 된다.

그러고 보니 산사 앞에는 항상 물줄기가 있다. 그로인해 우리는 물줄기를 건너서 절집에 들어서게 된다. 이러한 광경을 스님에게 물어보면 대게 이런 답변을 들려준다. 흐르는 물소리에 세속의 티끌들을 씻고서 절집으로 들어서라는 것이다. 그러나 이를 그대로 믿어버린다면, 한국사찰들의 터잡이 안목은 십만 팔천 리쯤 멀어져 버린다.

배산임수는 고래로 우리 땅 터잡이의 이상향이었다. 그런 까닭에 이곳 통도사에서도 그대로 적용된다.

이러한 배산과 임수 중에서도 한국인은 배산을 중요시 했다.

한국의 산은 아기자기하다. 아기자기하기에 뭇 생명들을 정겹게 키우는 그런 산이다. 그런 산에는 생명을 키우는 기운이 있다고 선조들은 생각했다.

봄, 여름, 가을, 겨울 … 이라는 영화 장면을 연상케 하는 오어사의 배산임수 풍경.

불보사찰 영축산통도사 *19*

생명을 키우는 기운을 생명지기(生命之氣)라 한다. 이러한 생명지기를 줄인 말이 생기(生氣)이다. 명당 집이라는 것은 생기가 충만한 집을 말한다. 집이 생기를 받으려면 산과 연결되어있어야 하기에 배산을 중요시 했던 것이다.

생기는 뻗어 내리는 산줄기를 통로로 삼아서 집으로 들어온다. 들어온 생기는 집에서 멈추어야 하는데, 그대로 통과해버릴 수도 있다.

이에 대한 대비책이 필요했다. 생기의 흐름을 관찰 하였던 것이다. 물줄기는 당연히 산줄기를 건너지 못한다. 산줄기 역시 물줄기를 건널 수는 없다. 그러자 생기는 물줄기를 건너지 못한다는 결과가 나왔다.

이러한 현상을 1700여 년 전, 당나라 풍수사들은 풍수용어로써 법칙을 정립시켜 놓았다. 땅속의 생기는 물줄기[界水]를 만나면 멈춘다[止]는 법칙(法則)에서 계수즉지(界水則止)라고 했던 것이다. 계수즉지라는 풍수법칙은 이곳 통도사 물줄기에도 들어있다.

배산의 산줄기를 생기 통로로 삼고서 임수라는 물줄기로써 생기를 멈추게 하는 곳에다 터잡이를 했던 것이 명당집들이며 명산대찰들이다. 배산임수로써 터잡이가 완료되면, 집을 지었다.

한국인의 집을 한옥이라 한다. 한옥 전면은 문짝과 창 그리고 대청마루로써 개방되어 있다. 뒷면은 기껏해야 봉창 몇 개뿐, 심지어 뒷벽 모두를 막아버린 한옥도 있다. 벽으로 막아버린 한옥 뒷쪽 장면은, 병풍처럼 막

지리산 배산임수 명당에 택지된 덕천서원, 이곳 한옥 전면과 후면에서도 배산임수와 초록이 동색임이 목격된다.

고 서 있는 배산 광경과도 닮았다. 문짝과 대청마루 등으로 트여있는 한옥전면은, 활짝 트인 임수공간과도 같다. 결국 배산임수와 한옥 또한 초록은 동색관계였다는 말이다.

배산임수 터에다가 배산임수 모양의 집을 지었던 것이 한옥이며, 한국의 명당 집들이었다.

통도사의 전각과 요사채들도 한옥양식을 하고 있다. 그런 까닭에 이곳 한옥들을 배산임수로써 조명하면 이는 통도사의 배산임수를 아는 것과도 같다.

절집 앞을 지나가는 물줄기도 그와 같다. 임수라는 계수즉지 역할을 담당하고 있기 때문이다. 더욱이 통도사의 물줄기는 이보다 더 중요한 상황에 관계되어 있기도 하다.

그 속에는 우리가 아직까지 모르고 있었던 통도사 입지의 비밀까지 들어있다. 계수즉지 물줄기 바로 옆에 당당하게 서 있는 통도사 일주문으로 발걸음을 옮겨보자. 그 속에는 우리문화유산에서만 볼 수 있는 광경들도 숨어 있다.

통도사의 한옥들. 배산임수에 따라 남향한 한옥들. 그러나 이곳 통도사에는 진신사리와 함께 무엇이 하나 더 있다. 이를 밝혀보는 것이 풍수테마여행의 매력이다.

일주문과 장풍소식

통도사 일주문.
우진각과 같은 팔작지붕의 일주문들도 있으나 역시 일주문은 통도사처럼 맞배지붕이 제격이다. 씨름선수처럼 당당하니까. 그 당당함에는 한국 산사에서만 볼 수 있는 풍수의 당당함도 들어있다.

일주문(一柱門)은 산사(山寺)의 첫 산문(山門)이다.

어느 사찰이건 일주문에는 산이라는 문패와 절집이라는 번지수가 나란히 걸려있다. 이곳도 영축산이라는 문패와 통도사라는 절집 번지수가 일주문 윗녘에 걸려있다.

통도사 일주문 양편 주련의 글귀는 어느 사찰에서도 볼 수 없었던 글들이다. 주련 글씨 중 불지종가(佛之宗家)는 부처님의 종가 집을 뜻한다. 통도사가 불보사찰(佛寶寺刹)이기에 걸린 것이다. 국지대찰(國之大刹)은 일국을 대표하는 큰 절을 가리킨다. 통도사는 예사로운 사찰이 아니다. 명산대찰 중에서도 삼보사찰에 속하며, 그 중에서도 으뜸인 국지불보사찰인 것이다.

일주문의 일주(一柱)는 하나의 기둥을 뜻하며, 이는 일심(一心)을 상징한다. 세속의 번뇌를 버리고서 오직 한마음으로 절집에 들어오라는 문인 것이다. 일주문은 배산임수 배치에 따라 임수 옆에 서 있는 것이 통상이다. 이러한 입지 조건으로 인해 일주문의 일심(一心)은, 물소리에 귀를 씻고서 산문에 들어서라는 통상 풍자로서 토를 달기도 했다. 그러다보니 계수즉지라는 물줄기의 역할은 오히려 뒷전으로 밀려 주객이 전도되었던 것이다.

사찰을 관람하는 대부분의 사람은 일주문 정면만 쳐다보고서 통과해 버린다. 문은 출입 통과 하는 용도이기에 그럴 수도 있고, 또 그런 행동은 일상적인 행위에 속한다. 그러나 그럴 경우 우리는 일주문에 담겨있는 볼거리 하나를 놓치게 된다.

일주문을 측면에서 살펴보면, 한 개의 기둥위에 무리하게 큰 맞배지붕이 올라타고 있다. 이는 송이버섯 모양을 연상케 한다. 우산을 펼쳐놓은 것도 같고, 돛폭을 펼친 돛단배도 연상된다. 이럴 경우 오뚝이를 거꾸로 세워놓은 것이기에 바람이 살짝 건드려도 일주문은 "우당탕" 거리며 넘어가야 한다. 그러나 명산대찰 일주문이 바람맞고 넘어갔다는 말은 듣지 못했다.

금정산 범어사 일주문은 1614년(광해군6년)에 세운 것으로 아직까지 원형보존을 잘 유지하고 있다. 4백여 년이 지난 오늘날까지 수백차례의 태풍이 부산 지역을 지나갔다. 몇 해 전, 부산에서는 철근콘크리트 5층 건물이 태풍에 무너

사찰 일주문 중 백미인 범어사 일주문

지기도 했다. 그러나 보란 듯이 당당하게 서 있는 것이 우리문화유산(부산문화재 제2호) 범어사 일주문이다.

서양건축의 모멘트논리로는 이해도 납득도 되지 않는다. 과학적 수치를 적용시키면 당연히 불안정구조의 일주문은 바람에 넘어져야 한다. 그

런데도 일주문이 사찰 앞에 멀쩡하게 서 있는 이유는 무엇일까.

1994년 여름, 당시 조계종 종정 월하스님과 무슨 인연이 있었기에 그랬는지는 모르겠으나 전무후무한 일이 있었다. 통도사 방장실에서 2시간 동안 단독으로 통도사 풍수인터뷰를 하였던 것이다. "산중명당은 금강산 유점사며 야지 명당은 영축산 통도사이다"라는 당시 월하스님의 풍수 고견이 있었다. 통도사가 풍수 명당이라는 것은 대한민국 사람 누구나 인정한다.

이러한 풍수(風水)의 풍(風)자는 장풍(藏風)에서 나온 말이다. 감출 '장', 바람 '풍' 글자 그대로 해석하면 장풍은 "바람을 감춘다"는 말이 된다. 생기(生氣)는 바람을 만나면 흩어지는 성질이 있다(風則散). 그러므로 생기를 모으기 위해서는 바람을 막아주는 국면이 있어야 한다. 명당 집 주위를 살펴보면, 산줄기들이 집을 감싸고 있다. 그 같은 산줄기들이

장풍국면 속에서 포근한 안식을 취하고 있는 통도사.
그런 까닭에 통도사 경내를 관람하는 우리 마음도 포근함을 느낀다. 분위기(雰圍氣)와 기분(氣分)의 관계다.

장풍국면을 만든다.

　통도사 일주문도 장풍국면 안에 입지하고 있다. 장풍국면은 외부에서 불어오는 거센 바람을 막아준다. 그런 까닭에 태풍도 일주문을 공략하지 못한다. 명산대찰의 일주문들이 끄떡없이 그 모양 그대로 서 있었던 것도 장풍국면에 입지하고 있었기 때문이다. 이것이 일주문 입지와 풍수국면의 연결 관계다.

　풍수의 장풍이 "바람을 감추고"라는 해석인데, 풍수 2대 원전 중에 하나인 금낭경에도 나와 있다. 모든 풍수서적들도 일제히 그렇게 써놓았고, 모든 식자들도 그렇게 해석하고 설명한다. 그런데 "바람을 감추고"라는 표현이 이상하다. 단지 바람을 막아준다는 뜻도 아니고 그렇다고 바람을 보관한다는 뜻은 더욱 아니다. 그렇다는 장풍의 진면목은 무엇일까?

　현장에서 볼 수 있는 광경이나 상황들을 글로써 옮겨 적은 것 중에 하나가 책이다. 그러므로 책은 필사본에 불과하고, 현장은 원본에 해당된다. 필사본을 원본에다 맞추려 하는 것은 모순을 발생시킨다. 풍수해석은 더더욱 그렇다. 한학에 밝아서 풍수고전을 독파했다는 사람도 있고, 사주명리를 깨우쳐서 풍수이치를 통달했다는 사람들도 있다. 그들이 책으로만 풍수를 풀어내려고 하는 방안풍수들이다. 방안풍수는 평생을 연구해도 반풍수 수준을 벗어나지 못한다. 오류투성이인 풍수필사본들을 신주단지 모시듯 믿고 있기 때문이다.

　현장에서 산전수전을 겪다 보면 산수 광경 그 자체가 그 뜻을 일러주는 경우가 있다. 장풍의 정체도 그중 하나다.

　장풍에서 가리키는 바람이란 단순히 불어오는 바람이 아니다. 그것은 산바람으로 비유되는 생기(生氣)를 뜻한다. "김씨 문종선산에다 아버지 무덤 잘 썼더니 산바람 맞은 그 집 아들 군수 발복했다"라는 식의 말을 예전에는 흔히 들었다. 이때 바람은 생기를 표현하고 있다. 소위 산바람 발복은 생기 발복을 가리켰던 말인 것이다. 그러므로 장풍은 "바람을 감추고"가 아닌 "생기를 감추고"로 풀어야 한다. 내가 "바담 풍"하더라도 너는 "바람 풍"으로 알아들어야 한다는 속담이 그런 경우다. 바람이라는 오디오 소리를 생기라는 비디오 장면으로 체득시켜주는 것은 현장만이 가능하다. 이를 두고 글소리만 내지 말고, 그 속에 있는 문리를 터득하라는 말이 생긴 것이다.

이와 유사한 현장비디오 장면이 통도사에는 있다. 일주문을 통과하면 천왕문이 보인다. 천왕문까지 이르는 길을 살펴보면, 우리가 알고 있는 직선길이 아니다. 천왕문 속에 들어가서 양편문짝 구멍을 카메라 파인더처럼 들여다본다. 동쪽 문구멍 속으로 일주문 곡선길이 한눈에 들어온다.

천왕문 동쪽문짝의 광경.
곡선 길에 걸린 일주문을 볼 수 있다.

오늘날 서양건축과 도시도로에 익숙해진 우리는 길은 직선축을 하고 있다고 생각하기 일쑤다. 그러나 우리 한옥에는 직선축이라는 것이 존재하지 않았다.

이번에는 반대편 천왕문 서쪽 문구멍을 또 다시 파인더보듯 들여다 본

천왕문 서쪽문짝의 광경.
불이문이 정중앙이 아닌 곡선각도
에 걸려있다.

다. 정면으로 보여야 할 청기와 팔작지붕이 한쪽 모서리만 보이는 광경을 목격하게 된다. 문제의 팔작지붕의 정체는 불이문이다.

그러므로 통도사 일주문을 들어서면 우리는 자신들도 모르게 곡선 길로 천왕문에 이르고, 또 다시 꺾인 길로 불이문에 이른다. 이러한 곡선광경들은 비단 통도사에서만 볼 수 있는 것은 아니다. 범어사, 화엄사 등등의 명산대찰과 궁궐과 심지어는 서원배치에서도 발견된다. 이제부터는 사찰답사 때, 이러한 우리 길들을 살펴보기로 하자. 그럴 경우 사찰답사는 더욱 재미있어진다.

어떤 경우에는 좌회전 곡선이 우회전 곡선으로 변했다가 다시 좌회전 곡선으로 배치된 S자 모양 길도 있다. S자 곡선이 심할 경우는 아무리 보아도 절집대문에 길이 없다는 착각까지 들게 하는 사찰도 있다. 경남 진주시 월아산 청곡사(879년. 도선국사 창건)가 그렇다. 이 곳 통도사의 경우는 우회전 곡선만이 존재한다.

통도사의 우회전 곡선길!

그 길을 그대로 따라가면 이곳이 불지종가임을 알리는 소식을 보게 된다. 소식을 듣는 것이 아니라 소식을 보게 된다. 이 곳 통도사에서는 …

불보사찰 영축산통도사

절 나고 탑 났냐? 탑 나고 절 났다!

텅 빈 통도사 법당 앞마당.
조명용도인 석등만 있을 뿐 당연히 있어야 할 탑도 없이 그대로 비어 있다.

우리가 보아온 사찰들의 법당에는 불상이 있고, 앞마당에는 탑도 있다.
그런데 불상이 없는 법당들이 있다. 통도사가 그 중 하나다. 통도사는 명산대찰 중에서도 불보사찰이다. 불보사찰 통도사의 법당 앞에는 탑도 없다. 이런 것이 통도사의 특징 중 하나가 되는데, 바로 그런 점이 통도사가 불지종가임을 성립시키고 있는 이유다. 무엇 때문일까?

불교는 석가를 교주로 삼아 창시된 종교이다. 석가세존 열반이후 5백년간은 불상이 존재하지 않았다. 이를 무불상시대(無佛象時代)라고 한다. 그렇다면 무불상시대에는 무엇이 경배의 대상이었을까?

석가열반 때, 수많은 진신사리가 나왔다. 진신사리는 탑에 안치되었는데, 이를 사리탑이라 한다. 사리탑은 자연스럽게 경배의 대상이 되었다. 사리탑 경배 시대에는 이를 지키는 승려의 안주처로서 동굴이나 움막이 있었을 뿐이다.

무불상시대에 알렉산더 대왕의 인도 정복전쟁이 있었다. 그로 인해 인도북부 간다라 지방에 그리스문화가 유입되기 시작한다. 그리스문화의 영향을 받은 간다라지방에서는 그리스조각처럼 섬세한 불상들이 만들어 졌다. 이것이 간다라 양식의 불교문화이다.

이렇게 만들어진 불상을 노상방치할 수는 없었다. 이를 모실 건물이 지어졌다. 불상은 더 없이 위대한 부처님을 상징한다. 귀품있는 건물을 짓고, 이를 금당(金堂)이라 했다. 석가는 전륜성왕도 되기에 이를 모신 금당은 대웅전(大雄殿)이라는 명칭을 달게 되었다. 오늘날 사찰양식들은 그렇게 만들어졌다.

그러므로 "절 나고 탑 났다"는 시각으로 사찰을 관람할 것이 아니라 "탑 나고 절 났다"는 시각으로 사찰들을 조명하여야 한다.

통도사보다 12년 전에 창건된 경주 분황사(634년 창건) 복원조감도를 보면, 탑 하나를 중심에 두고 이를 호위하듯 금당 3개가 배치되어 있다. 이를 일탑삼금당(一塔三金堂) 양식이라 한다. 그 당시 탑은 사리탑 성격을 띠고 있었

분황사 조감도.

기에 석가세존과 직접적인 관계를 갖는다. 그에 비해 불상은 석가의 형상을 조형한 간접적인 이미지 조성물일 뿐이다. 직접적인 원본과 간접적인 복사본의 차이라 할 수 있다. 귀중한 원본이기에 복사본들은 이를 감

싸고 있어야 한다. 탑을 감싸는 3개의 금당들, 이것이 일탑삼금당 양식의 정체다. 이러한 일탑삼금당 양식보다 원본의 중요성을 더 확실히 보여주는 현장이 있다. 이곳 통도사이다.

앞마당 탑까지 생략시킨 통도사 법당 뒤편에는 금강계단(金剛戒壇)이 있다. 금강계단을 살펴보면, 사각형 석단 중앙에는 찻잔을 엎어놓은 것 같은 석조가 자릴 한다. 석가세존의 진신사리를 봉안한 사리탑이다. 이곳 통도사에서만 볼 수 있는 광경이기도 하다.

종가 집에는 사당이 있다. 사당은 종가의 정통성을 상징한다. 석가세존의 사리탑이 있는 통도사의 금강계단은 종가 집 사당에 속한다. 이점 통도사가 불지종가(佛之宗家)라는 것을 보여주는 광경이다.

대부분의 사찰들은 일주문에서 천왕문 그리고 불이문이라는 삼문을 거쳐 법당까지 살펴보는 것으로 사찰관람은 일단락된다. 그러나 통도사 답사는 이제부터 시작된다. 시작된 답사 속에는 통도사를 국지대찰(國之大刹)로 만들어 놓은 자장율사의 풍수공사까지 들어있다.

통도사 법당 뒷녘에 자리한 금강계단. 통도사에서만 볼 수 있는 양식이며, 탑의 원본이다. 산(영축산)나고, 탑(금강계단 사리탑)나고, 절(통도사) 났다!

하로전 - 영축산 지령과 풍수사찰

통도사 하로전의 본전(本殿)인 영산전. 문짝 앞에 두 사람이 보인다. 스님은 출가사문이며 보살은 출타신도다.

가출(家出)은 집을 나갔다는 용어다. 시쳇말로 사고치고 집을 뛰쳐나간다는 행동에 속한다.

출가(出家)는 그러한 가출과는 다르다. 출가를 국어사전에서 찾아보면 "속가(俗家)를 떠나 불문(佛門)에 듦"이라고 나와 있다. 그러므로 무작정 집을 나가면 이는 가출에 해당되고, 절로 들어갈 작정을 하고서 집을 나가면 이는 출가쯤 된다. 어찌 보면 그 말이 그 말인 것 같다. 이러한 오해의 소지를 불식시키는 용어가 있다.

입산출가(入山出家)!

입산출가라는 말은 우리 귀에도 낯익고 무엇을 의미하는지 그 뜻도 자연스럽게 떠오른다. 반면 입산가출이라는 말은 그 자체가 생소하고 어색하기만 하다. 그 뜻도 그렇다. 억지로 갖다 붙인다면 뚱딴지같은 해석도 튀어나온다. "무작정 집을 뛰쳐나가 산으로 갔다"라는 말쯤 되는데, 이는 6.25때 산으로 도망친 빨치산 행동이 아니고서는 세상에도 없는 광경에 해당한다.

이렇게 헷갈리는 상황은 또 있다. 입산출가한 승려가 절집을 나가 환속해 버린다. 이는 가출에 해당될까, 출가에 해당될까, 이를 불식시키는 용어도 있다.

하산(下山)!

가로 가든 모로 가든 산의 입출(入出)은 절집의 입출(入出)과 항상 인연을 맺는다. 절집을 흔히 산사(山寺)라 하고, 절문을 산문(山門), 승려를 산승(山僧), 승려의 의복을 산납(山衲)이라 하는 등등, 산과 사찰을 동일시한다.

동일시하는 시각은 사찰문패에서도 발견된다. 영축산 통도사, 가야산 해인사, 조계산 송광사, 토함산 불국사, 속리산 법주사 등등이 그것이다.

이러한 산사문패들은 한국인의 족보와도 똑같다. 김해 김씨, 동래 정씨, 전주 이씨, 밀양 박씨라는 성씨 족보 속에도 땅(본관)을 달고 있는 것이 한국인이다. 모두가 터의 지령(地靈)을 받겠다는 바람에서 그랬던 것이다.

산의 지령을 받으려 했기에 배산 쪽에다가 한옥 안채와 사찰 법당을 잡았다. 그러다보니 집대문과 절집 일주문은 자연스럽게 임수부근에 세워지게 되었다. 배산임수에 의해 일주문과 법당 입지가 정해지면, 그 사이에는 천왕문과 불이문이 들어섰다. 이런 것이 우리사찰들의 기본골격이다.

통도사도 일주문, 천왕문, 불이문 그리고 법당이라는 순서를 보여주고 있다. 그로인해 우리는 산사 출입시, 다음과 같은 광경을 체험하게 된다. 일주문에 들어서서 법당 쪽으로 걸어갈 때는 당연히 배산은 가까워지고 임수는 멀어진다.

한데 통도사는 그와 다르다. 배산과 임수의 거리가 초지일관 똑같다는 것이다. 그러다보니 이색적인 광경까지 만나게 된다. 다른 사찰의 경우는 일주문에서 법당까지 걷다보면 한옥건물들과 마주친다. 일주문, 천왕문이 동향하고 있으면, 사찰의 주요전각과 주요 요사 채들도 동향하고 있기 때문이다.

통도사 관람객인 세 사람.
영산전을 옆 눈으로 보고서 걸어가는 광경은 이 곳에서만 볼 수 있는 장면이다.

그런데 이 곳 통도사에서는 동향한 문들을 통과하면서 걸어가지만 동향한 건물과는 마주하지 않는다는 것이다. 걸어가던 도중에 우측으로 눈길을 돌리면 건물들이 우리를 쳐다보고 있는 느낌까지 와 닿는다. 주요 건물들이 남향하고 있기 때문이다. 동향 길 조성에 남향 건물배치가 그런 광경을 만든 것이다.

여기에 다시 특이한 구조까지 끼어든다. 일주문에서 법당에 이르는 길은 마치 2개의 절집마당을 통과하고 있다는 그런 광경까지 보여준다. 전체를 들여다 보면 3개의 절집이 모여서 하나의 대찰을 만든 것이 통도사라는 생각까지 든다. 제1단지, 제2단지, 제3단지가 모여서 하나의 아파트단지를 구성하고 있는 것처럼 말이다.

천왕문을 들어서면 제3단지 절집을 가장 먼저 만나게 된다. 통도사의 대문인 천왕문 60m 앞에는 불이문이 있다. 천왕문과 불이문 사이가 3개 절집 중 첫 번째인 하로전(下爐殿) 구역이다. 법당을 관리하는 요사채를

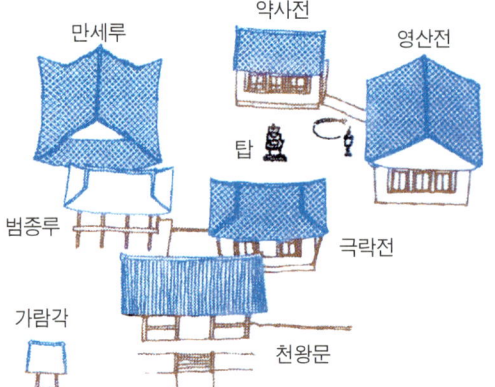

하로전 조감도.
배치자체가 하나의 절집조건을 갖추고 있다.

노전(爐殿)이라 부르는 절집 용어에서 볼 때, 하로전은 아래 절집 관리구역쯤 된다.

하로전을 구성하고 있는 건물로는 영산전, 극락전, 약사전, 만세루, 범종루, 가람각이 있으며, 마당 중앙으로 3층 석탑 하나가 있다. 천왕문을 절집 정문으로 삼을 경우 하로전은 하나의 독립된 사찰을 연상하기에 충분하다. 하로전을 하나의 사찰로 놓고서 이를 살펴보는 것도 문화재답사 시각을 향상시킨다. 마치 한눈에 볼 수 있는 문화재 기본 모델 하나를 공부하듯 배울 수 있는 곳이 이곳 하로전이기에 그렇다.

우리문화유산을 고찰할 때, 아주 유용한 방법이 있다. 건물문패들의 상하서열이다. 상하서열은 전(殿), 당(堂), 합(閤), 각(閣), 재(齋), 헌(軒), 루(樓), 정(亭)이라는 명칭 순으로 나열된다. 전(殿)이 가장 높고 정(亭)이 가장 낮은 서열 순이다. 이는 궁궐, 서원, 민가는 물론 사찰서열에도 똑같이 적용된다.

건물 명칭의 상하서열을 하로전에 적용시킨다. 그럴 경우 영산전(靈山殿), 극락(極樂殿)전, 약사전(藥師殿)이라는 전(殿)자 명칭을 달고 있는 3개의 건물들이 가장 높다는 판단이 나온다. 영산전은 석가여래불, 극락

1탑3금당 양식을 보여주는 하로전 광경.
사진 좌측에서부터 우측으로 약사전, 3층석탑, 석등, 영산전, 극락전이 보인다.

전은 아미타불 그리고 약사전은 약사여래불을 각각 주불로 삼고 있다. 석가불, 아미타불, 약사불이 한 건물에 들어있는 경우도 있다. 3개의 불상을 모신 법당은 대웅보전(大雄寶殿)이다.

가람각

하로전은 3부처를 각각 독립된 건물에 두고 있다. 3개의 전각들이 석탑 하나를 둘러싸고 있는 것이 또한 하로전의 배치다. 이를 1탑3금당 양식이라 한다. 하로전의 1탑3금당 양식 앞녘에는 만세루, 범종루 그리고 가람각이 자리

범종루

하고 있다. 이것들을 상하서열로 보면 각이 루보다는 상위이기에 가람각

불보사찰 영축산통도사 *35*

(伽藍閣)이 그 중에서 가장 높다. 비록 한 칸의 건물로서 규모는 작지만 사찰을 수호하는 가람신을 안치한 전각이다. 범종루와 만세루는 동등한 서열과 양식인데도 만세루 모양이 누대 양식에 어긋나 있다. 만세루도 원래는 범종루처럼 누대양식을 하고 있었다. 근래에 불교전시장 용도에서 벽을 덧붙여 놓은 것이다. 여기까지는 지상 건물을 대상으로 한 사찰관람에 속한다. 이러한 것들은 책자를 참고하거나 사찰 도우미의 설명을 들어도 알 수 있는 내용에 속한다.

하로전 속에 담겨있는 새로운 것들을 볼 수 있는 방법이 있다. 풍수시각으로 보는 터 읽기이다.

불령산 청암사 일주문, 도선국사가 작명했다.

우리 사찰들은 배산 지령과 접목되어 있다. 이는 불령산청암사(佛靈山靑岩寺)라고 써 놓은 일주문 현판에서도 읽을 수 있다. 불령산(佛靈山)이란 명칭은 불교(佛敎) 지령(地靈)의 산(山)이라는 뜻이다. 청암사의 청암(靑岩)이라는 글자는 풍수지맥 바위인 청맥(靑脈)을 가리킨다. 이와 같은 풍수해석은 청암사 창건주가 한국풍수의 원조인 도선국사라는 사실에서 뒷받침된다. 불교풍수지령을 받겠다는 불령산 청암사나 이곳 영산전이나 똑같은 풍수 선상에 놓여있기는 마찬가지다.

하로전 구역에서 영축산 지령을 받고 있는 것은 영산전이다. 지령(地靈)은 영령스러운 땅기운을 뜻하며, 이는 생기를 말한다. 생기가 땅 위로 용출하는 지점이 혈(穴)이다. 그러므로 영산전은 풍수 혈(穴)자리를 차지한 전각에 해당된다. 혈은 수호를 받아야 한다. 수호받지 못하는 혈의 생기는 보존되지 못하므로 제 기능을 다하지 못한다. 풍수에서는 이러한 수호신들이 있다. 사면에서 혈 자리를 수호하는 이것들을 사신사(四神砂)라고 한다. 흔히들 좌청룡 우백호라고 하는 것들이 사신사들이다.

영산전의 좌청룡 우백호에 해당하는 건물들로는 극락전과 약사전이 있다. 영산전에서 볼 때, 좌측에 있는 극락전은 좌청룡에 해당한다. 용(龍)은 하늘로 승천하여야 하는 동물이다. 만약 엎드려 있거나 부동(不動)의 자태를 하고 있으면, 이는 이무기가 된다. 그러므로 청룡은 출렁거리는 생동감이 있어야 제대로 된 생룡(生龍)에 해당한다. 이를 두고 풍수에서는 청룡완연(靑龍蜿蜒)이라 한다. 꿈틀대듯 생동감이 있어야 한다는 표현이다.

영산전 좌측에 자리한 팔작지붕의 극락전. 좌청룡에 해당되는 건물이다.

극락전 지붕을 보면 생동감 있게 활짝 펼쳐진 팔작지붕을 하고 있다. 청룡형상을 시각적으로 표현하고 있는 것이 이곳 극락전인 것이다.

영산전 우측에 자리한 약사전이 우백호이다. 약사전은 우백호이기에 좌청룡인 극락전과는 다른 형상을 갖고 있어야 한다. 만약 백호라는 호랑이가 청룡처럼 생동거린다면, 이는 호랑이가 설쳐대는 호환(虎患)에 해당된다. 그러므로 백호는 웅크리고 있어야 한다. 풍수에서는 이를 백호준거(白虎蹲踞)라고 한다. 백호는 웅크리고 있어야 한다는 용어가 백

영산전 우측에 배치된 맞배지붕의 약사전. 우백호에 해당된다.

호준거이다.

　약사전 지붕은 맞배지붕을 하고 있다. 시각적으로 보아도 맞배지붕은 팔작지붕과는 달리 웅크린 느낌이 든다. 백호준거와 통하는 형상인 것이다.

　만약 극락전 팔작지붕과 약사전의 맞배지붕이 정반대로 조성되었을 때는 어찌될까? 극락전 청룡이 웅크리는 모양을(맞배지붕) 보여주고 있다면, 이는 생용이 아닌 이무기가 되어 혈 자리를 해코지한다. 이와는 반대로 약사전 백호가 생동거리면(팔작지붕) 혈 자리는 호환(虎患)을 당하게 된다는 것이 풍수의 해석이다.

　영산전은 영산회상을 상징하기에 이는 영축산 지령과도 통한다. 영산회상이라는 불교 상징과 영축산이라는 풍수상징이 이곳 하로전에 담겨져 있다는 풍수시각은 다음과 같은 광경을 보아도 짐작할 수 있다.

　영산전 구역 동쪽에는 근래에 조성된 성보박물관이 있다. 성보박물관의 ㄷ자 모양의 평면도는 이곳 영산전의 좌청룡(극락전) 우백호(약사전)의 ㄷ자 배치와도 닮았다. 여기에 풍수 디자인 하나를 더 달고 있는 것이 성보박물관이다. 박물관 외형을 보면 ㄷ자 양녘에는 팔작지붕들이 있다.

박물관 전체건물을 감상하면 날개를 활짝 펼친 영축산 독수리 모양이 떠오른다. 영축산 독수리 형국을 ㄷ자 평면으로, 날개를 팔작지붕으로 디자인한 건물인 것이다. "그 터에 그 집이다"라는 속담까지 떠오르게 하는 성보박물관이기

날개를 활짝 펼친 영축산 독수리 모양으로 디자인된 통도사 성보박물관.

도 하다. 그런 까닭에 통도사 성보박물관 건물이 이곳 영축산이 아닌 다른 사찰에 조성된다면 무의미한 디자인이 되어 버린다.

성보박물관 형국보다 직접적인 풍수사건이 영산전에는 있다. 극락전과 영산전 사이에는 밥상만한 돌 하나가 보인다. 배례석도 기단석도 아닌 돌덩어리의 정체는 이렇다.

통도사에는 호혈(虎穴)이 있어 사부대중들이 직접 해를 당하기도 했다. 통도사 감로당에서 있었던 호환은 대중들 앞에서 벌어진 끔직한 사건이었다. 그래서 통도사 승려들은 호혈을 눌러야 한다는 결론을 내놓았다. 이러한 결론에 따라 풍수 압승(壓勝)에서 설치한 돌덩이가 이곳 호석(虎石)이다. 호랑이 기세를 눌러버리겠다는 호석을 자세히 살펴보면 호랑이 발자국 같은 것이 찍혀져 있다. 통도사에서 보게 되는 풍수사건 증거물 제1호다.

영산전 좌측에 있는 호석.

중로전 - 석조봉발, 가출이냐? 출가냐?

불이문 속에서 본 중로전 광경.
사진 중앙에는 이곳에서만 볼 수 있는 한 물건이 있다. 이 뭐꼬다!

하로전 관람을 끝내고서 불이문으로 들어서면, 이번에는 중로전(中爐殿) 광경이 펼쳐진다. 중로전에는 대명광전, 용화전, 관음전과 개산조당, 해장보각 그리고 세존비각이 있다.

하로전이 영산전을 중심으로 한 영산회상을 상징한다면, 중로전은 용화전을 중심으로 삼은 용화회상을 뜻한다. 영산회상은 석가불의 설법공간이며, 용화회상(龍華會上)은 미륵불의 설법공간이다. 미륵불은 석가출현 56억 7천만년 이후에 출현할 미래불이다.

중로전에서 관심을 끄는 것이 있다. 용화전 앞에 서 있는 석조봉발(石

무엇때문에 서 있는 물건일까?
모양부터가 아리송하여 봉발탑이라
고 잘못 해석한 문화재문패도 있다.
정확한 번지수는 석조봉발이다.

造奉鉢:보물 제471호)이 이에 해당한다. 비석에는 봉발탑이라고 써 있으나 이는 탑이 아니다. 돌로 조성한[石造] 발우(鉢盂)를 받들고[奉] 있기에 석조봉발이라 하여야 한다. 그런데 석조봉발의 배치와 모양이 이상하다.

우리가 보아온 대부분의 사찰 법당 앞에는 석탑이 서 있다. 그와는 달리 이곳 용화전 앞에는 석탑이 아닌 석조봉발이 서 있다는 것이다. 발우는 바루, 바리로 불려지기도 하는 승려들의 밥그릇을 말한다. 용화전 앞에다가 밥그릇을 세워놓았다는 것은 일반적인 상식으로서는 이해가 되지 않는다. 그래서 관심을 끄는데, 석조봉발의 모양까지 흥미를 자아내게 한다. 석조대 위에 올려놓은 발우 뚜껑을 살펴보면, 마치 불량학생이 쓴 모자처럼 비딱한 모습도 하고 있다.

비딱한 광경은 또 있다. 석조대 밑을 살펴보면, 석조봉발 지대석과 용화전 기단이 평행관계가 아니라는 것이다. 신성한 용화전 앞에다가 밥그릇을, 그것도 비딱하게 배치하고 기우뚱거리게 세워놓은 이유는 무엇일까.

용화전 앞에 석조봉발을 세운 이유는

용화전을 향해 목례하듯 서 있는 석조봉발.

불교경전에서 찾을 수 있다. 석가 생존 시 영산회상에서 석가는 제자인 가섭에게 다음과 같은 심부름을 시켰다. "가섭아! 미륵불이 출현할 때까지 열반에 들지 말고 있다가 용화회상의 미륵불에게 내가 사용하던 가사와 발우를 전해 드려라." 현세불(석가)이 미래불(미륵)에게 발우를 전하겠다는 경전의 내용이다. 이러한 발우전달 관계는 후대 선종불교에서 스승이 제자에게 법을 전하는 발우전수와도 같다. 이때 전수되는 발우는 전법관계의 증표가 되었다. 이것이 미륵불의 전각인 용화전 앞에 석조봉발이 서있는 이유다.

그러나 석조봉발을 비딱하게 배치시킨 이유에 대해서는 팔만대장경에도 나와 있지 않다. 통도사 기록을 보면, 용화전과 함께 고려말(공민왕18년)에 세워졌다고 추정될 뿐 조성자 마저 미상인 것이 이곳의 석조봉발이다. 그렇다면 650여 년 전에 조성된 석조봉발은 엿장수 마음대로 삐딱 기우뚱하게 만들어 놓은 우리문화유산이 되어 버린다. 후손인 우리가 그 이유를 풀지 못한다면 말이다.

이러한 석조봉발을 보이는 그대로 그 마음을 읽어보았다. 석조봉발의 지대석을 살펴보면 용화전 정면이 아닌 좌측문짝 쪽으로 비스듬히 박혀 있다. 석조봉발의 지대석은 해장보각을 향하고 있다는 것이다. 해장보각은 각(閣)이라는 건물서열에서 보듯 장경을 보관하는 장경각에 불과하다. 그런 까닭에 미륵불과 석가불을 모신 불전(佛殿) 서열과는 어깨를 나란히 할 수 없다. 그렇다면 석조봉발이 향하는 곳은 다른 지점에서 찾아보아야 한다. 전과 동등한 서열에 있는 것과 연결시켜야 한다는 것이다.

해장보각 너머로는 담장이 있다. 담장 너머에 있는 것은 금강계단이다. 금강계단 위에는 석가의 사리탑이 자리한다. 통도사 사리탑 양식은 복발형(覆鉢形)이다. 발우를 엎어 놓은 모양을 복발형이라 한다. 석가사리탑

석조봉발의 지대석 축선을 그어보면 금강계단 사리탑과 만난다. 사리탑도 발우모양을 하고 있다.

의 발우와 용화전 석조봉발의 발우! 이것들은 서로 연결될 수 있다.

   이쯤되면 이곳 석조봉발이 비딱하게 배치된 이유는 확연히 드러난다.

   금강계단에 있는 복발형 사리탑은 석가의 발우를 상징한다. 이러한 발우가 용화전 앞으로 이동한 것이 이곳 석조봉발인 것이다. 사리탑에서 전달된 석조봉발이었기에 그 각도가 정작 용화전과는 비딱하게 배치될 수밖에 없었다. 이와 같은 시각 속에는 석조봉발의 기우뚱에 대한 정답도 들어있다. 금강계단에서 전달된 발우는 용화전에 모셔놓은 미륵불에게 다시 전달되어야 한다. 그래서 석조봉발은 용화전을 향해서 기우뚱하게 조성시켰다. 석가 발우가 미륵불에게 전달되는 과정이 마치 무대연출처럼 펼쳐진 석조봉발의 광경이었던 것이다.

   이런 것이 터 읽기로 읽어보는 우리문화유산 이야기들이다. 중로전을 또다시 터 읽기 시각으로 조명하면 그 속에는 또 다른 볼거리가 들어있다.

   같은 하로전 구역안의 전각들은 나란히 배치되었을 거라고 생각한다. 바둑판같은 도시계획도 그렇고 벽돌처럼 짝을 맞춰놓은 아파트 단지 배치에 너무나 익숙해졌기 때문이다. 그러나 용화전과 해장보각은 사진에서 보듯 각도를 달리하고 있다. 건물들의 각도가 서로 다른 배치는 창덕

이쪽 용화전과 저쪽 해장보각. 기단과 지붕 선을 맞추어 보아도 서로 틀어져 있다는 것은 식별된다.
해장보각 너머에 있는 담벼락은 금강계단 담장이다.

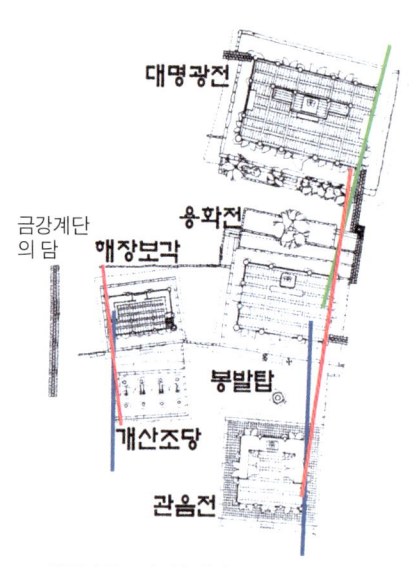

통도사 하로전 실측배치도.
나란히 직선 배치된 건물은 하나도 없다.

궁 외전과 내전에서도 발견된다. 창덕궁처럼 건물들이 서로 바라보듯 약간 틀어 놓은 것을 유정(有情)배치라 한다.

유정배치가 중로전 건물전체에 적용되어 있다. 이러한 광경은 통도사 실측배치도를 살펴보아도 목격된다. 중로전 주요 전각들의 평면도에 방향 축을 그어보면 평행직선 축이 아닌 사선직선 축들이 서로 겹쳐진다. 평면도에 그어진 저 같은 직선들은 무엇을 뜻하는 것일까?

학창시절 석고데생 수업 때, 이런 경험을 누구나 했다. 스케치북에 4B 연필로 계속 직선을 겹쳐서 긋자 곡선이 만들어진 광경이 말이다.

이곳 중로전의 직선축도 그와 마찬가지로 곡선을 만들고 있다. 대광명전과 용화전 관음전의 직선 축들은 동쪽을 감싸는 곡선을 그리고 있다. 반면 해장보각과 개산조당은 서쪽을 감싸는 곡선에 해당한다. 건물들의 곡선배치는 소수서원과 도산서원에서도 발견된다. 각각 문성공묘와 도산서당을 감싸는 장풍배치들이 그것이다.

통도사 중로전도 이것들과 마찬가지이다. 동쪽을 감싸는 중로전의 장풍곡선은 영산전을 감싸고 있다. 또한 서쪽건물들의 곡선배치는 금강계단을 감싸고 있다는 사실이 새롭게 드러난다. 동쪽의 영산전과 서쪽의 금강계단을 잇대어 보면 이는 영축산 통도사라는 산사명칭으로도 연결된다. 영산전은 영축산을 상징하고, 금강계단은 통도사 통도의 요체이기 때문이다. 하로전의 영축산과 상로전의 통도사를 연결시키고 있는 것이 이곳 중로전이라는 것이다.

관음전(앞), 용화전(중간), 대명광전(뒤) 건물들도 사진처럼 제각각 배치되었다.

이렇듯 우리문화유산들은 그냥 거기에 있는 것이 아니었다. 거기에 산이 있기에 산을 간다는 서양인의 사고까지 뛰어넘는 의미를 담고 있다.

그 터에 그렇게 서 있는 것에도 그에 합당한 이유가 존재하고 있었던 것이 우리문화유산들이다. 무작정 기울어진 서양의 피사의 사탑은 가출에 해당된다면, 석가세존의 마음을 표현하려는 작정을 하고서 기울여 놓은 석조봉발은 출가에 해당된다. 석조봉발을 서구시각으로 읽으면 불량시공이라는 불량학생의 가출이 될 수도 있다. 그러나 이를 한국인 전통시각으로 읽을 때, 비로소 석조봉발의 출가도 보인다는 말이다. 그런 것이 한국문화와 한국인의 관계이기도 했다.

예로부터 한국인에게는 어떤 모양을 닮은 산은 그 모양과 부응하는 힘을 갖고 있다는 의식과 시각이 있었다. 산악풍토의 한국산들은 그 형상들이 다양했고, 4계절은 산색을 변화 있게 만들었다. 형형색색의 산들을 바라보고 살았던 한국인들에게는 다른 민족에게서는 찾아볼 수 없는 전통시각이 있다. 전통시각 중 우리민족만이 갖고 있는 토종 시각이 형국론이다. 이는 우리토양에서 발생하였기에 이를 토종형국이라고 할 수도 있다. 토종형국이라는 시각은 수천 년 간 대물림되었다. 그런 까닭에 한국인의 형국시각은 오늘날 곳곳에서도 엿볼 수가 있다. 이곳 통도사도 마찬가지다.

통도사를 한 눈에 바라볼 수 있는 곳은 안양암이다. 통도사 산내암자인 안양암은 주차장도 마련되어 있어서 접근하기가 쉽다. 그래서 통도사 답사 때 꼭 들리는 코스가 되어 버렸다. 어느 날 안양암을 들어설 때였다. 암자 입구 쪽에 서 있는 한그루의 나무를 두고서 사람들이 웅성거리고 있었다. 무슨 일인지 궁금해서 다가갔다. 웅성거림 속에서 이런 말이 들려왔다.

"달마대사님이야, 영판 달마대사야", "두꺼비는 어떻고, 아이고 부처님, 관셈보살님…"

화제가 된 나무를 쳐다보았다. 나무가 자라다가 이상하게 성장한 탓에 혹 같은 것이 붙어 있었다. 그런데 혹의 모양이 천상천하 추남이신 달마대사님의 용안이시다. 아랫녘에는 추남의 경지를 넘어선 떡두꺼비 형상까지 보였다. 이런 모양을 보고서 그냥 지나치지 않고 의미까지 부여하는 사람들, 그래서 한국인이다.

안양암 나무의 달마대사.

안양암 나무의 떡두꺼비.

지천에 널린 것이 나무들이다. 별의별 나무들이 다 있다. 그러다 보니 그 중에는 안양암 나무 같은 것도 있을 수 있다. 확률로 따져도 로또복권 당첨확률 보다 훨씬 높다. 그런 생각을 하면서 안양암을 빠져 나왔는데 뒤통수를 잡아끄는 생각이 있었다. 왜 하필이면 사찰암자에 그것도 산신각 앞전에 달마형상이 있더란 말인가! 순간, 나도 모르게 안양암으로 발걸음을 되돌리고 있었다.

관세음보살…, 나도 어쩔 수 없는 한국인이다.

상로전 - 적멸보궁과 좌혈

통도사의 진체인 금강계단.
계단 중앙으로 진신사리를 봉안한 사리탑이 보인다.

 신라 중엽, 입당한 자장은 그곳 오대산에서 문수보살상을 친견한다. 그리고 꿈속에서 문수보살로부터 계를 받는다. 그때 진신사리 1백 알을 받았다고 전한다.
 귀국 후, 자장은 우리 땅 강원도 오대산에다가 문수보살이 상주할 월정사를 짓는다. 월정사 창건 3년 후, 진신사리를 봉안할 터를 물색하다가 독수리형국의 산을 발견한다. 그리고 그 산이 석가 생존 당시의 영상회상과 서로 통한다는 생각을 하게 된다. 그로써 통도사가 창건되었다. 진신사리에 관한 이러한 내용들을 소상하게 적어놓은 비석이 상로전 직전에 있는 세존비각(世尊碑閣) 이다.

세존비각을 지나면 상로전(上爐殿) 구역으로 들어서게 되고 법당을 만난다. 이곳에서 법당을 쳐다보면 적멸보궁이라는 현판 글자가 눈에 들어온다. 적멸보궁(寂滅寶宮)은 입적한 석가 불을 기리는 법당을 뜻한다. 부처의 입적

적멸보궁 현판을 달고 있는 통도사 법당.

은 인간의 죽음과는 다르다. 윤회는 물론 일체의 생멸자체가 없어져 버렸기에 적멸이라고 한 것이다. 이러한 보궁에는 불상마저도 모시지 않는 것이 적멸보궁의 특징도 된다.

우리 땅에는 5대 적멸보궁이 있다. 영축산 통도사, 오대산 상원사, 설악산 봉정암, 사자산 법흥사, 그리고 태백산 정암사가 이에 해당한다. 적멸보궁들은 모두 자장율사로부터 시작되었다. 사자산 중턱에 자리한 법흥사 적멸보궁에도 불상은 없다. 이곳 법당건물 뒤를 살펴보면 1층 석탑과 함께 무덤봉분 같은 것이 눈에 들어온다. 문제의 봉분 속에는 진신사리가 봉안되어 있다고 전한다. 이곳에서 법당을 생략시켜버린다면 석탑과 무덤만 남게 된다. 그럴 경우 이것은 누가 보아도 무덤이라고 단정하게 될 것이다.

법흥사 적멸보궁. 법당 안에는 불상이 없고 법당 내부유리창 너머로 석탑하나가 보인다.

법흥사 적멸보궁의 경우, 법당을 생략시킬 수 있으나 봉분더미는 생략시키거나 옮길 수도 없다. 만약 이곳 봉분을 다른 곳으로 옮긴다면 적멸보궁은 그 존재자체를 상실당하게 된다. 그 이유는 봉분이 있는 곳이 혈(穴)에 해당되기 때문이다.

법흥사 적멸보궁.
법당의 유리창 너머에 있는 석탑.
그 옆 무덤 같은 봉분 안에 진신사리가 봉안되었다고 전한다.

영축산 지맥선과 잇대어져 있는 통도사 금강계단.

　통도사 적멸보궁 혈 자리에는 금강계단이 조성되어있다. 그런 까닭에 통도사 법당 정면에는 금강계단 현판이 걸리게 되었다.

　사리탑이 있는 금강계단과 법당의 자리매김은 창건 당시와 똑같다. 이는 금강계단과 법당기단석들을 살펴보아도 알 수 있다. 땅에 박혀져 있는 이곳 기단석들은 통도사 초창기인 신라시대의 것들이다. 기단석 위에 지어놓은 한옥들은 모두 조선시대 양식에 해당한다. 터와 기단은 신라시대, 건물은 조선시대 것들이라면 당연히 터 읽기가 더 중요시 된다. 통도사 창건정신을 조명하려면 말이다.

　우리문화유산 중에는 절대 변형시킬 수 없는 것들이 존재하고 있다. 혈 자리를 차지하고 있는 대상물들이다.

터잡이를 할 때, 가장 중요시 되었던 것은 혈 자리를 찾았느냐는 것이 최대관건이었다. 혈(穴)을 잡았을 경우, 그곳에다가는 가장 중요한 건물을 앉힌다. 그런 까닭에 주요건물이 앉아[坐]있는 그 지점이 바로 혈(穴)이다. 이를 풍수용어에서는 좌혈(坐穴)이라 한다.

통도사에 있어서 가장 중요한 조성물은 진신사리를 봉안한 금강계단의 사리탑이다. 그런 까닭에 금강계단 사리탑은 좌혈을 하고 있어야 한다. 만약 사리탑을 좌혈시키지 못하였을 경우, 이는 화룡점정이 어긋난 통도사가 되어 버린다. 통도사 사리탑은 정확히 좌혈(坐穴)하고 있다. 좌혈 하고 있는 사리탑을 다른 곳으로 옮기면 사리탑의 좌혈 관계는 더 이상 성립되지 않는다. "터를 떠난 문화재는 문화재가 아니다"라는 격언 역시 이 같은 좌혈관계를 지적하고 있는 것이다. 그래서 좌혈한 건물은 절대로 옮길 수가 없었다. 또한 건물을 좌혈 시킬 때는 주변 광경 중 가장 적합한 곳으로 방향을 맞추어야 한다.

한국인에게는 남향선호사상이 있다. 남향선호에 따라 집을 정남향시켰다고 하자, 그럴 경우 그 집은 북좌남향(北坐南向)이 된다. 이런 것을 좌향(坐向)이라 한다. 좌혈한 집이 남향하고 있다는 것이 북좌남향이며, 풍수에서는 자좌오향(子坐午向)이라 한다. 쉽게 말하자면 남향집이다.

좌혈 하고 있는 명당 집 건물을 잘못 옮기거나 좌향을 다른 방향으로 변경시켰을 경우, 흉당 집으로 변할 수도 있다. 예컨대 선조들은 부자가 되라고 동쪽에 있는 곡식더미 모양의 산에다가 집 좌향을 맞추어 놓았다. 그런 동향집을 후일 어느 후손이 남향만 고집하다가 쪽박봉이 있는 남쪽으로 좌향을 잡아 현대식 건물을 신축해버렸다. 그러자 쪽박신세가 되어버렸다. 이런 것을 두고 소위 반풍수 집안 망친다는 말도 생겼다. 그러므로 오늘날 통도사의 금강계단과 법당은 창건당시의 좌혈과 좌향을 그대로 유지할 수가 있었다.

　한국의 전통건축을 음미하려면 두 가지 시각이 필요하다. 하나는 멀리서 바라보는 것으로 이는 풍수관산시각이며, 터잡이 풍수에 속한다. 또 하나는 그 속에 들어가서 주인시각으로 바라보는 것이다. 이때 주인시각이란 좌혈자리에서 모든 것을 해석하는 좌향시각을 말한다.

　통도사의 경우는 사리탑 좌혈자리에서 모든 것을 해석하여야 한다. 이것이 통도사의 좌향시각이다. 사리탑에서 전면을 바라보면 법당이 있다. 그런데 법당을 좌향시각으로 보면 우측으로 약간 틀어져 있다는 것이다.

금강계단에서 본 법당건물.
건물자체가 오른쪽으로 각도를 튼
광경이 식별된다.

이와 똑같은 광경은 조선왕조 왕릉에서도 발견된다.

　왕릉의 혈 자리는 봉분이 있는 곳이다. 봉분에서 좌향시각으로 전면을 바라보면 건물이 약간 우측으로 이동한 광경이 목격된다. 문제의 건물은 정자각(丁字閣)이다. 왕릉전면에서 약간 오른쪽은 풍수장이들이 가지고 다니는 패철 글자 중 언제나 정자(丁字) 방위에 해당한다. 그래서 전면에 있는 전각(殿閣)을 정자각(丁字閣)이라고 불렀던 것이다. 조선왕릉 봉분 우측에 배치된 정자각과 우측으로 틀어놓은 통도사 법당의 배치가 서로 통한다. 이와 같이 통하고 있는 광경 속에는 통도사 법당의 정체가 들어

태조왕릉에서 본 정자각.
홍살문과 정자각을 참조하면 정자각 자체가 오른쪽으로 틀어져 있음을 알 수 있다.

있다. 그것은 서쪽에 걸린 대웅전 현판까지 살펴보면 더욱 드러난다.

　법화경에서는 석가모니를 위대한 인물[大雄]로 기록하고 있다. 여기서 유래된 것이 대웅전(大雄殿)이라는 것이다. 또한 웅(雄)은 차차웅, 웅녀에서 보듯 왕을 말하는 소리글이다. 그러므로 대웅(大雄)은 대왕(大王)을, 전(殿)은 왕의 집을 가리키기에 대웅전은 대왕집이 된다. 어찌되었건 둘 다 석가의 집을 대웅전으로 보고 있는 것은 똑같다. 대웅전에는 석가모니 불상이 자리한다.

　그런데 대웅전 현판에 걸린 이곳 법당에는 불상이 없다. 그러므로 통도사 대웅전은 대왕집이 아닌 다른 용도 건물이라는 것이다.

　통도사 대웅전 건물을 살펴보면, 특이한 한옥 양식이 발견된다. 대웅전 팔작지붕을 하늘에서 내려다본다면 용마루들은 T자 모양으로 생겼다. 이는 T자 모양의 왕릉 정자각 평면도를 연상케 한다. 닮은꼴은 이것만이 아니다. 왕릉 정자각 뒤편에는 왕릉봉분이 혈 자리를 차지하고 있다. 통도사 대웅전 뒤편에도 사리탑이 혈 자리를 차지한다. 또한 왕릉은 죽은 왕을 안장한 것이기에 음택(陰宅)에 속한다. 사리탑도 입적한 세존 사리를 봉안한 것이기에 이 역시 음택에 해당된다. 양식과 평면 그리고

불보사찰 영축산통도사

풍수분류까지 공통점을 이루고 있는 정자각과 대웅전은 또다시 같은 배치까지 보여준다.

음택 공간에는 이서위상(以西爲上)이 적용된다. 양택(陽宅:주택)과는 반대로 서쪽을 높이 치는 것이 이서위상이다. 사리탑에서 좌향시각으로 보면 동쪽에 세존비각이 있다. "전당합각…"이라는 건물명칭 서열로 보아도 대웅전이 높고 세존비각은 낮다. 서열이 낮은 세존비각을 동쪽에 배치한 이유 또한 이서위상으로 따져보아도 합당하다. 이러한 음택 논리는 조선왕릉 배치에서도 찾아 볼 수 있다. 왕릉의 비각도 동쪽에 있기 때문이다.

백문이 불여일견이듯 조선 왕릉과 통도사 대웅전 경관들을 비교해보

선조왕릉전경 : 정자각 좌측에 비각, 정자각 뒤쪽에 왕릉이 있다.

T자형 정자각
T자형 법당

왕릉 봉분
금강계단 사리탑

왕릉비각
세존비각

통도사 법당전경 : 정자형 법당 좌측에 세존비각, 법당 뒤쪽에 사리탑이 있다.

면 서로 닮았다는 것이 한눈에 들어온다. 그러므로 통도사 법당은 대왕집이 아닌 왕릉 정자각 용도라는 것이 드러난다.

　우리문화유산 관람을 배로 즐기려면 전통시각인 좌향시각과 함께 약간의 풍수지식만 있어도 된다. 그럴 경우 우리문화유산들은 우리가 모르고 있었던 사실들을 무진장 보여주기 시작한다. 이곳 통도사도 그 중 하나다.

통도사 창건설화와 쌍룡농주형

 황당무계한 창건설화도 있다. 그러나 꿈보다 해몽이 중요하듯 이를 해석하는 시각이 더 중요하다.
 부석사 창건설화를 액면 그대로 소개하면 이렇다. 의상이 이곳에 절을 지으려하자 5백여 명의 무리들이 몰려와서 방해를 했다. 그때 신통한 광경이 벌어졌다. 커다란 바위가 스스로 공중 부양을 하더니 방해무리들 위를 빙빙 돌았다. 이를 본 방해꾼들은 걸음아 나살려라 하면서 줄행랑을 쳤다는 그런 내용이다. 백주대낮에 바위가 공중부양 했다는 그 이유에 대해서는 또 이렇게 덧달고 있다. 입당시절 선묘(善妙)라는 갑부 집 딸이 의상을 사모했다. 출가사문에 대한 연정은 이루어질 수 없는 사랑이라는 것을 깨달은 선묘는 바다에 목숨을 던져 의상의 수호용이 되었다. 이는 선묘용(善妙龍)이라고 전한다. 부석사 창건 당시 공간이동을 한 선묘룡이 투명인간처럼 수십 톤의 바위를 공중 부양시켰다는 것이다.
 오늘날 부석사에는 당시 공중부양을 했던 문제의 돌도 분명히 있고, 선묘각도 있다. 그러나 이러한 창건설화를 액면 그대로 믿는 사람이 있다면 문화유산답사 지식인으로서는 낙제생이다. 그렇다고 일고의 가치도 없는 공중부양창건설화라고 무시해버린다면 그도 F학점을 면치 못한다.
 부석사 창건 때, 큰 바위들이 이리저리 공중부양 했던 것은 당연하다. 부석

부석사 무량수전 옆에 있는 공중부양 돌.
부석(浮石)

부석사 축단.
삼국전쟁 당시 축성술과 성채공격 무기인 투석기와 거중기라는 토목 기술들이 몽땅 동원되어 조성한 사찰문화재다.

사의 거대한 축단을 보면 사람들의 힘으로써는 올려 쌓기가 불가능한 조성물임을 알 수 있다. 지렛대를 이용하고 거중기를 사용하여 밀치고 들어 올린 바위들로써 쌓았던 것이다.

토목공사가 한창일 때, 5백 명의 무리들이 쳐들어 왔다. 백두대간 첩첩 산중에 살던 그들의 눈에는 거중기에 매달린 돌들이 어떻게 비쳤을까. 신묘한 이적으로 보였든 아니든 보자마자 도망부터 쳤을 것이다. 우리 5백 명은 고작 몽둥이나 들고 있는 오합지졸 데모대인데 저쪽 의상세력들은 창칼을 든 정규군까지 합세한 기계화 사단이 아닌가. "걸음아 날 살려라…" 하고 말이다.

공중부양 바위돌들이 왔다 갔다 하는 광경에 부석사라는 명칭까지 합세를 한다. 뜬돌이라는 부석(浮石)이 아닌가….

언젠가 건축학부 학생들 강의 때, 이와 같은 설명을 해주었더니, 빠른 댓글 하나가 떴다.

"와아~ … 짱돌사!"

시쳇말로 "짱돌 맞고 물러갈래! 그냥갈래!"라는 으름장 슬로건에서 의상은 사찰이름까지 부석사(浮石寺)라고 칭했다는 것이다.

불보사찰 영축산통도사

통도사 창건설화 1번지에는 용의 집인 구룡지도 있고, 영축산 지킴이 산령각, 북두칠성신을 모신 삼성각도 있다. 불교와 토속신앙의 만남이다.

이곳 통도사에는 "짱돌 맞을래" 보다 더한 "피바다" 같은 창건설화도 있다. 게다가 더 또렷한 현장까지 갖추고 있는 통도사다.

통도사 법당 서쪽마당은 창건설화 1번지에 해당한다. 법당 옆에다가 연못을 두고 있는 사찰은 이 곳 통도사뿐이다. 문제의 연못 옆에는 산령각(山靈閣)도 있다. 산령각은 산신각을 말한다. 산신각에는 산신령과 호랑이 그림이 있다. 산의 인격신이 산신령이고 산에서 가장 힘센 놈이 호랑이다.

이렇듯 문무를 겸비한 산신각(山神閣)이 사찰에 있는 이유는 불교의 수용력 때문이다. 불교가 전래되기 이전부터 우리 땅에는 토속신앙이 있었다. 토속신앙은 유불선(儒佛仙) 사상 중, 선도(仙道)에 속한다. 산천초목과 천지신명의 영험함을 믿었던 한국인에게는 산신령도 호랑이도 신앙의 대상이 되었다.

그 중 하나가 산령각인데, 이러한 산신각들은 법당과 떨어진 곳에 조성되었다. 법당에서 보면 산령각, 산신각은 눈에 띄지 않는다.

그런데 통도사에서는 법당 가까이에서 나보란 듯이 산령각이 서 있는 이유

통도사 산령각의 산신령 탱화

는 무엇일까? 또한 산령각과 법당 사이에는 왜 연못이 놓인 것일까? 이것이 통도사 창건설화현장 1번지가 보여주고 있는 이색적인 광경들이다.

연못에는 구룡지(九龍池)라는 글자가 적혀있다. 아홉 마리 용의 연못이다. 통도사가 창건되기 일년 전, 자장은 서라벌에다가 거창한 목탑하나를 세웠다. 황룡사 9층 목탑이다. 이것도 아홉 마리 용에 해당된다. 황룡사의 9마리 용들은 황룡(黃龍)이기에 황제와 곤룡포에서 보듯 왕권을 상징한다.

그러나 이곳 통도사 9마리의 용은 그와는 다른 독룡(毒龍)들이었던 것이다.

통도사 창건과 맞물린 독룡이야기는 다음과 같이 전해오고 있다. 독수리 모양의 산을 발견한 자장은 영산회상임을 알아차리고 이곳에 이르렀으나 독룡들이 살고 있었다. 사찰을 지으려는 자장과 9마리 독룡들 사이에는 자리다툼이 벌어졌다. 혈전에 혈전을 거듭한 승패는 자장의 승리로 마무리 된다. 다툼에 패한 3마리의 독룡은 동쪽으로 도망쳐 삼동골이라는 지명유래를 남긴다. 5마리 독룡은 남쪽으로 쫓겨 가니 이것이 오늘날 상북면 내석리의 오룡동이다. 나머지 한 마리 독룡은 자장에게 참회하면서 통도사를 지키겠다고 빌고 또 빌었다. 눈물로써 참회하는 용에게 보금자리를 만들어 준 것이 대웅전 옆 구룡지라는 연못이다.

불보사찰 영축산통도사

사상전향한 독룡이 사찰을 수호하겠다고 했으니, 그때부터는 가람신에 해당된다. 이곳 산신령도 사찰을 수호하는 가람신이다. 호랑이와 함께 등장하는 산신령은 산을 다스리는 산신(山神)에 해당된다.

용은 용왕제, 용신제에서 알 수 있듯 물을 다스리는 수신(水神)을 상징한다. 통도사 가람을 수호하는 산신과 수신을 한곳에 모아 놓으니 이것이 산령각과 구룡지라는 이웃집 배치다.

통도사 창건설화는 부석사 창건설화의 뜬돌처럼 용들이 연루되어 있다. 이러한 상징은 통도사 이곳저곳에서도 발견된다. 법당 단청에도 금강계단 석문에도 다양한 용 문양들이 그려져 있다.

대웅전 동쪽계단에는 재미있는 볼거리도 있다. 계단 중앙에 있는 석조문양이 볼거리다. 대부분 사람들은 일반사찰에서 흔히 보았던 연화문이라고 두루뭉수리하게 넘겨짚을 수도 있다. 그러나 이곳의 창건설화를 알고서 바라보면 영락없는 용 껍데기이다.

통도사 법당 동쪽계단에 놓인 문양석. 불교미술전문가들은 이를 연화모양이라고 말하고 있다. 현장풍수전문가인 내 눈에는 용 껍데기로 보인다. 그것이 더 리얼리티하다고 생각한다. 그래야 통도사 창건설화와도 통하지 않겠는가.

절을 지으러왔던 자장에게 독룡들이 덤벼들었다. 그것도 아홉 마리가 조직폭력배처럼 대들었을 것이다. 그러자 부석사의 짱돌부양과도 같은 무력제압이 필요했을 것이다. 자장율사의 법력 앞에 겁 없이 대들던 독룡들은 그 즉시 피터지게 얻어맞았다고 창건설화는 전하고 있다. 그런 와중에서 더욱 격렬하게 대들던 독룡 한 마리는 확하다가 그만 껍데기까지 홀라당 벗겨졌나보다.

어찌되었든 보이는 만큼 말하자면, 용 껍데기 문양인 것은 선명하다. 이곳 석조문양이 연화문이냐 용 껍데기이냐의 판정은 목소리 큰사람이 이긴다. 그러나 통도사에는 목소리 적은 사람도 이길 수 있는 용 그림도 있다. 아직까지 그 누구도 그것이 용인지도 모르고 있는 한 폭의 그림이다.

성보박물관 관람실에는 『통도사 전경도』가 작자미상인 채로 걸려있다. 가로 세로가 76Cm×94Cm이기에 살펴보면 소나무 한그루까지 상세히 표현되어 있는 그림이다. 그 누구도 이 그림을 아직까지 풍경화로만

통도사 전경도.
차라리 "통도사 풍수도"라고 하여야 할 것이다. 봉발탑이 아닌 석조봉발이 더 정확한 명칭이듯이… 불끈 솟은 용의 귀도, 아가리 앞에는 여의주도 살짝 보인다.

불보사찰 영축산통도사

알고 있다. 그래서 제목도 그냥 『통도사 전경도』라고 소개한다. 그림을 살펴보면 통도사 전각들을 품고 있는 낮은 야산이 보인다. 산을 자세히 보면 꼬리도 있고 귀도 그리고 주둥이 앞에는 들머리에 있는 여의주 봉도 있음을 식별할 수 있다.

통도사 전경도, 용의 아가리 부분에 있는 여의주 봉. 영축산문 옆에 있다.

『통도사 전경도』는 단순한 풍경화가 아닌 용 뱃속에 들어있는 통도사를 그려놓은 풍수형국도였던 것이다. 이러한 통도사 광경을 표현하고 있는 풍수서 글귀절도 있다. 완이중축왈용지복(宛而中蓄曰龍之腹)이라는 산서 글귀다. 낮은 언덕 산의 중간인 완이중(宛而中)에는 산기운이 축척[蓄]되는데, 이를 일러[曰]용의 뱃속[龍之腹] 명당이라 한다는 내용이다. 통도사가 용의 복에 들어있다는 느낌이 한눈에 들어오는 광경은 안양암에서도 볼 수 있다.

이곳 관산점에서 살펴보면 북용의 머리 너머 저편에는 남쪽에서 뻗어온 산줄기 하나가 다시 통도사를 감싼다. 저것도 한 마리 용(龍)이다. 통도사를 직접 감싸는 북룡과 그리고 남룡 한 마리는 음(북)과 양(남)의 조화를 이루기에 암컷(음)과 수컷(양)이라는 쌍룡에 해당된다. 쌍룡 주둥이 앞에는 여의주 봉도 있다. 이 정도만 파악되면 통도사 풍수형국은 한목에 밝혀진다.

한 쌍의 용이 여의주를 희롱한다는 쌍룡농주형(雙龍弄珠形)이다. 이것이 통도사의 풍수형국이다.

형국이 밝혀지면 그때부터는 통도사에 숨어 있는 비밀들이 하나씩 드러나게 된다. 통도사형국으로 쌍룡농주형이 밝혀졌기에 이제는 용 뱃속만 잘 들여다 보면 되지 않겠는가.

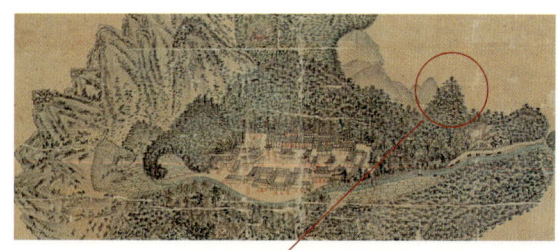

통도사 전경도에 나오는 용의 귀 부분에 해당하는 불끈 솟은 봉우리.
버스가 서 있는 경내 주차장에서 보면 저렇게 한눈에 보인다.

통도사 산수의 비밀

S자 곡선의 미인을 연상케 하는 C자 곡선의 일승교. 곡선미인과 미학은 있어도 직선미인과 미학은 없다. 자연은 절로 곡선을 이루었고 인류는 거기에서 아름다움을 배웠기 때문이다.

통도사에는 용(龍) 그림도 많고 다리도 많다. 통도사 출입문을 통과하자마자 만나는 첫 다리에서부터 통도사와 인접한 일승교까지 세어보면, 9마리 용들처럼 다리도 9개나 된다. 이렇게 많은 다리를 갖고 있는 사찰이 통도사다.

통도사의 일영교. 그 아랫녘에 있는 월영교가 이와 음양조화를 이룬다.

그중 미인의 곡선미를 연상케 하는 무지개 모양의 일승교(一乘橋)는 들어갔을 공덕이 예사롭지만은 않다. 일승교 아랫녘에 있는 2개의 다리 명칭은 일영교(日影橋)와 월영교(月影橋)이다. 일과 월은 음양을 뜻한다. 왜 이곳 다리에 음양이 걸려 있어야 했는지, 그것이 궁금했다.

1994년 여름 어느 날, 그 이유를 물어본 적이 있다. 문제의 다리를 조성했던 통도사 주지 태응(泰應) 스님에게 직접 물어보았다. 그러자 "이곳의 터가 세서 음양조화로 물줄기를 회통시키려고 일영교 월영교를 만들었지요."라는 답변이 있었다. "그래도 센 터이기에 일영교 건너편 동산 위에다는 오층석탑까지 복원시켰는데…"라는 답변까지 들으면, 누구라도 "이건 풍수다"라는 생각을 할 것이다. 그런데 왜! 두 물줄기가 만나는 이곳을 터가 세다고 하는 것일까?

두 개의 물줄기가 만나서 Y자 모양을 만든다. 이때 Y자 맨 위쪽 V자 속을 풍수에서는 두물머리, 또는 합수(合水)머리라고 부른다. "두물머리에 명당 있다"

통도사 물줄기 두물머리 정수리에 조성된 오층석탑. 불탑이 아닌 풍수탑이다.

는 말은 있어도, 터가 세다는 풍수법칙은 눈을 씻고 보아도 없다. 일영교 아래에는 삼성반월교가 있고, 그 아래 다리가 있고 더 아래에 또 다리가 있고, 이런 광경은 들머리에 있는 무풍교까지 이어진다. 이것이 통도사 물줄기에 걸린 다리들의 광경이다.

이와 더불어 통도사 산줄기에 관한 풍경에는 영축산을 상징하는 영산전에 들어있다. 영산전 중앙에서 전면을 쳐다보면 만세루가 있고, 만세루 지붕으로는 탑이 보인다. 터가 세서 세웠다는 문제의 오층석탑의 상류부였다. 오층석탑과 영산전은 서로 마주하고 있다.

영축산 풍수지령이 담긴 영산전과 마주하고 있는 탑이라면, 그것은 합수머리에 걸쳐놓은 풍수탑에 해당한다. 그러자 통도사 두물머리 지점에 이 같은 풍수상징들이 몰려 있는 것이 궁금해졌다. 이곳 합수머리라는 물줄기는 무엇을 담고 있는 통도사의 미스터리일까?

명산대찰의 물줄기에서는 수구막이와 수살막이가 발견되기도 한다. 어떤 사찰은 다리 중간에 용두를 조성하여 수구막이와 수살막이 역할을 담당케 한다. 대표적인 예가 조계산 동쪽에 있는 선암사 승선교와 조계산 서쪽에 있는 송광사 극락교이다.

영산전과 오층석탑도 그러한 수구막이이거나 수살막이라는 생각이 들었다. 그런데 이런 생각은 14년 전에 충분히 풀 수 있었던 문제였다. 다리와 함께 5층 석탑까지 조성했던 태웅스님에게 직접 물어보았더라면, 그 즉시 알 수 있었던 문제였기 때문이다.

그러나 그 당시는 그런 질문은 안중에도 없었다. 배낭 하나만 걸머지고서 이산 저산으로 찾아다니던 동가식서가숙 시절이었으니까 말이다. 게다가 매주 정확히 돌아오는 국제신문 전면 컬러판 현장풍수 신문연재 때문에 시간적 여유마저 없었다. 아마 그 때는 설령 5층 석탑에 관한 답변을 들었다 해도 대수롭지 않게 여겼을 것이다. 그때는 대수롭지 않게 여겼던 오층석탑 때문에 통도사에의 발걸음은 더 바빠져 버렸다. 헛고생 발품답사를 자초한 것이다.

영산전 옆에는 대웅전 서편에서 보았던 연못이 또 있다. 그렇다면 이곳 영산전 연못도 통도사 수호룡의 집이라는 상징이 부여된다. 대웅전의 연

영산전 옆에도 구룡지와 같은 용의 못이 있다.

66 산나고 탑나고 절나고

못, 영산전의 연못, 그리고 통도사 창건설화인 독룡이야기에 음양조화 다리까지 합수머리 주변에 몰려있는 광경들이다. 이것들을 하나씩 정리해 나가자, 모두 물이라는 공통점이 드러났다. 그렇다면 산자락에 둘러싸인 통도사와 물은 도대체 어떤 관계일까? 그때부터 관심은 자연스럽게 물로 쏠리게 되었다.

중로전 마당을 서성거리다가 불이문 옆에서 무엇 하나를 발견했다. 마당에 박혀있는 50Cm정도의 사각형 철판은 용도불명의 물건이었다. 맨홀 뚜껑도 아니고, 수도 계량기 덮개는 더더욱 아니다. 이것은 또 왜 여기에 있어야 하는지 그것이 궁금했다. 생각들이 설왕설래할 때 가장 확실한 해결책은 뚜껑을 열어서 직접 보는 것뿐이다. 다짜고짜 열어 보았다. 그랬더니 그 속에는 물이 가득 차 있었다. 축대공사로 메운 돌덩이들도 보였다. 돌로 둥글게 만든 시골 우물 속을 들여다보는 장면과 똑 같았다. 그렇다면 통도사는 물 위에 떠 있는 사찰이라는 것이다. 하천을 복개한 도로 위 노상주차장이 떠올랐다. 이 때 하천은 이곳 합수머리 녘의 물줄기며 복개도로는 부지, 그리고 주차된 차들은 통도사 건물들이라는 광경들이 교차 되었다.

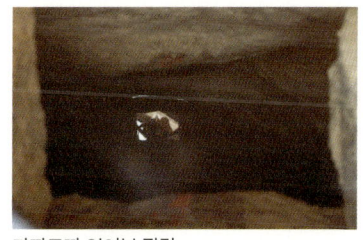
다짜고짜 열어본 광경.
물 위로 사진을 찍고 있는 모습이 투영되었다.

물판 위에 떠 있는 통도사!

그때부터 통도사에 관한 생각들이 반전하기 시작했다. 먼저 통도사 전체가 풍수명당이라는 선입견부터 버렸다. 그리고는 처음부터 다시 한다는 생각에서 산줄기와 물줄기들을 하나씩 살펴보았다.

통도사의 물줄기는 남쪽을 가로지르는 계곡 하나를 두고 있다. 오늘날 통도사 물줄기의 폭은 평균 13m라는 계산이 나온다. 물줄기를 대웅전

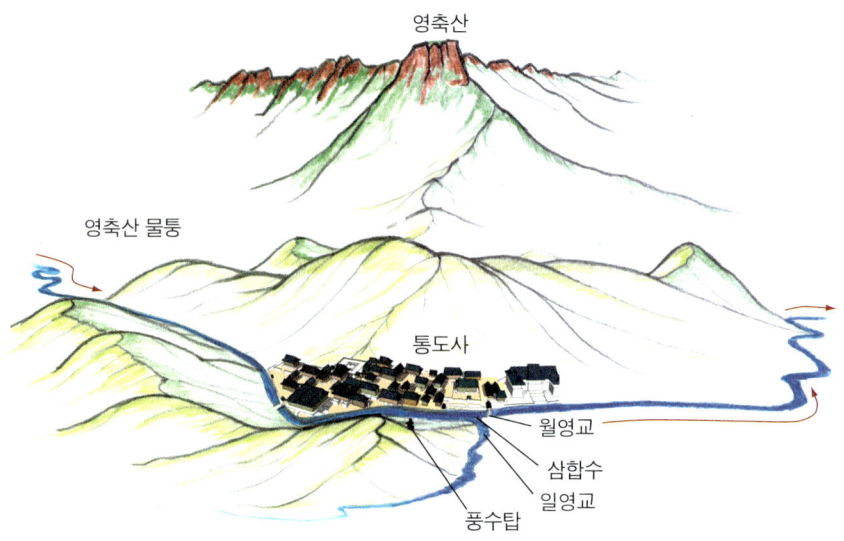

물줄기 옆에 자리한 통도사.
일영교, 월영교, 풍수탑, 그리고 물판위에 떠 있는 통도사가 연상되었다.

연못까지 연장시켜서 계산하면 100m라는 물줄기 폭이 나온다. 이것은 자장율사가 이곳을 택지했던 그 당시의 물줄기 폭에 해당한다. 폭이 100m에 이른다면 그것은 물줄기가 아니라 운동장만한 저습지이다. 평소에는 저습지였다가 장마 때는 일시에 큰 강을 이룬다. 이 같은 광경이 원래 통도사 터였던 것이다.

저습지에다가 사찰을 조성시키려면, 가장 먼저 축대공사부터 시작하여야 한다. 순수 인력만으로 축대공사를 했던 신라시대였다. 그러므로 폭 백 여 미터, 길이 이백 여 미터에 이르는 7천 여 평을 1년 공기 6개월 안에 메우는 작업은 불가능했다. 겨울이 있는 우리나라는 해빙기와 함께 여름장마를 피해야 하기에 어림잡아 6개월 축대공사가 가능하게 된다. 그래서 약 2천여 평 가량을 단계적으로 메워 갔던 것이다.

1차 축대공사 이후에 사찰을 조성한 것이 상로전 구역이었다. 2차 축대공사로써 생긴 것이 중로전 구역이고, 3차 공사 후 때는 하로전을 조성했다.

상, 중, 하라는 각각의 구역들은 독립된 사찰공간을 갖고 있다. 독립공간들은 완성 후 하나의 통일성으로 마무리 된다. 작은 사찰3개가 나란히 모여서 1개의 대찰을 만들었던 것이다. 상로전, 중로전, 하로전 공간들이 완성되자, 이번에는 일주문 천왕문 불이문에 걸린 길들이 어깨동무를 했다. 그러자 우리는 한식구라는 광경을 보여주게 되었다. 이것이 오늘날 우리가 관람하고 있는 통도사이다.

비개인 어느 날 일승교 부근에서 콸콸거리며 급히 내려가는 물들을 보고 있었다. 바위에 부딪치면서 솟구치는 물길은 용트림을 연상케 한다. 혹자는 이곳 물소리를 들으면 소동파의 싯귀가 생각난다고도 했던가….

일승교 물줄기에 바짝 붙어 있는 통도사 건물.

"시냇물 소리는 장관설이니 / 산색 또한 청정하지 아니 하리 / 밤새도록 팔만사천 목소리를 들려주는데 / 이를 어찌 다음날 타인에게 말할 수 있을까."

이 싯귀의 물소리처럼 요란스러운 이곳 물소리….

그러자 창건설화에 등장하는 독룡과 이곳 물줄기가 연결되었다. 용은 물을 상징하기에…. 그러면 '왜 자장은 이곳에다가 사찰 터를 택지하였을까?' 라는 의문이 머리를 쳐들었다….

그날 이후 달포가 지난 어느 날 이었다. 등고선 지도를 펼쳐놓고서 통도사 일대를 하나씩 분석해가자, 어느 한 곳이 이를 풀어줄 열쇠라는 생각이 스쳐갔다. 그로부터 몇 달 후, 영축산 동쪽답사 도중에 그곳 현장을 지나가게 되었고, 그때 그곳을 관산 해 보았다.

사진 좌측 아래로 못이 보인다. 이곳 사람들은 "한들 못" 이라 한다.

통도사 뒷녘에서 배경을 이루고 있는 영축산의 산줄기들. 그 얼 안에 한들못도 보인다.

"한" 은 크다라는 뜻이며, "들" 은 들판을 가리킨다. 큰 들판에 있는 저수지라는 것이 한들 못의 지명유래다. 이때 큰 들판이란 한들 못 주변에 펼쳐진 너른 터를 가리킨다. 사진으로 보아도 저쪽 산 아래에 펼쳐진 들판까지는 족히 3Km에 이른다. 이것이 이곳 큰 들판 공간에 해당되는데, 가장 먼 산봉우리까지는 십리가 훨씬 넘었다. 이제부터는 이러한 현장들을 하나씩 정리해갔다.

영축산 독수리 머리모양의 정상주봉에서 뻗어간 2개의 산줄기는 이곳 들판을 감싼다. 2개의 산줄기는 어느 한 곳에서 만나는데, 그곳은 통도사 정문 옆에 있는 여의주 봉 부근이다. 여의주 봉을 향해 두 마리 용이 주둥이를 내민다. 그러자 쌍룡농주형이라는 통도사 형국의 용들은 □자 모양의 지형을 만들어 놓는다.

　자장에게 얻어터지고 도망간 오룡들의 오룡골은 □자 바깥쪽에 붙어 있다. 삼동골도 마찬가지다. □자 형인 영축산 품안에서 독룡들을 밖으로 내친 것이다. 또한 □형 속으로는 장마철만 되면, 물들이 가득 차게 된다. 어림잡아도 육백여만 평에 이르는 거대한 영축산 물통에 물이 찬다. 영축산 물통에 담긴 물들은 모두 여의주 봉에 부딪치면서 진로를 남쪽으로 튼다. 이때부터 흐르는 물줄기가 양산천이다. 통도사와 양산천의 관계는 여기서 맞물리게 된다.

영축산 얼안을 통도사와 연관시켜서 관산점을 잡아 보았다. 그러자 영축산 물통의 배출구 지점에 택지된 통도사가 한눈에 드러났다.

불보사찰 영축산통도사

먼저 통도사 지역부터 풀어보면 한들못 인근지역의 분지는 수백여 만 평에 이른다. 장마철 때 이곳을 가득채운 물들이 어느 한 지점으로만 일시에 빠져나가는 현상이 벌어진다. 어느 한지점이란 일승교 부근으로 이곳의 폭은 고작 10여 미터이다. 최근 서해안 시화호 방조제 공사 마지막 물막이 광경이 TV에 방영된 적이 있었다. 콸콸거리며 용트림치던 유속은 집 채 만한 바위도 끌고 가 버린다. 그렇게 용트림 치던 일승교 바로 옆에다가 자장율사는 통도사를 택지했던 것이다.

1360년 전의 자장의 마음을 헤아러보았다. 영산회상이었던 인도의 영축산과 이곳의 산세가 유사하여 통도사를 택지했다는 것이 통도사 창건 설화다. 그러나 그러한 창건설에는 납득되지 않는 부분이 있다. 현장에서 직접 보면, 용이한 인근지역의 구릉지들은 제쳐두고서 가장 불리한 지점에 통도사를 택지하였기 때문이다. 누가 보아도 말도 안 되는 터에 해당된다. 통도사 택지가….

구글 지도로 잡아본 영축산 물통과 통도사 조감시각.

풍수지리라는 말은 풍수와 지리를 포함하고 있다. 이때 풍수적 시각은 명혈에 명당 집을 만드는 것이다. 이에 반해 주변 산천과 상황들을 살피는 것은 지리적 시각에 속한다. 그렇다면 통도사는 풍수적 시각에서 택지된 사찰만은 아니다. 오히려 물통구조라는 지리적 시각에 더 가깝다. 그것도 지리적으로 최악인 터에 통도사가 자리하고 있다는 것이다.

이 같은 추정은 통도사 사리가사 사적약록의 어느 대목과도 일치한다.

「… 신라 남쪽 산(영축산) 아래 독룡이 거처하는 연못이 있는데, 그곳 용들이 독해를 풀어서 비바람을 난폭하게 일으켜 농작물을 손상케 하고, 사람들을 괴롭히고 독해를 준다. 청컨대 그대(자장)가 용의 연못에 금강계단을 쌓고 불사리와 가사를 봉안하면 삼재(물, 바람, 불의 재앙)가 들지 않아 …」라는 기록이 일치하는 대목이다.

게다가 창건설화 기록들을 헛고생 발품답사라고 푸념하면서 보았던 광경들과도 비슷했다. 기록들을 다시 들춰보았다. 단지 용트림치는 통도사 물줄기로 인해 농작물이 손상되고, 사람들이 괴롭힘을 당한다는 대목 이외는 모든 것이 일치했다. 그렇다면 통도사 독룡(난폭한 물줄기)에게 괴롭힘을 당하고, 농작물까지 손해를 보는 피해자들은 누구를 가리키는 것일까?

통도사는 오늘날 경남 양산시에 소재하고 있다. 통도사에 관한자료 중 양산향토지를 읽다가 이를 풀어줄 수 있는 단서 하나를 발견했다. 2백6십여 년 전, 양산마을로 부임한 양산군수 권만의 행적이다. 조선 제21대 영조시절 권만은 양산의 가난을 물리칠 대책 하나를 세웠다. 그런데 그것은 풍수정책이었다.

권만 군수는 영축산 물통을 소의 뱃속으로 보았다. 풍수를 만병통치약으로 믿고 있었던 조선시대에 있어서 가장 배부른 발복을 가져다주는 형국은 와우(臥牛) 형국이었다. 엎드린 소[臥牛]가 되새김질을 하는 모습은 평화스러운 광경을 떠오르게 한다. 와우형을 등 따습고 배부른 풍수발복으로 믿었던 것이 조선시대 선조들이다. 권만의 풍수정책이란 이러한 와우풍수 기운을 이용하여 양산의 가난을 극복하려고 했던 것이 그 요지였다.

풍수정책이 시행되자 통도사 일대의 지명들은 모두 변경된다. 오늘날 행정지명이기도한 초산(草山), 지산(芝山), 순지(蓴池), 신평(新平), 목자동(牧子洞)이라는 지명들이 그때 생겨났다. 소의 먹거리인 풀더미(초산, 지산), 물(순지), 쉼터(신평), 목동(목자동)이라는 지명은 영축산 와우를 배부르게 한다. 배부른 소의 뱃속에서 흘러내리는 양산천은 영양가 있는 젖줄이 된다. 이 같은 젖줄은 아랫녘 양산마을을 배부르게 한다는 것이다.

과학적이지 못한 경제정책 논리이지만, 당시 권만 군수와 양산백성들은 이를 철저히 믿고 있었기에 말릴 사람도 없었다. 게다가 조선시대 권만 군수의 와우풍수 정책은 신라시대 자장율사의 통도사 창건과도 맞물린다.

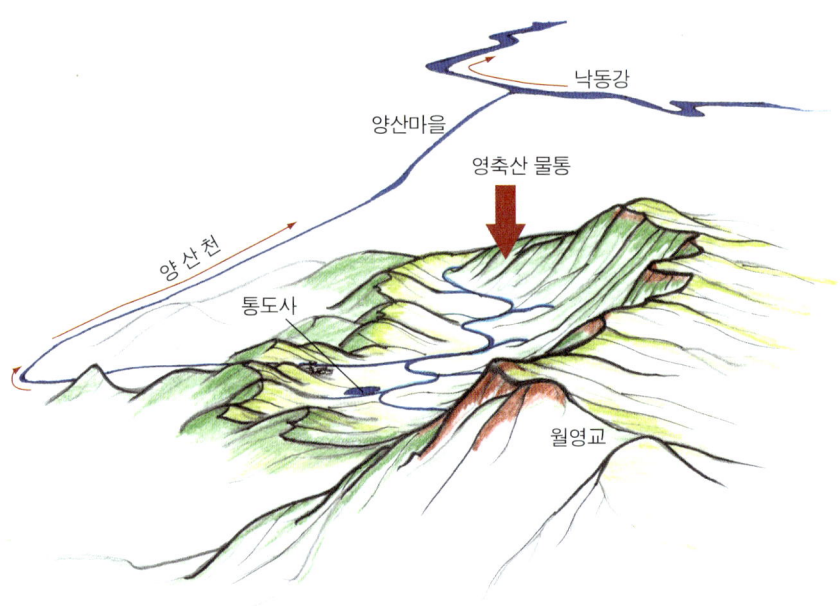

장마철에 영축산 물통 꼭지점(통도사 입지처)을 빠져나간 물들은 오십 리 직류수(양산천)를 이루며, 일시에 양산마을들을 덮쳐버린다.

장마 때면, 영축산 물통에는 물들이 가득 찬다. 그러다가 어느 순간 봇물 터지듯 넘쳐서 양산천과 합류해 버린다. 합류한 양산천 오십 리 하류에는 양산마을이 있다. 오십 리 양산천은 일자로 내리 꽂는 직류수이다.

S자 모양으로 굽이치면서 흐르는 곡류수는 들판을 고루고루 적셔주어 복을 가져다주는 길수(吉水)에 속한다. 그러나 일자로 흐르는 직류수는 모든 것을 휩쓸고 가버리기에 흉하다는 것이 풍수법칙이다.

영축산 물통의 범람과 오십 리 직류수가 합세한다면 순식간에 양산마을과 전답들을 쓸어버릴 것이다. 가득 넘친 물들이 그것도 일시에 쏟아 퍼붓는 그런 광경이다. 그로인해 양산마을의 가난은 매년 연례행사처럼 찾아왔다. 이것이 영축산 물통에 걸린 권만의 와우풍수 정책의 실체다. 이러한 광경 속에는 자장의 통도사 창건택지의 비밀을 풀어주는 열쇠가 들어있다.

영축산 물통의 물줄기가 가장 용트림치는 일승교 부근에 통도사를 택지했다. 영축산 물통을 물주전자로 치면, 주전자 주둥이 끝 지점에 통도사를 택지시킨 것과도 같다. 당시 독룡들의 서식지라고 표현되던 그곳 저습지에는 자장의 지휘아래 사찰축대공사가 시작되었다. 이는 영축산 물통 출구(수구막이지점 일승교 일대)에 제방공사를 한 것이다. 통도사 축대는 제방 역할을 겸하게 되었고 이로써 영축산 물통은 수위조절이 가능하게 되었다. 이것이 통도사가 이곳에 택지된 이유였던 것이다.

생명 있는 모든 것들을 성불시키겠다는 염을 세운 지장보살은 극락이 아닌 지옥에 계신다고 한다. 지옥이야말로 구제하여야 하는 많은 중생들이 있기 때문이다. 이곳 저습지에 통도사를 택지한 자장의 마음이 그와 같다. 더불어 이곳 통도사 역시 저습지라는 풍수 악조건 지옥을 스스로 찾아간 지장보살과도 같은 사찰이다. 중생구제를 위해서 말이다.

통도사 축대가 양산천 수위 조절을 통제하던 중, 그 역량이 못 미칠 경우도 생긴다. 이를 우려한 대비책에서 제2공구 중로전, 그리고 제3공구인 하로전이 연달아 조성되었다. 3공구 사찰로서 아무리 견실하게 축대를 쌓았다 하더라도 통제 불능 사태는 터질 수 있다. 엄청난 폭우가 통도사 경내까지 침수시킨다. 통도사가 범람되었을 경우 양산마을은 걷잡을 수 없는 비상사태에 이른다. 그런 사태가 한밤중에 일어나면 양산천에 걸린 마을 사람들은 잠을 자다가 졸지에 몰살당한다. 그럴 경우 통도사 승려들은 사찰 경내에 있는 대종을 힘껏 쳤다. 한밤 중 때 아닌 종소리는 양산마을의 비상사태 경보소리가 되었고, 사람들은 산 위로 피난할 수 있었던 것이다.

통도사는 영산회상과 영축산이 통도한다는 의미를 담고 있다. 또한 이곳 금강계단과 통도하여야 승려가 될 수 있다는 의미도 담긴 불보사찰이다. 여기에 또 하나의 통도사 통도가 있다. 통만법도중생(通萬法度衆生)이라는 통도(通度)가 그것이다.

그 중 "모든 진리는 회통 한다"는 통만법(通萬法)은 상구보리(上求菩提)에 해당한다. "중생을 제도 한다"는 도중생(度衆生)은 하화중생(下化衆生)과 통한다. 또한 위로는 깨달음을 구한다는 상구보리는 통도사 사리탑공간이 상징하고 있다. 아래로는 중생을 구제한다는 하화중생은 저습지 제방위에 요지부동하게 세워진 통도사가 그에 해당된다. 이것은 불보사찰의 하화중생 덕목과도 같다.

풍수에서는 이러한 사찰을 풍수비보사찰(風水裨補寺刹)이라 한다. 통도사는 불지종가(佛之宗家)인 불보사찰인 동시에 풍수비보를 베푼 국지대찰(國之大刹)이었던 것이다.

구한말에 촬영한 통도사의 옛 사진. 뒷녘에서 밀려오는 산기운을 느꼈다.

옛 사진과 같은 관산점에서 촬영한 오늘날의 통도사. 이곳에서 관산하자 물줄기가 밀려오는 광경이 잡혔다. 불지종가에 풍수비보의 국지대찰이 통도사임을 알려준 풍수관산점이기도 했다.

불보사찰 영축산통도사

화엄불국토 토함산불국사

서라벌 풍수와 문화유산

역사기록에 나오는 최초의 토종풍수현장인 반월성.
토함산이 굽어보고 있다. 토함산 지맥은 이곳 반월성까지 연결되어있다.

신라 제2대 남해왕(서기4년 ~ 24년)시절에 한 사나이가 토함산에 올라갔다. 사나이의 이야기는 삼국사기와 삼국유사에 나란히 나온다. 그중 삼국유사의 기록이다.

「… 그는 두 종을 거느리고 토함산에 올라 돌로써 임시 거처를 만들었다. 그곳에서 7일 동안 서라벌을 살펴보았다. 그러자 봉우리 하나가 눈에 들어왔다. 초생달기세[三日月勢]가 서린 그곳은 대대로 살만한 터였다. … 〈삼국유사 신역권 기이제2상 제4탈해왕조〉」

아직 보위에 오르기 전의 탈해 왕 이야기이다. 당시 탈해가 보았던 봉우리[見一峯]를 삼국유사는 삼일월세(三日月勢)였다고 기록한다. 삼일월은 초삼일의 초생달 모양을 가리킨다. 초생달은 갈수록 점점 불어나는 기세(氣勢)를 탄다. 그래서 기세를 받는 명당 모양에 속한다. 반면 보름달은 점점 기우러지기에 기세가 줄어드는 흉세(凶勢)며 흉당모양이다. 그와 같은 대목은 삼국사기에도 나와 있다.

백제가 망하기 직전인 660년 6월, 부여궁성에서 발견된 거북등에 새겨진 기록이다. 「백제동월륜(百濟同月輪) 신라여월신(新羅如月新)」, "백제는 둥근 보름달", "신라는 초생달"이라는 글귀 속에는 국운의 흥망까지 걸려있었다.

탈해가 보았던 삼일월세의 터는 오늘날 반월성(半月城)으로 경주시 국립경주박물관 바로 옆에 있다. 반월성이 풍수명당이라는 것은 이곳을 살펴보아도 짐작된다.

반월성 숲 사이로 남산이 보인다. 예로부터 남산은 반월성의 좌청룡이었다. 남산을 살펴보면 생동거릴수록 좋다는 좌청룡답게, 출렁거리는 광경이 눈에 들어온다.

반월성의 좌청룡인 남산.
청룡처럼 출렁거린다.

반월성의 우백호인 소금강산.
반월성을 지키듯 엎드려 있다.

　남산과 마주하는 소금강산은 반월성의 우백호이다. 백호는 엎드려 있어야 좋다. 그에 걸맞게 소금강산의 엎드린 형상까지 한눈에 들어오는 곳이 반월성이다.

　그렇다고 청룡과 백호가 그 같은 모양새를 갖추기만 한다고 명당조건이 성립되는 것은 아니다. 여기에는 2가지 조건이 더 붙는다. 전주작 후현무들도 합당한 모양새를 갖추어야 한다. 전주작(前朱雀)은 전면에 있는 산을 가리킨다. 주작(봉황, 종달새 등등의 날짐승을 상징 함)에 해당하는 앞산은 춤을 추듯 날아오는 모양을 갖추고 있어야 하는 조건이 붙는다. 이를 주작상무(朱雀翔舞)라 한다.

반월성의 전주작인 선도산

선도산을 좌측날개로 삼고서 날아오는 새 한 마리가 연상되었다. 비오탁시형 토종풍수현장인 오릉이다.

반월성 전면에는 선도산이 있다. 선도산을 풍수관산하면 반월성을 향해 날아오는 커다란 새 한마리가 잡힌다. 이때 선도산 정상은 전주작의 왼쪽 날개에 해당된다.

마지막 조건인 후현무(後玄武)는 현무수두(玄武垂頭)하여야 한다. 배산(후산)에 해당하는 산의 모양은 머리[頭]를 숙여[垂]주어야 한다는 것이 현무수두다.

반월성 후현무인 낭산.
토함산에서 뻗어 내려와 고개를 숙이고 있다.

반월성의 현무는 낭산이다. 토함산에서 뻗어 내린 산줄기가 낭산에 이르러서 반월성의 배산이 되었다. 그러한 낭산의 모습은 머리를 들이미는 현무수두까지 충족시키고 있다.

이러한 좌청룡, 우백호, 전주작, 후현무들을 풍수 사신사(四神砂)라고 한다. 사신사는 우리문화유산을 이해할 때 꼭 필요한 상식에 속한다. 고구려고분벽화에서도 발견되는 사신도(四神圖)가 사신사들이다. 고분 4벽을 장식한 사신도는 사신사 특징은 물론 배치도 똑같다. 그러므로 사신도를 이해하고 있으면 이는 이미 사신사를 알고 있는 것이다.

사신사 지식은 고분발굴에서도 사용되고 있다. 고분속의 유해가 오래되어 그 흔적 무늬마저 없었을 때도 사신도의 배치를 참고하면 유해의

복원된 청계천의 정조대왕능행반차도에 나온 사신사 중 좌청룡 깃발 그림.

좌향은 판정된다. 후현무 그림 쪽에 머리를 두고 발은 전주작 그림을 향해 유해를 안장시켰기 때문이다. 이러한 사신사는 오늘날 청계천 모자이크 타일에도 걸려있다. 이뿐만이 아니다. 우리가 보게 될 불국사에서도 사신사는 문화유산배치까지 풀어준다. 우리전통문화유산은 물론 오늘날 풍수인테리어까지 좌표역할을 담당하고 있는 것이 사신사이다.

낭산에 왕릉이 입지된 것은 647년, 제27대 선덕여왕릉이다. 현무수두의 산에 택지된 선덕여왕릉이기에 왕릉택지 양식도 수두혈(垂頭穴)왕릉을 보여준다. 선덕여왕의 수두혈 왕릉 모양을 사진으로 촬영하기란 불가능하다. 빼곡히 들어선 낭산의 소나무 숲 때문이다. 그러나 신라 재상의

신라재상 무덤인 기장마을의 수두형 산줄기 광경. 이보다 더 큰 산줄기 위에다가 사찰을 조성한 것이 화엄사찰들이다.

무덤인 기장의 차성묘를 보면 그 모양을 짐작할 수 있다. 무덤이 길게 뻗어 내리는 산줄기를 올라타고 있는 광경의 사진, 그 같은 형상이 수두형(垂頭形)이며, 수두형의 혈 자리를 차지하고 있는 봉분은 수두혈에 해당한다.

이 같은 수두형 광경은 사찰택지에 영향을 주었는데, 그것은 화엄사찰이다.

선덕여왕릉 택지 30년 후, 봉황산 산줄기를 올라탄 부석사가 수두형 입지를 보여주고 있다. 부석사의 수두형입지는 이후 화엄사찰들의 택지양식이 되었다. 부석사가 수두형 택지를 하게 된 이유는 역사에서 찾을 수 있다.

신라는 화백제도에 의해 경영되었던 나라였기에 초기왕권은 삼국 중 가장 허약했다. 그러던 신라가 삼국통일을 이루자, 신라왕에게는 더 이상 대적할 왕들이 없었다. 그러자 신라왕은 무소불이의 권력을 추구하기에 이른다. "왕즉불(王卽佛)!", "왕은 즉 부처다!"라는 위상에까지 이르렀던 신라왕들이었다. 이러한 통일신라의 전제군주왕권은 불교와 동조를 이룬다. 그러자 특이한 사찰양식이 창출되었다. 그것은 30여 년 전에 창건된 통도사 양식과는 완연히 달랐다. 왕의 권위를 한껏 높이려면 왕즉불

높은 곳에 법당을 택지시킨
화엄사찰 범어사.

화엄불국토 토함산불국사   85

을 상징하는 불상을 높은 곳에 두어야 한다. 왕의 신분을 신성시하려면, 불상을 모신 법당은 일주문과 멀리 떨어져 있어야 한다.

오늘날 일주문을 들어서서 한참을 가다보면 높은 곳에 법당이 자리하는 사찰들이 있다. 이것이 화엄사찰들이다.

결국 서라벌 낭산의 현무수두가 신라왕릉 수두혈 택지와 양식을 만들게 하였고, 왕릉의 수두형은 수두형 양식의 화엄사찰을 창출하였던 것이다. 서라벌이라는 양기풍수(陽基風水)가, 음택풍수인 신라 왕릉과 양택풍수인 화엄사찰들의 뿌리였다는 것이 밝혀지자, 이런 말이 떠올랐다.

"풍토는 맹모삼천지교보다 더 위대한 문화교육자다!"

화엄사찰들을 앞세운 통일신라는 정말 잘 나가고 있었다. 그러자 왕의 권력이 정점을 이루었던 제35대 경덕왕 10년(751년)에는 더 거창한 역사가 시작되었다. 불국사가 화엄사찰로서 대중창을 시작하게 된 것이다.

우리가 관람하게 될 불국사는 이러한 역사문화 풍토의 흐름 속에 있다.

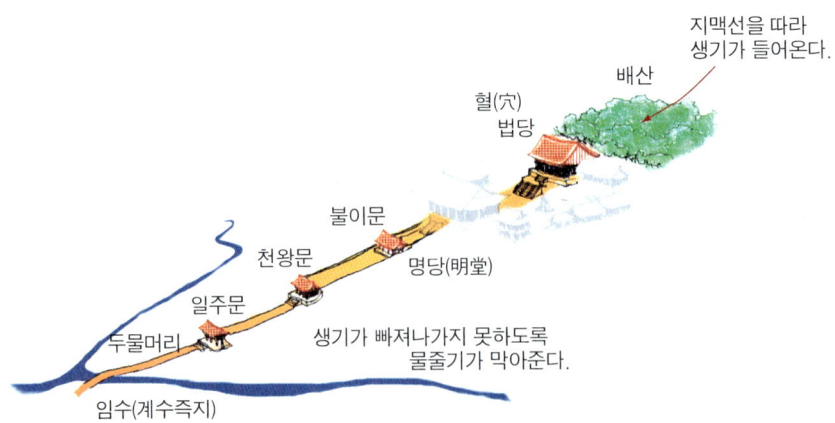

화엄사찰특유의 배치양식과 풍수구조.
일주문에서 법당까지 길게 늘어선 세로축 광경을 보여준다(범어사).

터무니없는 일주문

세계문화유산인 불국사. 그러나 사진에 나온 일주문은 문화재가 아닌 매표개찰구일 뿐이다.

오늘날 불국사의 일주문은 남쪽에 있다. 불국사 중창복원이 마무리되던 1973년에 새로 지은 건물인 일주문 곁에는 불국사가 세계문화유산 임을 알리는 표시석까지 서 있다.

그러나 불국사 일주문은 터무니없는 일주문일 뿐이다. 터무니없는 일주문이기에 이것은 문화유산이 아니다.

불국사 경내 서쪽에는 법화전 터가 있다. 사각형의 철책 속으로 둥근 주춧돌들이 보인다. 법화전 건물 기둥을 세웠던 흔적들이다. 터(법화전)에 남아있는 흔적(주춧돌)이기에 이것들은 터의 무늬에 해당한다. 옛 터

불국사 법화전 터의 무늬.
주춧돌 무늬들을 근거로 삼아 기둥이 복원되고 기둥들의 칸살에 의해 그 규모가 그리고 규모에 따라 지붕이 복원되는 수순과 과정을 거쳐 문화재는 복원되기도 한다.

의 무늬를 근거로 삼아 건물을 복원했던 것이 오늘날 문화재들이며 문화유산들이다. 국어사전에서 "터무니"를 찾아보면 「①터를 잡은 자취 ②근거」라고 나온다. 터의 무늬에서 터무니가 유래되었음을 알 수 있다.

불국사 일주문은 옛 일주문 터를 근거로 하여 복원한 것이 아니다. 매표관리의 편리성을 고려하여 적당한 곳에 세워놓은 것이다. 불국사에는 터무니없는 글자까지 걸려있다. 불국사 서쪽 문에 걸린 현판의 글자 순서가 그것이다. 우측에서 좌측으로 진행하는 동양의 한자 표기가, 서양의 알파벳 표기 진행 순으로 적혀있다. 전통방식대로 읽으면 "사국불산함토"라는 터무니없는 말이 되어 버린다. 오늘날 서울의 광화문도 터무니없는 번지수에 자리하고 정면에 걸린 문패마저도 "문화광"이다. 문패도 번지수도 터무니없는 광화문이기에 옛터무늬에 따라 다시 복원하자는

불국사 서쪽문에 걸린 현판(옛 일주문)

불국사 경내에 있는 한글 표지판을 한글 식으로 읽으면 "원다국불", 한문 식으로 읽으면 "불국다원"이다.

해탈교 연못에서 본 토함산. 토함산의 산줄기 아래에 매달린 것이 불국사이다. 정확히 말하자면….

의견이 등장하기도 했다.

　터의 무늬 속에는 선조들의 뜻이 담겨있다. 그 뜻은 우리문화유산들을 창출했던 선조들의 시각으로 읽어야만 풀린다. 그러한 시각을 전통시각이라 한다.

　불국사 일주문을 통과하면 연못을 만난다. 연못에 걸린 다리는 해탈교다. 해탈교에서 동쪽을 쳐다보면 토함산 마루선이 눈에 들어온다. 마루선 북쪽(사진좌측)에는 토함산 정상인 주봉(745m)이 있고, 주봉 남녘(사진우측)능선으로 2개의 봉우리가 보인다. 2개의 봉우리 중 가장 남쪽에 있는 봉우리(672m)와 약간 북쪽에 있는 봉우리(695m)는 이름이 없는 무명 봉들이다. 이러한 무명 봉들을 풍수관산하면 다음과 같은 명칭이 붙게 된다.

　2개의 봉우리 중 살짝 솟아 있는 북봉은 아침마다 생동거리면서 불끈 솟는 갓난아이 고추 모양을 연상시킨다. 그와 같이 보는 것이 풍수시각

… 두 봉우리 중 옥녀봉 줄기에 걸린 것이 불국사이다.

이며, 이는 생기 충만한 봉우리에 해당되기에 생기봉(生氣峯)이라 한다. 이에 비해 남봉은 둥그스름하게 생겼다. 이는 처녀(옥녀)의 단정한 머리 형상에 빗대어 풍수에서는 옥녀봉(玉女峯)이라 칭한다.

불국사는 옥녀봉에서 뻗어 내려오는 산줄기와 직접 연결된 사찰이다. 이와 같은 광경을 두고 혹자는 이렇게 말할 수도 있다. 기왕이면 토함산 정상에서 뻗어 내리는 산줄기 기운을 받는 것이 더 좋지 않으냐고 말이다.

우리 땅의 명산대찰들을 관산 하면 특별한 경우를 제외하고는 명산 정상과 대찰들은 서로 연결되어 있지 않다. 삼보사찰의 경우에도 그렇다. 영축산과 통도하여야만 했던 통도사는 영축산 정상에서 직접 뻗어 내리는 산줄기와 연결되어 있다. 그러나 법보사찰 해인사와 승보사찰 송광사는 명산주봉이 아닌 다른 봉우리와 연결되어 있음이 드러난다. 속리산 법주사, 오대산 월정사, 태백산 부석사들도 정상봉우리인 천황봉, 비로봉, 장군봉 산줄기와 직접 연결된 대찰들이 아니다. 그와 같은 터잡이 현상은 한국인의 풍수정서에서 비롯되었다.

이곳 토함산 옥녀봉과 불국사의 관계는 반월성을 택지했던 탈해왕의 형국정서에서도 엿볼 수 있다. 3일월세(三日月勢)라는 초생달 형국에 해당되었기에 탈해는 반월성을 길지로 판정하고서 그 곳을 택지했다. 불국사도 마찬가지다.

   만약 불국사가 토함산 정상주봉의 기세를 받는다면 이는 만월(滿月)에 속한다. 이럴 경우 불국사는 만월을 정점으로 점점 이지러지는 그런 기운을 받게 된다. 불국사의 장래는 기울어지게 된다는 말이기도 하다. 그러나 토함산 8부 능선에 해당하는 옥녀봉의 기운은 아직 남아있는 2부정도의 기세를 더 타게 된다. 이는 불국사가 앞으로도 기세를 더 타게 된다는 맥락과 같다. 이 같은 이유에서 신라인들은 옥녀봉 산줄기 아랫녘에다가 불국사를 택지시켰던 것이다.

   그러나 구슬이 서 말이더라도 꿰어야 보배가 된다. 옥녀봉 산줄기를 타고서 생기가 내려온다 하더라도 불국사가 이를 잘 담아야 한다는 것이다. 이런 문제를 해결하는 현장은 천왕문을 관람하고서 자하문으로 걸어가는 도중에 있다. 이런 것이 불국사가 이곳에 자리하게 된 터의 무늬들이며, 불국사에 걸려있는 신라인들의 풍수시각이다.

토함산 정상과 대웅전 지붕이 짝을 이루고, 석가탑 상륜부는 옥녀봉을 가리키고 있다.

화엄불국토 토함산불국사

사천왕 배치와 풍수

해탈교에서 본 천왕문

해탈교를 건너자마자 천왕문을 만난다. 천왕문은 불국사의 대문이다. 절집대문인 천왕문을 들어서면, 양편으로 서 있는 4명의 사천왕들을 보게 된다. 사천왕은 동서남북을 수호하는 사찰의 수호신이다.

동방을 수호하는 지국천왕, 서방의 광목천왕, 남방의 증장천왕, 그리고 북방의 다문천왕들이 동서양편으로 서 있다. 남향한 불국사 천왕문의 사천왕들을 하나씩 살펴보면, 그 자리에 있어야만 하는 이유가 숨겨져 있다.

동서남북에는 음양이 각각 배정되어있는데, 그 기준은 태양이다. 태양이 솟아오르는 동쪽은 양(낮이 시작된다)에 해당되고, 태양이 사라지는 서쪽은 음(밤이 시작된다)을 상징한다. 또한 남쪽은 태양을 가장 많이 접하기에(일사량) 양이며, 일사량이 적은 북쪽은 음인 것이다.

불국사 사천왕들을 관찰하면 양은 양끼리 음은 음끼리 배치되어있다. 양을 상징하는 동방과 남방의 사천왕들이 한조를 이루고, 음을 상징하는 서방과 북방 사천왕은 또 한조를 이룬다. 또한 양끼리 모여 있는 사천왕들은 동쪽(양)에 배치시켰고, 음끼리 모인 사천왕들은 모두 서쪽(음)에 배치시켰다. 그 자리에 있어야 할 것은 당연히 그 자리에 두어야 한다는 적재적소 배치이다.

그런데 각 사찰에 있는 사천왕들을 자세히 관찰한 관람자는 물론이지만, 사천왕을 연구하는 학자들도 무지하게 헷갈리는 것이 있다. 불국사 천왕문과 통도사 천왕문의 사천왕 배치가 서로 틀리다는 것이다. 게다가 불국사는 남방의 증장천왕이 칼을 잡고 있는데, 통도사는 동방의 지국천왕이 칼을 잡고 있다. 이러한 배치와 지물(칼, 용, 비파, 탑들로서 사천왕들이 소지하는 물건들)의 문제는 아직까지 학자들 사이에서도 혼란을 일으키고 있는 학술 내용에 해당한다.

불국사 천왕문의 사천왕들. 남방의 증장천왕은 칼을 들고 있으며, 동방의 지국천왕은 비파를 소지하고 있다.

그러나 이 같은 혼란들을 풍수시각으로 바라보면 이렇게 정리된다.

사천왕들은 동, 서, 남, 북이라는 방위 신들이다. 풍수방위시각에는 절대향과 상대향이라는 것이 있다. 해가 뜨는 쪽을 동쪽으로, 해가지는 쪽을 서쪽으로 삼는 것이 절대향이다. 우리가 일상생활에서 주로 사용하는 동서남북들이 절대향이라고 보면 된다. 이와는 다르게 주체건물의 후면을 북쪽으로 전면을 남쪽으로 보는 시각이 상대향이다. 좌청룡 우백호를 따지는 것도 상대향에 속한다.

불국사 천왕문은 남향하고 있다. 그러므로 절대향과 상대향이 일치한다. 통도사 천왕문은 동향하고 있다. 그런 까닭에 통도사 천왕문은 절대향과 상대향이 불일치하게 된다. 불국사와 통도사 사천왕들의 배치를 살펴보자.

이것들은 절대향을 걸어보면 된다.

나침반을 갖고서 천왕문 중간 복도 중앙에서 측정하면 불국사나 통도사의 사천왕들 모두 같은 방위에 배치되었다는 것을 알게 된다. 동북쪽에 지국천왕, 동남쪽에 증장천왕 서북쪽에 다문천왕, 서남쪽에 광목천왕이 정확히 일치하고 있다. 이제는 사천왕들이 들고 있는 지물들을 살펴보자.

불국사 사천왕문에는 탑을 든 북방의 다문천왕, 용을 잡은 서방의 광목천왕이 나란히 배치되어 있다.

이것들은 상대향을 걸어보면 된다.

이때는 나침반 시각이 아닌 관찰자의 시각이 필요하다. 천왕문 복도 중간에 정확히 서서 천왕문 앞쪽을 바라보고 판단하면 된다. 그럴 경우 관찰자의 좌측 눈 방향으로는 칼을 든 사천왕이 보인다. 오른쪽 눈 방향은 용을 든 사천왕이 보이고, 좌측 귀 방향으로는 비파, 우측 귀 쪽에는 탑을 든 사천왕이 자릴 하고 있다. 이 역시 불국사나 통도사가 서로 일치하고 있다는 것이다.

　사천왕들은 절대향으로 배치했고, 지물들은 상대향으로 배치시켰다는 것이 풍수시각으로 조명한 새로운 해석이다. 따지고 보면 새로운 조명도 아닌 우리전통시각 중 하나다. 사천왕들은 방위 신들이기에 그 배치는 절대향으로 하였다. 그러나 지물들은 상대향으로 배정할 수밖에 없었던 것에는 이유가 있다. 어찌 칼을 부처님 쪽으로 배치할 수 있겠는가. 당연히 탑이 와야 하지 않겠는가.

　절대향과 상대향 시각으로써 사천왕을 조명한 학설을 아직까지 본 적은 없다. 그만큼 오늘날 우리는 서양시각에만 집착하다가 우리 전통시각을 망각하고 있었던 것이다. 선조들은 전통시각으로 우리문화유산들을 조성했는데도 말이다. 이러한 풍수시각을 토대로 삼아 사찰 천왕문들을 폭넓게 조사하여 옥석을 가릴 젊은 학도가 나오길 바랄뿐이다.

　사찰에는 절 삼문이라는 것이 있다. 산문(山門), 대문(大門), 중문(中門)이라는 3개의 문들이 절 삼문이다. 일주문은 산문(山門)에 해당한다. 산문이라는 명칭에서도 보듯 토함산 출입문이 일주문이라는 것이다. 반면 천왕문은 절집 대문(大門)에 해당된다. 대문은 당연히 담과 연결되어 있어야 한다. 그래야만 대문 용도를 다할 수 있다. 통도사와 해인사 대문인 천왕문(봉황문)역시 사찰 담들과 연결되었다. 그러나 산문인 일주문은 그럴 수가 없다. 배산 전체를 감싸는 담벼락 설치란 불가능하기 때문이다. 또한 무주공산(無主空山)에 담벼락을 둘러친다는 것은 생각조차 할 수 없었던 선조들이었다. 그런 까닭에 일주문에는 담을 설치하지 않는다. 이것이 한국사찰들의 삼문양식이다.

담벼락을 달고 있는 착각까지 불러일으키는 불국사 일주문.

절집 대문이기에 담과 연결되어야 할 불국사 천왕문은 정작 담이 없다. 또한 토함산 대문이기에 담이 없어야 하는 불국사 일주문은 불국사 담벼락과 바짝 붙어 있다. 관람객의 일반적 시각에서 볼 때는 담 있는 일주문으로 착각하게 된다. 사찰관리상 경제적 용도상 그것이 적절하고 또한 법률적 하자가 없기에 문제 될 것도 없다고 말할 수 있다. 그러나 불국사이기에 문제가 생긴다. 불국사는 대한민국 학생들의 수학여행코스 랭킹 제1위를 차지한 문화유산 최대의 교육장이라는 것이다. 잘못된 문화유산의 양식은 민족 교육에 영향을 끼친다. 깊이 생각하여볼 문제이다.

천왕문을 통과하면 반야교(盤若橋)가 있다. 이곳을 건너면 세계적으로 아름다운 석단과 함께 불국사 특유의 광경들이 펼쳐진다. 이러한 불국사 경관과 가장 가까이 있는 반야교의 물줄기에는 풍수가 들어있다.

불국사는 옥녀봉 생기(生氣)를 받는 사찰이다. 옥녀봉에서 뻗어 내려온 산줄기는 불국사에 이른다. 이때 불국사는 산줄기를 타고 내려온 옥녀봉 생기를 담아야 하기에, 생기를 멈추게 하는 계수즉지를 필요로 하

반야교 아랫녘 물줄기는 옥녀봉 생기를 불국사로 모이게 하는 계수즉지 작용을 한다.

게 된다. 계수즉지(界水則止) 역할을 담당한 물줄기가 이곳 반야교 아래로 흐르는 계곡물들이다.

이곳 물줄기의 계수즉지로 인해 옥녀봉 생기는 북쪽에 있는 불국사 석단지역에 머물게 된다. 반면 반야교 남쪽에 입지한 천왕문과 일주문들은 옥녀봉 생기를 받지 못한다. 이러한 광경을 두고 "물 건너갔다"라는 우리 속담도 있는 것이다. 불국사 법당에서 볼 때, 반야교 물줄기를 건너간 남쪽은 옥녀봉 명당이 아니라는 것이다.

절 삼문의 삼문(三門)들은 흔히 일주문, 천왕문, 불이문으로 연결되나 경우에 따라서는 일주문, 금강문, 해탈문으로 전개되기도 한다. 불국사도 절 삼문을 갖추고 있다. 일주문, 천왕문, 자하문이다. 그중 자하문이라는 명칭이 특이하다. 여느 사찰에서도 볼 수 없었던 독보적 명칭이 자하문(紫霞門)이다. 명칭이 독보적이라면 불국사 또한 독보적 특성을 갖고 있는 사찰이 된다.

경복궁이라는 구중궁궐 가장 깊숙한 곳에는 교태전이 자리 한다. 교태전이라는 현판은 오직 경복궁 중궁전에만 달려 있다. 자하문이라는 명칭도 그와 같다.

어느 날 경복궁이 풍수로써 풀리자 교태전에 숨어있는 의미가 드러난

불국사의 중문(안대문)인 자하문.

적도 있었다. 불국사 자하문의 의미도 그럴 것이다. 자하문의 자하(紫霞)는 부처 몸에서 비치는 자주 빛[紫]의 노을[霞]을 가리킨다. 부처의 서광이 비치는 문이 자하문이라는 것이다.

이십 칠팔 년 전, 승려신분으로 불국사 선원을 출입한 적이 있었다. 당시 자하문이라는 절문 명칭을 보고서 나름대로 수소문하였으나 명쾌한 답변을 듣지 못했다. 부처님의 불국토를 불국사에 재현했기 때문이라는 답변은 너무 두루뭉수리했고 시원스럽지도 못했다. 그래서 이것은 20여 년간 불국사에 걸린 나의 풍수화두가 되어 버렸다.

그러던 어느 날, 토함산이라는 터 읽기와 신라역사가 맞물리자 불국사 창건과 중창의 비밀이 일시에 풀렸다. 새롭게 드러난 불국사 중창 목적 속에는 자하문이라는 뜻도 들어 있었다. 적재적소라는 말처럼 땅 읽기 조명으로써 적소를 밝히기만 하면 그곳에는 그에 걸맞는 적재가 있기에 말이다. 이러한 적소를 조명하는 것이 풍수시각이며, 적재는 자하문과 같은 우리문화유산들이 해당된다. 이는 쌍룡농주형과 통도사처럼 불국사도 터 읽기 풍수로써 그 정체가 어느 정도 드러날 때 가능한 설명이지만 말이다.

자하문은 불국사 석단 위에 의젓이 자리한다. 그러한 자하문 속에는 대웅전이 있다. 자하문은 불국사의 중문이며, 대웅전의 안대문이다. 그런 까닭에 자하문을 통해서 대웅전을 들어서야 한다. 문화재보호상, 오늘날 자하문 출입은 금지되었다. 그런데도 사람들은 대웅전 앞에 곧잘 모인다. 모두들 절 삼문이 아닌 옆구리 구멍으로 들어간 것이다.

불국사 대웅전의 옆구리 구멍. 따져보면 풍수 황천살을 일으키는 불리한 곳이기도 하다.

화엄사찰 불국사

불국사를 답사하고 있는 어느 문화지식인. 햇빛의 공간이 정사라면 그늘진 공간은 야사쯤 된다. 등짐을 지고서 힘있게 걸어가는 답사객 발걸음은 지금 마악 정사와 야사 사이에 놓여있다.

역사에는 정사와 야사가 있다.

왕조의 지원을 받은 김부식이 기록한 삼국사기는 정사다. 일연스님 혼자서 조사한 자료와 전해들은 이야기를 고군분투하면서 쓴 삼국유사는 야사에 속한다. 사회통념상 정사는 진실 된 기록이며, 야사는 귀동냥한 잡설로 보는 것이 관례이다. 그러나 김부식은 넋이 빠진 사람이었고 일연스님은 넋이 펄펄 살아있는 인물이었다. 줏대 없는 김부식의 숭유척불 사상은 사대주의를 부활시켰고 불교의 역사를 매장시켰다. 이는 우리역사를 학살한 책이 삼국사기라 하여도 틀린 말은 아닐 것이다. 고구려 주몽의 사상과는 반대되는 어쩌면 그렇게 중국 한나라 민족정신문화를 칭송하고 있는지. 역사가 햇빛을 받으면 그것은 수능시험에도 나오는 정사요, 달빛에 젖은 역사는 뒷방에서 읽는 야사라고 했던가. 아무튼 인간들의 이야기를 기록한 것이 역사인 것만은 확실하다.

불국사는 이차돈의 순교 이듬해인 법흥왕 15년(528년)에 기윤부인(왕비)이 창건했다고 전한다. 그러나 당시 사찰의 규모와 배치는 물론 법당터까지 알려진 것은 하나도 없다. 사찰명칭이 동축사 혹은 법류사였다고도 하나 이 역시 논증할 수 없는 야사일 뿐이다. 경덕왕 10년(751년), 불국사가 김대성에 의해 대중창과 확장공사가 시작되었다는 사실은 삼국사기에는 없지만 역사적 정사로 인정받고 있다. 이러한 정사와 야사들의 시시비비를 떠나, 빼도 박도 못하는 확실한 사실이 불국사에는 있다.

토함산 서쪽 산줄기에 연결된 것이 불국사라는 그것이다. 이는 오늘날에도 확인할 수 있는 물증도 된다. 확실한 광경을 우리역사에 접목시켜 보기로 하자.

우리민족이 우리 땅에 세운 최초의 국가는 고조선이다.

고조선 패망이후 왕권을 부여받은 인걸은 주몽이었다. 제왕천부(帝王天賦)에 관한 증표가 삼족오(三足烏)다. 삼족오 인걸의 주몽은 고구려를

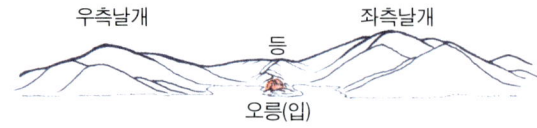

경주 오릉의 까마귀 형국.
이곳 비오탁시형의 인걸지령을 받은 인물이 제29대 태종무열왕이라는 풍수전설이 있다.

구미 금오산의 까마귀형국.
이곳 금오탁시형의 인걸이 제3공화국 박정희 대통령이라는 풍수해석이다. 이와 같은 까마귀 지령설은 고구려 주몽의 까마귀인 삼족오 정서와도 맞물린다.

세웠다. 그러자 삼족오는 고구려의 국조(國鳥)가 되었다. 배달민족의 정통성은 그렇게 이어졌다. 주몽의 아들인 온조는 백제를 건국했다. 이렇게 왕권의 정통성을 내세울 수 있었던 고구려와 백제는 삼국초기 강국이 될 수 있었다.

그러나 뼈대 있는 족보를 내세울 수 없었던 신라는 6부족연맹제라는 약소국에 불과했다. 오백여년간이나 약소국 신세를 지속하던 신라는 법흥왕 때 전반적인 개혁을 단행한다. 화백제도의 귀족들에게 분산되었던 병권을 왕에게 귀속시키고, 행정체계를 일원화 시켰다. 이때 골품제라는 신분질서를 법제화 시킨다. 개혁으로 인한 왕권강화는 가야정복으로 이어졌고, 그로 인해 신라는 약소국에서 벗어날 수 있었다. 그러자 법흥왕은 더 큰 개혁을 단행한다.

불교를 수용하여 국교로 공인하려고 했던 것이다. 당시 그것은 강력한 개혁이었기에 엄청난 저항을 몰고 왔다. 귀족들의 결사반대에 부딪치자 이차돈의 순교를 제물로 삼아서 불교를 공인시킨다.

법흥왕이 불교를 수용하려 했던 이유는 국력강화에 있었다. 일찍이 고구려 승려인 아도화상은 신라가 불교를 받아드려야 하는 이유를 이렇게 주장했다. 석가세존이 출현하기 이전을 전불시대(前佛時代)라 한다. 전

신라 서라벌의 평지에 자리했던 칠처가람 황룡사지.

불시대의 서라벌에는 이미 일곱 개 사찰이 있었던 불국토였다는 것이다. 이를 전불7처가람시대(前佛七處伽藍時代)라 한다.

　서라벌 불국토설이 법흥왕의 귀를 기울이게 했던 것이다. 불교수용으로 이를 널리 알리면 백성들은 신명나게 서라벌 불국토 수호에 나설 것이다. 이를 부국강병의 토대로 삼자는 것이 법흥왕의 생각이었다. 법흥왕 때, 불교가 국교화 되자(528년) 신라는 30년 후 부국으로 급부상 한다. 한강을 제패하는 등 최대의 영토를 확보했던 그 당시 세워졌던 것이 북한산 진흥왕 순수비다. 또한 화랑제도를 전쟁집단으로 만드는 등 강병까지 갖추기에 이른다. 이것이 불교를 통해서 부국강병을 이루려 했던 법흥왕의 개혁정책이었다.

　법흥왕 때부터 황제라고 칭했던 신라왕들은 갈수록 그보다 더한 위상을 내세우려 했다. 신라 김씨 왕족들은 석가족이기에 장차 미륵보살 왕까지 탄생시킨다는 것이다. 인하여 진평왕의 이름을 석가세존의 부왕인 백정반(伯淨飯)으로 짓기도 했다.

　진평왕의 딸이 왕위(선덕여왕)에 올랐다. 이를 미륵보살의 출현이라고 널리 알렸다. 그러자 미륵보살의 친위대인 화랑도는 자신들이 신병(神兵)임을 믿게 되었다. 화랑도는 미성년자로 조직된 소년군단이다. 그런 그들이 신병군단임을 자처하자 생사를 초월한 막강한 전투 집단이 되어 버린다. 전쟁터에서의 죽음이 곧 왕생극락이라는 것을 믿고 있는 이들은 물불을 가리지 않았다. 신들린 젊은 피를 앞세운 신라는 삼국을 통일하게 된다.

　삼국이 통일되자 전쟁 상황이 사라진 통일신라는 새로운 변화에 직면하게 된다. 전쟁으로 인한 패전국 유민들의 원성과 신분제에 대한 백성들의 불만이 대두되었던 것이다. 이런 사회적 문제를 해결할 대비책이

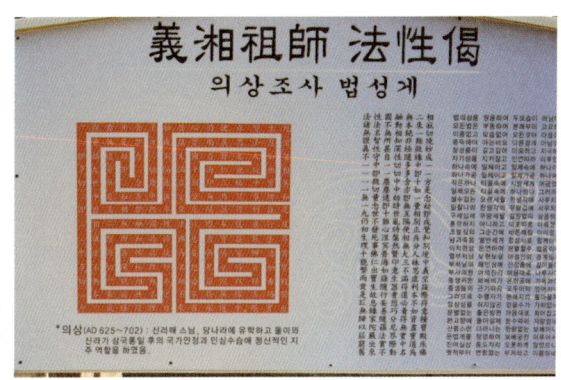

의상조사 법성계도를 따라가면 만법귀일처럼 다시 되돌아오기에 밤새도록 발품은 끝날 줄 모른다.

신라왕에게는 필요했다. 이때 화엄사상의 종지인 만법귀일(萬法歸一)이 이를 해결해줄 만병통치 열쇠였다. 모든 것은 하나의 이치로 돌아온다는 것이 만법귀일이다. 만법귀일이라는 화엄종지에 따라 삼국은 하나로 통일될 수밖에 없었다는 주장을 내세웠다.

이와 더불어 만법귀일의 주체국이 삼국 중 왜 신라였는가에 대해서는 이렇게 답변했다. "서라벌은 전불시대부터 이미 불국토이었기 때문이다"라고 말이다. 만병통치열쇠는 이제껏 족쇄였던 신라의 정통성까지 풀어주었다. 서라벌이 불국토이기에 신라는 원래부터 세상의 모든 정통성이 부여된 국가라는 것이다. 이뿐만이 아니다. 패전국 백제와 고구려 유민들의 원성과 골품제에 대한 신라백성들의 불만도 잠재울 수 있었다. 이제부터는 삼국이 통일된 불국토에서 살고 있기에 좋은 일이 일어날 것이다. "신라백성들은 적어도 내세의 극락왕생은 떼어 둔 당상이 아닌가"라고 말이다.

그러자 통일신라 통치를 위해 화엄불국토를 대표하는 사찰이 필요했다. 황룡사나 분황사는 칠처가람이었기에 앞세울 수가 없었다. 또한 화엄불국토를 상징하여야 하는 사찰입지이기에 불국토 서라벌과 연관되는 인근지역이어야 했다.

옥녀봉에서 내려다본 불국사. 가장 길게 뻗은 산줄기 위를 관음전이 올라타고 있다.

그러자 토함산이 적소로 떠올랐다. 토함산은 서라벌 어느 곳에서 보아도 눈에 들어오는 산이다. 게다가 탈해왕이 죽어서 산신이 되었다는 믿음까지 간직하고 있는 영산이었다. 751년, 토함산 서쪽 기슭에 있던 작은 절집을 일시에 확장하는 대중창공사가 벌어졌다. 공사 후 낙성식 때 화엄불국토 사찰에 걸 맞는 이름이 내걸렸다.

토함산 불국사(吐含山 佛國寺)!

일(日)을 토출하고 월(月)을 머금는 산에 자리한 화엄불국토 사찰이라는 뜻이다.

서라벌에는 왕이 있고, 불국토에는 부처가 있다. 사찰에는 탑이 있고 불상이 있다. 석가세존의 진신사리를 봉안한 것이 그 당시의 불탑들이었다. 그러자 탑은 부처를, 그리고 불상은 왕을 상징하게 되었다. 불상과 탑은 왕즉불 사찰양식 하나를 연출하기에 이른다. 통일신라 통치를 위한 사찰이기에 왕의 권위가 한껏 강조되어야 했다. 이것이 왕을 상징하는 불상을 양편에서 호위하는 쌍탑일금당 양식의 배치다.

쌍탑일금당 양식이 최초로 등장한 것은 사천왕사(679년 창건된 오늘날 경주 낭산의 사천왕사지)였다. 사천왕사는 32년 전에 장사를 치른 선덕여왕릉을 수호하는 지점에 조성한 사찰이다. 정확히 말하자면, 선왕여왕릉 출입문지점에 사천왕사가 들어선 것이다. 이러한 배치 성격은 조선시대 때, 조선 왕릉을 지키고 명복을 빌어주는 용도로써 세워놓은 원찰(願刹)과도 같다.

이를 통도사배치와 비교하면, 금강계단의 사리탑은 선덕여왕릉이며, 대웅전 법당은 사천왕사라는 광경도 된다. 왕릉을 위한 사찰, 왕권을 더 한층 돋보이게 하는 탑들의 배치, 이런 것들이 왕즉불을 위한 쌍탑일금당 양식의 정체다.

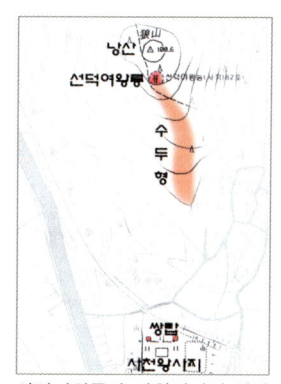

선덕여왕릉과 사천왕사의 쌍탑배치. 여기서 쌍탑일금당이라는 화엄사찰 양식이 유래된다.

사찰은 부처의 집이며 궁궐은 왕의 집이다. 그런 까닭에 왕즉불의 불국사는 사찰이면서도 궁궐과도 같다는 느낌마저 든다. 이것이 불국사의 특징이다. 불국사는 아직까지 베일에 쌓여있는 화엄사찰이면서도 무엇이 하나 더 있다.

불국사 = 화엄사찰 + α. 그 무엇이 숨겨져 있는 불국사 알파의 정체는 어떤 것일까? 게다가 산명마저도 음과 양이 걸려있는 토함산이 아닌가.

아직까지 창건과 대중창의 목적이 베일에 싸여 있는 불국사. 불국사 문화유산의 알파는 쌍탑에도 걸려있다. 다보탑과 석가탑이 아닌 동탑, 서탑이라는 학설의 주장도 그래서 나왔다.

화엄불국토 토함산불국사

무설과 관음전의 소식

불국사의 쌍탑일금당 양식. 사천왕사(679년), 감은사(682년) 양식과도 연결되어 있다. 이것들은 모두 왕의 사찰이라는 공통점을 갖고 있다.

석가탑과 다보탑을 양편에 거느리고 있는 대웅전은 왕즉불을 상징한다. 우리가 보고 있는 대웅전은 조선시대(1765년)에 중창된 건물이다. 왕즉불 법당이었기에 신라시대의 대웅전 건물은 지금보다 더 화려했을 것이다. 건물과 접속된 회랑(回廊)들은 복도를 이루며 대웅전 공간을 사각형으로 감싼다. 대웅전 서쪽에 있는 극락전도 회랑들로 둘러싸여 있다. 이점 여느 사찰과는 다른 느낌이 들게 하는 공간들이다.

강력한 왕권을 행사했던 제35대 경덕왕이 불국사 대중창(751년)때 이처럼 궁궐사찰을 만들어 놓았다.

대중창 역사가 있기 이전, 이곳 어디 메에는 불국사의 전신인 작은 절집이 있었다. 그러나 절집의 규모와 배치는 아직 아무도 모른다. 또한 대중창을 일으킨 목적에 대한 정확한 학설도 없다. 그러므로 작은 절집의 입지점과 대중창 목적에 해당되는 2개의 의문이 풀린다면, 그것은 불국사의 진면목이 드러나는 순간일 것이다.

대웅전 뒤쪽에 자리한 무설전. 불국사 진면목 또한 아직까지도 무설이다.

대웅전 뒤에는 맞배지붕을 한 무설전이 있다. 무설전(無說殿)은 강당이다. 이곳에서 수많은 고승대덕들이 설법을 하였는데도 이러한 유설(有說)을 무용지물로 만들어버린 무설(無說)을 달고 있다. 무설전이라는 현판 그 자체가 역설적인 화두처럼 들린다.

양나라 무제(武帝)가 달마에게 물었다.

"부처님께서는 등잔불 하나를 보시한 창녀에게도 내세에 왕생극락을 약속하셨다. 짐은 고귀한 신분의 황제로서 수천 개의 사찰을 지었고, 수만 명의 승려들에게 많은 것을 보시했다. 그렇다면 짐의 내세 공덕은 어느 정도인가."

무제를 훈계한 후 길 떠나는 달마대사. 그림에 보이는 짚 신 한 켤레. 가야산에서 발견된 최고운의 신발 한 짝도 아직까지 무설이다(해인사 벽화 中에서).

화엄불국토 토함산불국사

이에 달마는 즉시 대답했다.

"무(無)! …, 없다 …."

조주선사에게 제자가 질문을 했다.

"부처님께서 모든 것에는 불성이 있다고 말씀하셨습니다. 그렇다면 당연히 강아지에게도 불성이 있겠지요?"

그에 대한 조주의 대답

"무(無) …."

전자의 무는 없다는 표현이다. 그러나 후자는 무(無)도 아니고 유(有)도 아닌 유무마저 초월한 화두(話頭)이다. 스스로 성품을 보아야 알게 된다는 견성(見性)의 미끼가 화두다.

견성과 같은 체험은 말과 글자를 필요로 하지 않는다. 막말로 "니가 봤냐! 직접 봤어!" 이다. 보았냐고 따져드는 그 앞에서야 어떤 이론이나 권위 있는 책도 무용지물에 불과하다. 부처님의 불성논리도 그러하고 팔만사천 개의 경전도 무용지물일 뿐이다. 그래서 불립문자(不立文字)를 내세운 무설(無說)이다.

불국사 무설전의 현판.

무설지설(無說之說)은 풍수의 원조인 도선국사가 스승 혜철조사에게서 받았던 화두이기도 했다. "설명하지 않는 것 속의 설명", "말없음의 말", "무언의 언어" 이리저리 표현하려고 해도 무설지설은 어렵게만 꼬여 결국에는 유설난중(有說難中)에 빠진다.

오히려 언어라는 표현을 버리면 이해하기가 쉽다. 연인들끼리는 말없이 서로 눈만 쳐다보고 있어도 수다쟁이들의 대화보다 더 많은 것이 전달된다. 갓난 아기의 눈망울만 보고도 어미는 그 뜻을 알아차린다. 누가 설명해주지 않아도 시쳇말로 필이 꽉 꽂혀버리는 것이다. 이것이 무설지설의 전달과정이다.

불국사에는 창건의 무설을 보여주는 곳이 있다. 관음전 터가 이에 해당한다.

무설전 뒷녘에 입지한 관음전.
무설전이 불교 무설을 내걸고 있다면, 관음전은 풍수무설을 올라타고 있다.

관음전은 무설전 뒤쪽에 있다. 불국사에서 가장 높은 곳에 입지한 관음전을 불교교리로써만 설명하려 든다면, 불국사 창건의 진면목은 무(無). 없다 이다. 그곳은 터의 무늬를 눈으로 보는 현장인 것이다. 그러므로 아는 만큼 보인다는 사고는 금물이며, 보이는 만큼 알 수 있다는 시각을 필요로 하게 된다.

지리산 동북녘을 현장답사 하던 어느 날 이었다. 대학원생인 제자에게 축척 일대 십만의 지도책을 건네주었다. 다음 답사 목적지와 현재 위치를 지도에 찍어주고 난 후, 길을 안내하라며 운전대를 직접 잡고 출발했다. 일종의 독도법 현장교육이다.

건축학도인 제자는 명석한 머리에 과학적 수치계산으로 중무장한 실력파였다. 우회전, 좌회전, 전방 백 미터 지점에서 좌로 두 번째길, 정확하고 상세한 제자의 길안내를 오디오 듣듯이 들으며 운전만 했다. 그런데 차가 더 이상 전진할 수 없는 장소에 박혀버렸다. 막다른 길보다 더한 어느 시골집 안마당을 점령해버린 것이다. 불쑥 들어온 차, 화들짝 놀라 이리 뛰고 저리 뛰던 마당의 닭들 … . 그러자 해명을 해왔다. 지도에 나온 좌회전, 우회전을 지적하면서 지나온 느티나무 2그루가 서 있던 공판장과, 정자에서 장기 두던 노인3명까지 기억하면서 상황을 설명하는 녀석의 조리 있는 오디오는 전혀 하자가 없었다. 그런데도 비디오 광경은 자동차가 남의 집 마당을 제 집 차고처럼 차지하고 있다는 것이다. 그에 대한 제자의 결론은 이랬다.

"교수님! 그러니까 책대로 되어있지 않은 도로가 틀린 거예요!"

순간 성질 급한 나도 한마디 했다.

"뭐, 뭐, 뭐라고 야~ 이 잇꽈대가리야!"

이것이 아는 만큼 보이게 된다는 주장의 맹점이다. 당연히 길에다 지도를 맞추어야 한다. 볼거리인 비디오 시각에다가 당연히 오디오 지식을 맞추어야 한다는 역설이기도 하다. 불국사 관음전을 비디오 시각으로 들여다보면 이렇다.

사시불공 마지를 든 보살과 관음전 계단. 가파름에 정신집중발품 화두를 잡고 오른다.

무설전 뒤쪽에서 관음전을 오르는 계단은 가파르다. 신혼여행 온 신랑신부가 이곳을 오를 때는 서로 손을 꼬옥 잡게 되는 그런 급경사 계단이다. 관음전에 올라서서 주변 담들을 살펴보면, 불국사 어느 담들과는 다르게 계단식 층층 담들을 발견하게 된다. 남쪽 담으로 가서 전면을 바라보면, 아랫녘으로 대웅전과 회랑들이 보인다. 다시 서쪽 담 밖을 쳐다보면, 그곳 역시 아

관음전 뒷담.
가로세로가 만나는 모서리 지점이 가장 높다. 산줄기 중심축을 타고 있을 때 드러나는 우리 문화재 담벼락 모양들이다.

랫녘 비로전이 자리한다.

  이러한 광경들이 목격되는 것은 관음전이 불국사 건물들 중 가장 높은 곳에 입지된 탓도 있지만, 더 자세히 관찰하면 산줄기를 통째로 타고 있는 것이 관음전이라는 사실이다. 게다가 통째로 들어온 산줄기를 조심스럽게 대하듯 담들을 조성하였다는 광경도 볼 수 있다.

  토함산 능선에 올라가서 관음전으로 들어오는 산줄기를 관산하면, 이는 옥녀봉에서 시작된 산줄기다. 그러니까 토함산 옥녀봉에서 빠져나간

관음전 남쪽 아랫녘에 펼쳐진 불국사 대웅전 구역의 광경. 관음전 생기를 담는 풍수구역이기도 하다.

화엄불국토 토함산불국사   111

산줄기를 공급관으로 삼은 생기가 관음전으로 들어오고, 이렇게 얻은 관음전 생기를 다시 불국사 곳곳으로 공급하는 광경들이 드러난다.

이 같은 비디오 광경을 그대로 정리하여 대한민국 학교 교가처럼 작사하면 '옥녀봉 줄기줄기 뻗어 내려와 ~ 토함산 정기 받은 우리 관음전 ~ 아랫녘 곳곳마다 생기 채우니 ~ 복 되도다 그 이름 불국사로세' 라는 오디오가 된다.

이것이 불국사 터 무늬를 읽는 키워드다. 이를 사찰미학으로 적는다면 아마 이쯤 될 것이다.

"동산이 담을 넘어 들어와 후원이 되고, 후원이 담을 넘어 번져나가면 산이 되고 만다. 담장은 자연 생긴 대로 쉬엄쉬엄 언덕을 넘어가고, 담장 안의 나무들은 담 너머로 먼 산을 바라 본다…" - 최 순우.『무량수전 배흘림 기둥에 기대서서』中에서 -

옥녀봉은 내려다 보고 관음전은 올려다 보면서 산과 절이 서로 눈 맞춤하는 산사의 풍경.

토함산 옥녀가 택지한 불국사

옥녀봉에 올라 불국사를 내려다 보자, 옥녀봉 생기가 흐르는 산줄기 윗녘 중심을 올라타고 있는 관음전의 광경이 드러났다.

 토함산 서쪽 산자락을 올라타고 있는 것이 불국사다.
 이러한 광경을 두고 유홍준은 『나의 문화유산 답사기』에서 다음과 같이 설명한다. "… 나의 주관적 견해로 우리나라의 대표적인 전통건축을 논하려면 반드시 사찰건축을 거론하지 않으면 안 되는데 … 불국사는 산자락을 타고 올라앉았으면서도 비탈을 평지로 환원시켜 반듯하게 경영되었다. 그래서 … 불국사는 돌 축대의 기교(technic)와 가람배치(design)의 묘가 압권이다"라고 말이다.
 그의 설명을 살펴보아도 불국사는 2개의 구역으로 구분되었다. 그것들은 산자락을 올라타고 있는 관음전구역과, 평지로 환원시킨 대웅전구역이다.

불국사 기록을 읽다보면, 528년 기윤부인의 창건설이 나온다. 또한 751년 김대성의 대중창 기록도 나와 있다. 이럴 경우 528년설은 터잡이에 관한 것이고, 751년은 집짓기에 해당된다.

오늘날 불국사를 관람할 때, 우리가 보고 있는 건물들은 대중창 집짓기 때 지어놓은 것은 하나도 없다. 조선시대 양식의 엉뚱한 건물들이 있을 뿐이다. 그러나 불국사 터잡이에 해당되는 산천공간들을 751년이나 528년 터잡이 때의 광경과도 일치한다. 그러므로 불국사의 진면목을 알려면, 가장 먼저 살펴야 하는 것은 당연히 터잡이 공간이다. 이때 중요한 것은 오늘날의 건축시각이 아닌 당시 불국사 터잡이 시각에 눈을 맞추어야 한다는 것이다.

한국인의 터잡이 풍수시각은 2개로 대분된다. 토종형국시대와 형세론시대가 그것이다. 이것들은 해인사 창건을 기준으로 구분된다. 해인사가 창건된 802년 이전은 토종형국시대며, 그 이후는 형세론 적용시대이다. 그중 불국사의 터잡이(528년)와 집짓기(751년)는 모두 토종형국시대에 속한다.

또한 528년이나 지금 2007년의 토함산은 같은 형상을 하고 있다. 불국사 석가탑 조성 때, 아사녀가 자결한 영지 못도 오늘날 그대로 있다.

영지못에서 바라본 토함산.
달밤에 못에 빠진 토함산을 볼 수 있는 곳이다.

영지 못과 불국사 사이의 중간 녘에서 토함산을 관산하면 뚜렷한 토종형국 하나가 드러난다. 토함산은 여러 갈래의 산줄기를 산기슭으로 내리 뻗는 형

토함산을 풍수시각으로 관산하면 옥녀세발형임이 드러난다.

경남 부곡마을의 옥녀세발형의 덕암산. 옥녀 머리카락(산줄기)윗녘에 무덤들을 올려놓았다.

상을 보여주고 있다. 그와 같은 모양을 옥녀세발형이라 한다. 처녀(玉女)가 머리를 감는(洗髮) 형국(形局)이 옥녀세발형(玉女洗髮形)이다.

옥녀세발형은 오늘날 경남 창녕군 부곡에서도 볼 수 있다. 부곡마을의 배산인 덕암산이 옥녀세발형이다. 부곡(釜谷)이라는 가마솥에 담긴 온천물(부곡온천)은 세발하려는 옥녀 덕암산 앞에 놓인 세숫대야이다. 이때 산줄기들은 머리카락에 해당되는데, 옥녀가 세발을 하고나면 머리카락은 윤기를 발하게 된다. 이러한 윤기는 생기(生氣)에 해당한다. 그래서 덕암산에 쓴 무덤들도 생기를 받으려고 다짜고짜 산줄기 위를 올라타고 있는 것이다.

불국사를 살펴보면, 토함산 옥녀 머리카락 산줄기 위를 올라타고 있는 주요 건물은 관음전과 비로전이다. 불국사 관음전과 비로전을 덕암산 무덤과 비교하면 그것들은 서로 일치한다. 덕암산 무덤의 혈은 불국사 관음전과 비로전 혈 자리에 해당한다는 것이다.

그렇다면 528년 불국사 터잡이는 관음전과 비로전 중 어느 하나라는 추정이 나온다. 이러한 추정을 풍수분석하면 관음전이라는 답까지 튀어 나온다.

751년 집짓기 대중창은 528년 터잡이 된 옛 절집을 토대로 삼아 그 배치를 잡아갔다. 또한 불국사 대중창 역사 때 대웅전을 혈로 삼았던 것도 당연하다. 그러므로 대웅전의 혈을 관음전과 비로전의 지맥 각도를 따져 보면 답이 나온다.

조선 왕릉을 살펴보면, 지맥이 뻗어 내리다 상봉 혈과 하봉 혈을 만들어 놓은 왕릉들이 있다. 이를 동원상하봉(同原上下封)이라하는데, 효종왕릉과 경종왕릉이 이에 해당한다. 상하봉의 택지를 분석해보면, 상봉과 하봉은 각도의 유연성 범위 내에서 자리하고 있다. 이러한 유연성을 양택풍수법칙에 걸어보면, 90°이상을 벗어나지 못한다는 것이 우리 전통건축에서도 발견된다.

이를 불국사에 걸어보면, 비로전(상봉)과 대웅전(하봉)의 각도 꺾임의 수치는 95°를 넘어서고 있다. 그래서 실격이다. 그러나 관음전과 대웅전의 풍수지맥각도는 70°이기에 합격된다. 이것이 관음전이 대중창 이전에 있었을 옛 절집 법당이었다는 풍수조명이다.

그러므로 옛 절집이 자리한 관음전 터를 상봉혈로 삼고서 751년 대대적인 집짓기를 시작했던 것이 불국사 대중창의 골격인 것이다. 이때 대웅전은 하봉 혈에 해당된다.

조선 제17대 효종왕릉. 상봉에서 지맥이 흘러내리자 그 아랫녘에 혈을 잡아서 하봉(왕비릉)을 택지시켰다. 이를 동원상하봉양식이라 한다.

동원상하봉의 풍수 특성은 이곳 불국사 배치에서도 발견된다. 관음전(상봉)지맥을 끌어와서 대웅전(하봉)을 택지한 불국사의 광경

이제부터는 김대성의 시야에 이를 맞추어 보자. 751년 김대성은 이곳을 대중창하려고 지세와 지형을 살폈다. 당시에도 토함산은 옥녀세발형이었음은 당연하다. 관음전이 올라타고 있는 산줄기는 옥녀의 머리카락에 해당된다. 그런 까닭에 그곳 산줄기는 털끝하나 건드려서는 안 된다. 옥녀의 머리카락을 끊는 행위에 해당되기 때문이다.

가장 간단한 공사는 동쪽에서 서쪽으로 뻗어 내리는 산줄기를 그대로

관음전 남쪽 비탈을 복토하다보니 남쪽으로 올수록 축단은 높아졌다.

올라타고 있는 건물들을 층층계단식으로 짓는 것이다. 그러나 그럴 경우 대찰 조성은 불가능하게 된다. 산줄기의 폭이 너무 좁기 때문이다. 그래서 산줄기 남쪽을 활용할 수 밖에 없었다. 산줄기가 가로지르는 남쪽 비탈에 대가람을 중창하려면, 이에 따른 토목공사가 필요하게 된다. 2천여 평을 복토(復土)하다 보니 남쪽 끝 지점은 약7m에 달하는 낭떠러지가 되어버렸다.

그러자 그곳에 돌과 돌을 맞물리게 하는 대규모의 석축공사가 벌어졌다. 당시 석축공사로써 생겨난 축단이 오늘날 불국사 석단이다.

세계문화유산 중에서도 환상적인 걸작으로 손꼽히는 불국사 석단은 이렇게 창출되었던 것이다.

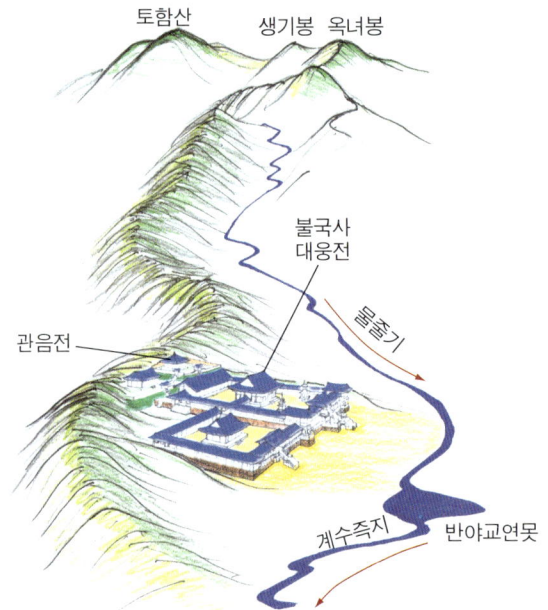

토함산 옥녀세발형에 택지된 불국사 풍수 조감도.

옥녀세발형이 걸려있는 불국사석단

한국의 토종풍수가 빚어낸 불국사 석단 "가장 한국적인 것이 가장 세계적이다"라는 것을 여실히 보여주는 세계문화유산이다.

"판타스틱(fantastic)!", "원더풀(wonderful)!",

"우람스럽게 큰 기둥이 의좋게 짜여서 이 세상 태초의 숨소리들과 하모니를 아낌없이 들려 준다",

"장대한 오페라에서 피날레를 장식하는 선율의 최고조",

"심히 기이하고 장엄하다",

"이 세상에 나라도 많고 민족도 많지만 누가 원형 그대로의 지지리도 못생긴 (잘생긴) 돌들을 이렇게 멋지게 다루고 쌓을 수 있었을 것인가"

보는 이로 하여금 벅찬 감동으로 다가오는 불국사 석단에 대한 평가들이다. 평가보다는 차라리 감탄에 가깝다. 아니 이러한 감탄도 아직 끝나지 않은 미완성이다. 석단 아래에는 마당이 아닌 연못이 있었기 때문이다.

어느 날인가 연못이 복원된다면, 석단의 미학(美學)은 또다시 거듭날 것이다. 옥녀봉 산줄기를 베개로 삼아서 펼쳐진 이부자리 끝의 석단은, 오늘날 우리가 보고 있는 광경에 속한다. 이에 거듭되는 또 하나의 광경은 이렇다. 한밤 중 영지 못에 투영된 토함산을 본 사람은 상상할 수 있다. 영지 못에 비친 토함산의 자태를 본 아사녀는 넋까지 빠트렸다. 불국사 연못에 투영될 불국사 석단 또한 그러할 것이다. 이럴 경우 감탄은 절로 감격도 될 수 있으리라….

불국사 석단 아래가 연못이었다는 것은 백운교와 범영루 사이에 튀어나온 석축 홈통을 보아도 알 수 있다. 홈통을 빠져나온 물은 석단 아래로 낙수(落水)한다. 이러한 낙숫물을 모이게 하여 연못을 만들었다.

그런데 석단과 연못은 문제를 안고 있다. 연못에 고인 물은 지반을 무르게 한다. 무른 땅은 바로 옆에 있는 석단을 흔들어 버린다. 오랜 세월을 흔들다보면 석단은 무너진다. 그러므로 석단아래 조성한 연못은 "소파고 망할 놈"이라는 광경을 자초한다. 그러나 불국사 석단은 일천이백여 년이 훨씬 지

불국사 석단에 박힌 석축 홈통.
이는 풍수용도 때문이었다.

난 오늘날까지 건재하고 있다.

1200여 년 전의 상황들을 기록한 삼국사기를 읽어보면, 서라벌에는 갖가지 자연재해도 왕왕 있었다. 자연재해 중에는 강도 높은 지진이 자주 일어났다는 기록도 보인다. 지진이 일어났을 경

불국사석단에 박힌 자연석과 인공석. 인공석이 자연석을 따르고 있다. 이는 토목공법 때문이었다.

우 잘생긴 벽돌처럼 조성된 석축들은 좌우로 흔드는 지진파에 의해 몇 개쯤은 쉽게 튕겨 나간다. 이빨 빠진 사각형 인공 석 몇 개로 인해 석축 전체는 일시에 무너져 버린다. 그러나 큰 놈, 작은 놈, 잘생긴 놈, 못생긴 놈의 돌덩이로 자연스럽게 메워 놓은 자연석축단은, 좌우상하로 흔들리면 흔들릴수록 서로가 서로를 파고들어 축단을 더욱 견고하게 만들어 버린다.

이러한 대비책에서 불국사석축 아랫단은 자연석 그대로 조성시켰다. 그러니 연못이 지반을 무르게 하여 석축이 흔들린다 하여도 불국사 석단은 더욱 견고하게 밀착될 수 있었다.

그러나 우리가 여기서 생각해볼 문제는 그런 것만은 아니다. 왜 석단 아래에 하필이면 연못을 조성시켰냐는 것이다. 자연석공법까지 동원시켜가면서 이곳에 연못을 조성시켜야만 했던 이유는 무엇이었을까. 석단 조성은 불국사 대중창에 있어서 가장 긴 시간과 노력이 투입되었다. 장고의 긴 시간을 통해 창출된 석단이기에 이곳에 있었던 연못 역시 그에 합당한 이유가 있었을 것이다.

세상에는 내로라하는 걸작들이 있다. 그런 걸작들을 감상해보면 어린아이작품처럼 단순한 것도 있다. 그러나 단순하면서도 그 속에는 깊은 의미가 담겨있다. 어느 날 그 의미가 정체를 드러낼 때, 우리는 감동하게

된다. 어찌 저런 의미를 저리도 단순하게 표현시킬 수 있었을까 하고 말이다. 그래서 걸작이다.

미학(未學)이 미학(美學)으로 변모하는 그 순간의 감동! 지금 우리가 그런 시간 앞에 서 있다고 할 수 있다. 일천 이백 여 년 전 불국사 석단을 구상했던 김대성과 그 당시 선조들의 시각이 서서히 드러나는 시간에 해당되기에 말이다.

751년, 선조들은 토함산의 마음을 읽어보았다. 그러자 옥녀세발형이 눈에 들어왔다. 대중창 223년 전, 이곳에는 옥녀머리카락을 올라타고 있는 절집도 있었다. 규모가 작은 옛 절집은 산줄기 하나를 타고 있어서 오는 생기용량 정도면 충분했다. 그러나 이를 대규모 사찰로서 확장시킨다면 생기용량도 그만큼 증폭되어야 한다. 그러기 위해서는 일단 옛 절집이 올라타고 있는 산줄기의 지맥을 통째로 끌고 와야 한다. 중창하게 될 불국사 쪽으로 말이다.

이렇게 끌고 온 생기는 또다시 대찰용량에 걸맞게 증폭되어야 한다. 10평(옛 법당)짜리 용량의 전등을 30평(불국사 대웅전)공간에다가 매달 수는 없지 않는가. 30평형의 생기조명을 설치하여야 한다는 것이 그 당시 대웅전에 걸린 생기용량의 문제였다.

석축홈통의 낙수를 모아 불국사 연못을 만들었다. 그리고 연못을 향해 범영루를 조성했다. 범영루 석주 사이에는 수미산을 거꾸로 세워놓은 실루엣이 있다고 식자들은 말한다. 거꾸로 보지 말고 똑바로 보면 정확한 정답이 있는데도 말이다. 왜 거꾸로만 보고서 식자우환을 자처하는지….

이런 문제를 해결하려면 옥녀의 머리를 세발시켜주어야 한다는 결론이 나왔다. 세발한 옥녀의 머리카락은 더욱 윤기를 발한다. 윤기는 생기 증폭에 해당된다. 그러기 위해 옥녀세발을 위한 세숫대야가 필요했다. 또한 세발하려는 옥녀는 세숫대야 쪽으로 머리를 내밀 것이다. 이는 관음전 생기를 통째로 대웅전 쪽으로 끌고 오는 것이 된다.

토함산 옥녀세발형에 걸 맞는 불국사의 세숫대야!

이것이 석단 아래에 조성한 불국사의 연못이었다. 이렇게 세숫대야를 차려주고 여기에 물바가지까지 곁들어주었다. 그것도 기품있는 물항아리를 만들어 주었던 것이다.

물항아리를 찾아보려면, 먼저 범영루를 관찰하여야 한다. 범영루는 석단 중앙에 있다. 중앙에 있으면서도 가장 튀어나온 지점에 자리하고 있다. 이러한 범영루 지붕처마를 올려다보면, 익공의 출목(出木)들이 눈에 들어온다. 옥녀의 머리채를 연상케 하는 범영루 처마 아랫녘에는 석주(石柱)가 서 있다. 석주를 살펴보면 빈 공간이 눈에 들어온다.

석주와 석주사이의 빈 공간은 단순한 여백이 아니다. 상세히 살펴보면, 석주 실루엣이 물항아리 모양을 보여준다. 이것이 석단의 물항아리이다. 비어 있어야 그곳에 물을 채울 수 있다. 또한 앞으로 튀어나와야 물을 따

범영루 석주에 드러나는 실루엣. 똑바로 보이는 그대로 보자. 그림책에 나오는 이런 그림을 초등학생에게 물어보면 단박에 "항아리"라고 말한다. 벌거벗은 임금님을 보이는 그대로 벌거벗은 임금님이라고 말하는 아이들의 말이 정답이다. 신라인들은 왜 이곳에 물항아리를 만들어 놓았을까?

를 수 있다. 실루엣의 여백이 비워있는 물항아리며, 석단 중앙에서 앞으로 튀어나온 범영루 자체가 옥녀 세숫대야에 물을 따르는 동작에 해당한다.

범영루 지붕처마를 장식한 출목(出木)들.

그와 더불어 연못에 투영되었던 범영루 출목들의 광경이란 세숫대야 속에 담긴 머리카락들로 이는 옥녀세발이라는 동사적 진행형이다.

석단 창건 때부터 옥녀세숫대야인 연못은 있었고, 이를 건너기 위해 청운(靑雲)과 백운(白雲)이라는 다리도 만들어졌다. 다리 계단 수는 33개다. 이는 33천(三十三天)의 하늘나라를 상징하기에 구름[雲]과 짝을 이루어 놓았다.

이 같은 광경을 연출하고 있는 우리 문화재가 있다. 구름 위[雲上]에 떠 있는 전각[閣]이라는 운상각(雲上閣)들이다. 구체적으로 조선왕릉 정자각을 운상각이라 한다.

인하여 이곳 불국사는 운상사찰(雲上寺刹)이 된다. 운상사찰인 불국사 구름다리 정상에 있는 것이 자하문(紫霞門)이다. 자하는 자주 빛을 띤 부처님의 서광을 상징한다. 그로인해 자하문을 들어서면, 이는 운상이라는 하늘 위에 있는 불국토에 들어서게 된다. 이것이 불교시각으로 보는 불국사 석단의 의미이다. 이와 더불어 청운, 백운이라는 구름과 자하라는 광명에는 풍수적 의미까지 걸린다. 자하라는 서광은 생기의 윤기와도 통하기 때문이다. 이것이 토함산 옥녀풍수가 빚어놓은 불국사석단이며 불국사라는 대찰이었던 것이다.

오늘날 우리는 옥녀세발형이 빚어 놓은 불국사석단의 진면목을 모르고 있었다. 모르고 있었기에 이곳 아래 연못이 거추장스럽다고 대충 마당으로 메워 버렸다. 그러니 졸지에 옥녀는 맨땅에 헤딩하고 있는 광경이 되어 버렸다.

옛적 선조들은 산의 마음을 읽고서 불국사 석단을 조성시켰다. 오늘날 우리는 서양건축공법 책만 읽고서 석단을 복원시켰다. 그러자 이곳 옥녀는 세발이 아닌 산발한 여자로 전락하게 되었다. 학문의 세계화도 필요하지만, 우리 것을 지키는 것도 중요하다. 지금처럼 계속해서 지켜주지 않는다면 어찌 알겠는가. 산발하고 있는 불국사옥녀가 말이다. 참다못해 그만 가출하여 거리의 여자가 될지, 내일 일을 어찌 알겠는가.

돈 벌겠다고 열심히 앞만 보고 뛰어다니던 그 집 가장, 그러나 가장으로서 부모 역할을 등한시하자 어느 날 가출해버린 그 집 딸, 우리주변에서 보았던 불행한 가정의 이야기이다.

옥녀와 세숫물 수도꼭지와 머리카락과 물항아리까지 잡아본 사진 한 장. 이러한 풍수사진들을 모아서 십여년 전 동아대학교에서 풍수사진전 지도교수를 한 적도 있었다.

다보탑과 석가탑의 풍수미학

석가모니가 인도 영축산의 영산회상에서 법을 설하고 있었다. 이를 듣고 있던 대중들은 석가세존의 설법을 의심했다. 그래서 사바세계의 중생인 것이다.

다보여래는 동방의 보정세계(寶正世界)교주이다. 다보여래가 보살로 있을 때 이런 말을 남겼다. "내가 성불하여 멸도한 뒤 시방세계에서 법화경을 설한다면 그곳에서 보탑(寶塔)으로 솟아나와 그 설법을 증명하리라."

석가세존이 그날 설한 것은 법화경이었다. 그러자 땅 속에서 칠보탑이 솟아나와 "석가세존께서 설법한 묘법연화경은 모든 것이 진실이다"라는 말을

통도사 영산전에 있는 2불병좌상의 다보탑벽화(1704년 제작).

하였다. 대중들은 눈을 씻고 탑을 우러러보니 탑 속에서 석가세존과 다보여래가 마주앉아 법륜을 나누고 있었다. 이를 2불병좌상(二佛竝座像)이라 하는데, 통도사 영산전에 있는 다보탑 벽화를 걸작으로 친다.

다보여래가 석가불의 설법을 증명하는 광경이 이곳 불국사에 있다. 대웅전 양편에 서 있는 다보탑과 석가탑이다. 2불병좌상을 연출하고 있는 양 탑의 배치를 바라보다가 이런 생각이 들었다.

'왜 다보탑은 동쪽에 있고 석가탑은

서쪽에 있는 것일까' 라는 것이 궁금했다. 동방세계의 교주인 다보불이기에 다보탑을 동쪽에 두었다고 치더라도 석가탑이 서쪽에 있어야 한다는 것은 풀리지 않는다. 혹자는 이를 두고 다보탑과 석가탑이 아닌 그냥 동탑 서탑이었다는 의미를 부여하기도 한다. 오히려 혹자의 이설에 관심이 더 간다. 우리 선조들의 터잡이 시각은 오늘날 우리가 그저 그럴 정도가 아니었겠는가를 훨씬 넘어선 정말 귀신들이었으니까 말이다. 양 탑의 생김새를 역사에서 들춰보아도 또 이상하다. 이번에는 무대세트 디자인에 대한 의문이다.

양 탑이 조성되었던 시간은 화엄사찰이 가장 번창했던 시절에 속한다. 화엄종찰인 부석사를 시작으로 의상의 10대사찰들이 기세를 떨쳤던 시절이기에 화엄사찰 양식은 이미 정형화되어 있었다. 쌍탑일금당 양식의 탑들도 정형화되었음은 물론이다. 법당 앞에 세워놓은 2개의 탑은 그 모양이 똑같았거나 아니면 약간의 변형을 주었을 뿐이다. 탑의 양식이 같았기에 이를 쌍탑(雙塔)으로 불렀던 명칭에서도 알 수 있다.

그러나 이곳 다보, 석가탑은 도저히 쌍탑이라고 입에 담기가 민망할 정도다. 전혀 닮지도 않았을 뿐더러 타이트한 정장차림의 20대 다보아가씨와 통치마를 입고 있는 50대 석가아줌마처럼 완전히 다르다.

동쪽에 있는 다보탑과 서쪽에 있는 석가탑. 쌍탑배치를 하고 있으나 모양은 쌍탑이라 할 수 없다. 닮은 것이 하나도 없기 때문이다. 무슨 이유 때문일까. 오늘날 사람들은 양탑 사진을 이렇게 전면에서 찍는다. 이는 서구시각을 내포하고 있다.

왜 그렇게 생판 다른 모습으로 만들어 놓았을까. 거기에는 무슨 이유가 있었을 것이다.

그 이유 속에는 다보탑이 동쪽에 있어야 하는 것과 석가탑은 서쪽에 있어야 하는 이유까지도 포함하고 있어야 한다. 적재적소라는 말처럼 적재는 적소에 자리하고 적소는 적재를 포함하고 있기 때문이다. 풍수시각은 적소를 풀어서 적재를 찾아내는 각도를 갖고 있다. 그러나 적소의 문제를 방안풍수처럼 생각으로만 풀려고 덤벼들었다가는 이현령비현령이 되어 머리만 복잡해진다. 가장 빠르고 정확한 지름길은 직접 눈맞춤을 해 보는 것이다.

양 탑을 동서로 배치시킨 신라인들의 시각을 읽어 보았다. 불국사의 모든 배치는 대웅전을 중심 삼아 정해지고 결정된다. 더 정확히 말하자면 대웅전에 좌정한 불상의 좌우시각이 사찰배치를 좌지우지한다는 것이다.

이제부터는 양탑을 이 같은 각도에서 감상하고 사진도 찍어보자. 이것이 좌향시각이며, 당시 신라인들은 물론 우리전통시각이다. 보다 안정적이며 미학(美學)적인 광경 속에는 불국사를 풀어주는 열쇠도 들어있다.

불국사 대웅전 불상의 좌측 팔 전면에는 다보탑이 있다. 불상 우측 팔 전면에 있는 것은 석가탑이다. 다보탑은 좌측에 배치된 탑이며, 석가탑은 우측에 있다는 것이 우리 시각의 판정이다.

만약 좌측의 다보탑과 우측의 석가탑을 서로 바꿔 놓는다면 어떤 현상이 벌어질까. 복잡한 교리 해석을 하는 불교학자도 있겠지만, 아무튼 그 당시 신라인들의 눈에는 혼돈이 초래되었을 것이다.

모든 문화재들을 살펴보면 문화족보가 있다. 문화족보를 계속 거슬러 올라가면 풍토에 뿌리를 내리고 있는 광경들을 체험하게 된다.

경주 남쪽 산기슭에서 2년간 원고 집필과 현장답사 때문에 거주한 적이 있었다. 그 당시 경주 풍토를 부드러운 주변 산들과, 안온한 공기에서 느꼈었다. 그 후 대학 강단에서 신라왕릉 강의를 위해 경주답사를 자주하였는데, 그때도 풍토체험은 많은 도움이 되었다. 문화유산 중 왕조의 역사 풍토를 가장 느끼게 하는 것은 단연 왕릉들이다. 궁궐도 역사풍토를 담고 있지만 복원에 의한 변형 때문에 왕릉현장을 따라오지 못한다. 경복궁 터는 태조 이성계 때 잡았으나, 그 터에 서 있는 건물들은 2백여 년이 지난 후에 다시 세운 건물들이다. 심지어 오늘날에 세운 것들도 있다. 사

불국사 극락전 앞에 있는 설명문. 751년 창건된 터 무늬 위에 세워놓은 조선후기 양식의 건물이라는 설명이다.

화엄불국토 토함산불국사 129

찰건물들의 변형은 더욱 심하다. 낙산사 터는 천삼백여 년 전의 옛 터 그대로이나, 그곳에 서 있던 건물들은 해방이후에 지은 소속불명의 건물들이었다. 이것들이 전소되자 복원계획의 방향이 거론되었다. 결과는 고작 일이백 년 전쯤 되는 복원만이 가능할 뿐이라는 것이다. 그럴 경우 사찰건물들을 관찰하고서 사찰창건에 들어 있는 의미를 찾아냈다는 것은 오히려 방해가 되어 버린다. 엉뚱한 건물양식으로 인한 착각 때문이다.

그러나 왕릉은 그와는 다르다. 태조 이성계 능은 옛터 그대로 자리하고 그곳 석물들 역시 옛것 그대로 그 모양을 하고 있기 때문이다. 그런 까닭에 왕릉들은 우리문화유산 시각조명도 100%에 해당된다. 경주에 있는 신라 왕릉들도 조선 왕릉처럼 투명성과 함께 저마다 색다른 특성을 갖고 있다. 그 중 평지에 쓴 진평왕릉 터의 부드러움과 안온한 분위기는 서라벌 풍토를 가장 많이 닮고 있었다.

이러한 풍토는 이곳 불국사에도 연결된다.

대웅전 발치의 버선코 곡선.

토함산 정기를 내려주는 옥녀봉은 생기발랄한 처녀에 속한다. 옥녀봉의 생기가 발치녘 불국사로 들어와서 대웅전을 만들었다. 그러자 대웅전 발치녘 돌계단 소맷돌의 곡선은 옥녀가 신고 있는 버선코를 연상케 한다. 그러나 이러한 설명은 주관적인 느낌에 의존한 체험일 수도 있다. 아무리 설명해 주어도 나는 이렇게 느껴진다고 반박하면 그만이다. 그래서 보다 더 객관적인 광경을 필요로 하게 된다.

'좌청룡 우백호' 라는 말을 모르는 한국인은 없다. 혈 자리에서 전면을 바라볼 때 좌측 팔은 좌청룡에 해당되고, 우측 팔 쪽은 우백호가 된다. 이

정도는 한국인 대부분이 알고 있기에 객관적 설명에 속할 것이다.

또한 좌청룡과 우백호에는 각각의 풍수법칙이 걸려있다. 청룡완연(靑龍蜿蜒)하듯 좌청룡은 용트림치 듯 꿈틀거려야 한다. 우백호는 백호준거(白虎蹲踞)라는 법칙에 따라 엎드려 있어야 한다는 것이다. 이러한 법칙과 현상은 옛 서라벌 사람들의 시각과도 통한다.

서라벌에도 불국사 대웅전처럼 기준점이 있다. 서라벌 왕궁자리였던 반월성이다. 반월성의 좌청룡은 남산으로, 용트림치는 듯한 갖가지 산봉우리들이 조합하듯 모여 있다. 반월성 우백호인 소금강산은 우백호답게 엎드린 부동(不動)의 형상을 보여준다.

남산과 소금강산을 조석으로 보아왔던 서라벌 사람들에게는 이런 것들은 아주 자연스러운 광경이었다. 신라인들의 눈 맞춤을 불국사에 대입시켜 보았다.

먼저 적소에 대입시켜보았다. 불국사 대웅전 좌측에는 다보탑이 있다. 갖가지 모양의 석재들로써 이리저리 조합을 하고 있는 것이 다보탑이다. 반월성 좌측에는 남산이 있다. 남산 또한 갖가지 봉우리들을 옹기 종기 갖춘 형상을 보여준다.

이것들과는 다르게 불국사 대웅전 우측에 있는 석가탑은 단순히 삼층석탑의 몸짓만 보여준다. 반월성 우측에는 소금강산이 있다. 단순한 덩치 하나로 이루어진 산은 석가탑 몸짓에 비교된다. 좌측에 자리한 다보탑과 남산 그리고 우측 편에 해당하는 석가탑과 소금강산이 서로 닮은꼴 형상을 하고 있다는 것이다. 적소가 이렇게 정리되자, 이제는 적재의 문제를 대입시켜보았다.

다보탑은 대웅전의 좌청룡이기에 그 형상은 생동 거려야 한다. 통도사 영산전의 좌청룡인 팔작지붕 지장전처럼 말이다. 생동하는 다보탑이미

동적(動的)인 다보탑형상과 부동(不動)한 석가탑 모양. 배치 또한 양(陽)의 공간인 동쪽에 다보탑이 음(陰)의 공간인 서쪽에 석가탑이 자리한다. 음양적소에 동정(動靜)적재를 갖춘 광경이다.

지와 반월성 좌청룡인 남산의 생동함이 서로 닮았다. 대웅전 우백호 석가탑과 반월성 우백호 소금강산 또한 같은 부동(不動)의 모습을 보여주고 있다. 석가탑과 소금강산이 모두 백호준거라는 우백호 법칙에 맞아떨어진다라는 말이기도 하다.

이는 영산전 우백호인 극락전 맞배지붕과도 대비된다. 불국사의 석탑과 다보탑은 서라벌 풍토가 빚어놓고 배치시켰던 적재적소의 문화유산이라는 풍수시각이다.

만약 석가탑과 다보탑의 배치를 바뀌어 놓았다면 당시 서라벌 사람들은 부자연스러운 느낌을 받았을 것이다. 그것은 서라벌의 풍수풍토와 반

석가탑의 아름다움을 더 높이 치는 미학적 이유들? … 아직까지 석가탑 그림자처럼 물음표를 남기고 있다 ….

대되는 형상에서 오는 어색함에 속한다. 어색함은 또 있다. 아니 의아함이 올바른 표현일 것이다. 그것은 미학(美學)의 문제이기도 했다.

불국사로 수학여행을 다녀왔던 학창시절에는 이런 생각을 하였을 것이다. 다보탑은 아기자기하면서 아주 멋진데, 왜 볼품없이 단순한 석가탑을 더 위대한 걸작품으로 평가 하는가…. 그런 의아함을 한번쯤은 품어보았을 것이다. 빡빡머리 중학생 시절 불국사로 수학여행을 다녀온 미술시간에 질문을 던졌는데 시원한 답변을 듣지 못했다. 승려시절 불국사에서 한 철을 지낼 때에도 풀리지 않는 화두 같은 것이었다. 석가탑의 화두는 오늘날 불국사 답사 때, 제자들에게 던져보는 질문이 되어 버렸다.

근래에 동행한 제자에게도 질문을 던져 보았다. 화려하게 장식된 다보탑 보다는 돌덩이 3개를 단순하게 올려놓은 석가탑을 더 높이 평가하는 이유는 무엇이냐고 물었다. 그러자 그 즉시 튀어나온 제자의 답변은 "석가탑은 균형미와 절제미가 뛰어났기 때문…" 이라는 것이다. 그렇다면 다보탑은 균형미와 절제미가 떨어진다는 것일까. 그날 그 제자의 답변은 귀동냥한 헛똑똑이 지식에 불과하기에 엄청나게 혼을 내어 주었다. 어떤 책을 읽고서 내용 그대로 앵무새처럼 지껄였던 것이다.

"니가 봤냐! 봤어! 균형미, 절제미, 봤냐, 봤어!"

이런 것이 무설전에 걸린 무설시각이다. 그런 시각의 답변을 듣고 싶었는데, 현장답사 체질이 듣고 싶은 답변이란 그런 것이다. 책만 읽고서 판단하는 것은 아는 만큼 더 못 볼 수도 있는 병통에 빠질 수도 있다.

삼십 여 년 간을 마음에 두고서 관찰하다보니, 최근에 이런 광경이 드러났다. 삼십 여 년 전에 본 석가탑의 인상은 최근에 본 인상과도 변함없이 같았다. 그러나 다보탑은 수시로 변했다. 언젠가 어느 각도에서 본 다보탑은 몸 망가진 모양까지 하고 있었다.

몸 망가진 다보탑 사진.

그러자 "미적평가는 시대와 유행에 따라 변한다고 하지만, 석가탑은 그러한 시공을 초월한 삼층석탑의 몸짱이다!"라는 말이 절로 튀어나왔다.

아마추어는 이것저것을 가져와서 이런 이론 저런 이론으로 복잡하게 설명하면서 조립형 작품으로 덧칠해 버린다. 이곳 다보탑을 구성하고 있는 부재들을 하나씩 떼어서 불국사 석단의 석재품목들과 비교하면 이런 평가가 나온다. 석단의 부재들이 훨씬 빼어났기에 다보탑은 퍼즐맞추기식의 작품에 불과하다는 평가가 내려진다. 이것은 다보탑 평가 시각이다.

안양문 계단에 올라 청운교를 내려다보면 아기자기한 석단의 부재들이 이렇게 보인다. 다보탑 부재들보다 훨씬 빼어났다.

프로는 조립형에 들어있는 사족들을 하나씩 제거하면서 단순조화의 미를 완성시킨다. 이것이 석가탑 평가 시각이다.

그렇지 않은가? 갓 시집 온 새댁이 요리책에 적힌 대로 이 양념 저 양념을 잔뜩 친 해장국이 시원하다고 느끼는 사람은 없을 것이다. 물과 생선과 소금만 가지고서 끓인 해장국에서 시원함을 느낄 때, 우리는 그것을 최고의 요리로 친다. 진국의 비결은 재료의 신선도에 숨어있다. 갓 잡아 올려 퍼덕거리는 물고기를 약수 물에 넣고서 천일염으로 적당히 간만 맞춘 요리, 먹어본 사람은 안다. 게다가 요리의 달인은 주재료가 물에서 끓을 때, 냄새만 맡고서도 이미 신선도를 판단해버린다. 요리책만 본 초보자는 도저히 따라갈 수 없는 경지이다.

돌덩어리 3개만 덜렁 올려놓은 석가탑. 게다가 달인들의 눈 맞춤으로 저울질했던 공간의 미학, 한 치 어긋남도 벗어남도, 부족함도 넘침도 없는 공간 속에 서 있는 그런 석탑, 어찌 무설의 공간미학을 불완전한 말로 설명할 수 있으리. 굳이 말하자면, 공간의 신선도며 달인의 진국이라는 댓글 뿐이다. 이 같은 평가마저도 사족일 것이다.

우리문화유산의 걸작에는 그런 신선도의 공간이 여기저기 숨어있다. 사군자 그림 중 난 그림에는 신선도의 여백이 존재한다. 이를 여백의 미(美)라고도 하지 않는가. 아무튼 불국사의 석가탑은 석탑의 나라에서도 단연 몸짱이다!

석가탑의 몸돌3개에 들어있는 시각의 미학.
이리저리 어느 각도에서 보아도 시공을 초월한 대한민국 문화유산의 몸짱이다.

풍수로써 드러나는 불국사의 비밀

극락전 공간을 통해 바라본 불국사.
화엄불국토의 극락이라고 표상했던 불국사에는 토함산 옥녀봉 풍수도 담겨져 있었다.

"가난한 집에서 태어난 대성이란 아이가 전 재산을 탁발승에게 시주한 인연으로 다시 신라 재상집 아들로 태어난다. 이러한 김대성이 현세부모를 위해 불국사를 짓고 전세부모를 위해 지은 것이 석불사이다"라는 이야기가 우리 주변에 널리 퍼져있다.

불국사 대중창은 제35대 경덕왕 때 시작되었다. 경덕왕의 친아들인 제36대 혜공왕 때는 봉덕사 신종이 만들어졌는데, 우리에게 널리 알려진 에밀레종이다. 그런데 불국사 이야기와 에밀레종 스토리가 이웃사촌쯤 된다는 것이다.

모량리에 살았던 대성이가 전 재산을 탁발승에게 시주했다. 그리고 죽었다. 죽은 대성이가 환생하여 불국사를 지었다. 이것이 불국사 이야기다.

서라벌에 살았던 한 아낙네가 갓난아이를 탁발승에게 보시했다. 그 아이는 죽었다. 죽은 아이는 용광로를 통해서 에밀레종으로 만들어졌다. 이것은 에밀레종 이야기다. 두 이야기 모두 탁발승에게 보시 그리고 죽음, 그로 인한 작품탄생이라는 똑같은 스토리로 진행된다.

어느 시대이건 사회풍토에 관한 풍자이야기는 널리 퍼지는 특성을 가지고 있다. 사회풍토 입맛에 맞는 유언비어일수록 더 널리 퍼지는 것도 그런 특성 중에 하나다. 얼마나 널리 퍼져 있었기에 불국사 이야기는 오백여 년 후 일연스님이 지은 『삼국유사』를 통해 세상에 알려진다. 삼국유사 이야기는 650여년이 지나자 대한민국 국정교과서에 실린다. 실린 목적은 효자 김대성의 미담이 교육적 가치가 있었기 때문이란다. 교육정책의 일방통행시각이 역사를 와전시킨 대표적 일례다.

그러므로 우리가 알고 있는 불국사 대중창 이야기란 터무니없는 역사 와전일 뿐이다.

문화란 역사의 산물이며, 왕조시대 역사의 정점에는 항상 왕이 있었다. 모든 것은 왕으로부터 시작되었기에 왕의 역사는 곧 왕조의 역사이기도 했다. 불국사 대중창도 왕권과 연결되지 않고서는 조성될 수 없는 사찰 역사에 해당한다. 거대한 물량이 투입되어야 했던 석단 매립은 백성동원령 없이는 불가능한 공사였다. 이는 불국사 건물들을 보아도 왕권 없이는 조성이 불가능한 규모다.

고금 창기를 참조하면, 오늘날 불국사 복원이란 절반에도 못 미치고 있다. 지금보다 배에 이르는 전각들이 왕궁전각들을 연상케 하며, 회랑들도 왕궁회랑처럼 조성된 사찰이 불국사라는 것이다. 왕궁처럼 지어놓은

극락전에서 대웅전으로 연결된 회랑복도. 여느 궁궐회랑 못지않게 화려하다.

불국사와 김대성의 효심이야기는 어울리지도 않지만, 어디를 둘러보아도 효심을 뒷받침하는 벽화 한 점도 발견되지 않는 것이 이곳 불국사다. 그렇다면 불국사 창건설화 속에는 무엇이 숨겨져 있었던 것일까?

이 같은 추정을 뒷받침하는 불국사 재조명이 있었다. 1991년 4월 남천우 박사의 학술발표가 그것이다. 불국사는 제35대 경덕왕이 아들을 얻기 위해서 일으킨 대중창 역사였다는 것이다. 근거 있는 조명이기도 하다.

삼국을 통일한 신라는 화엄사상을 통치이념으로 삼아 전제왕권을 강화하여 간다. 문무왕, 신문왕, 효소왕, 성덕왕, 효성왕을 차례로 거치면서 점점 강화된 왕권은 경덕왕 때 절정을 이룬다(신라 왕릉들도 이때가 가장 화려했다).

그런데 강력한 왕권을 거머쥔 경덕왕에게는 이를 물려줄 후사가 없었다. 그래서 경덕왕은 득남기원을 위해 불국사 대중창이라는 국책사업을 일으켰다는 것이다. 여기까지가 경덕왕의 득남설과 연관된 불국사대중창의 재조명이다.

남천우의 경덕왕 득남설도 더 이상 이를 논증하거나 입증할 자료나 방법을 제시하지 못하고서 그 끝을 맺고 있다.

어느 왕조의 기록을 살펴보아도 왕의 속사정을 기록한 자료는 세상에 존재하지 않는다. 왕의 속사정은 그 자체가 천기누설이었기 때문이다. 기록이 남아 있지 않기에 이를 논증하거나 입증할 방법도 없다. 그런데 풍수로써 터 읽기

대웅전을 둘러싼 회랑.
아주 자연스러운 배흘림기둥도 발견된다.

를 하면, 불국사 득남설은 다시 제2라운드의 시작을 알린다. 조선왕조의 왕릉을 풍수로써 조명하면, 그 속에는 천기누설에 해당되는 왕심(王心)까지 들어있었던 그런 경우와도 같다. 이를 불국사에다 걸어 보았다.

토함산 옥녀봉을 관산하면 옥녀봉 동쪽 산줄기에 석불사가 자리한다. 옥녀봉에서 서쪽으로 뻗어 내린 산줄기를 올라타고 있는 것이 불국사이며, 옥녀봉 동쪽 산줄기와 잇대고 있는 것이 석불사라는 광경을 보여주고 있다. 불국사와 석불사는 똑같이 옥녀봉 산줄기와 연결된 사찰이라는 것이다.

석불사 석불이 입지한 지점을 관산하면 떠오르는 것이 있다. 선덕여왕의 지기삼사 현장중의 하나인 여근곡이다. 여자 생식기를 닮았다하여 붙여진 여근곡은 경주 서쪽 부산성에 있다. 여근곡 형국과 석불사 석불석실 모양은 풍수형

토함산 석불사의 석실외부형상.

여근곡의 여근형국 형상.

화엄불국토 토함산불국사 139

국상 같은 생식기에 속한다.

여근곡 이야기는 삼국사기에 나와 있는 선덕여왕 5년인 636년의 역사 기록이다. 석불사 창건은 불국사 창건과 똑같이 751년에 시작되었다. 여근곡 형상을 베낀 것이 석불사의 석불감실이라는 것이다. 석실의 위치도 여근곡의 음핵을 차지하고 있다. 석불사 석실이 여자 생식기라는 조명은 내부 평면도를 보면 더욱 잘 드러난다.

자궁내부처럼 조성된 석불석실내부 모형도.

석실내부의 둥근 공간을 자궁으로 놓고 보면, 자궁 중앙에 배치된 둥근좌대 모양은 둥근 공처럼 생긴 난자의 평면도와 같다. 이럴 경우 좌대 안에 좌정한 불상은 난자와 결합하여 잉태된 태아라는 상징성을 갖는다. 난자라는 음(陰)이 잉태를 하려면 이에 상통하는 양(陽)이 있어야 한다. 그렇다면 석실난자인 음과 결합하는 양은 무엇이며 김대성은 이러한 음양조화를 어떻게 끌어드렸던 것일까.

이같은 질문은 석불의 좌향을 계산하면 단박에 풀린다. 석불의 좌향은 동해바다를 향하고 있다. 독재군사정부는 대왕암을 바라보고 있다고 정책적으로 퍼트렸으나, 이것은 후일 정정되었다. 석불시선의 각도는 동남쪽으로 정확히 말하자면 동짓날 일출지점이라고 말이다.

신라인들은 동짓날을 새해 첫날로 쳤다. 동지를 기준으로 낮의 길이는 점점 길어진다. 이를 신라인들은 태양의 소생으로 보았던 것이다. 새해 첫날인 동지일출은 가장 생기 있는 숫총각의 양기에 해당된다. 석불이 이지점을 바라보고 있다. 그런 까닭에 동지일출 때, 석불은 강열한 태양을 받아들인다. 그로써 양(陽)기운은 옥녀봉 생식기인 석실 안으로 들어온다. 석실의 음(陰)과 태양의 양이 만나는 광경이다.

이러한 광경은 토함산(吐含山)이라는 문패에도 걸려있다. 일(日:陽氣)을 토출(吐出)하고 월(月:陰氣)을 머금은[含] 산의 명칭은 음양 번지수가 걸린 토함산의 문패이기 때문이다. 이러한 음양조화가 신라인들의 시각이었으며, 석불의 정체다. 이 같은 석불사 풍수조명은 경덕왕 득남기원설로 연결된다. 햇빛이 임신시켜 아이를 낳는다는 일자감응(日子感應)설화는 전 세계적으로 널리 퍼져있는 태양숭배사상이기도 하다. 고구려 건국조인 주몽의 탄생에도 일자감응설화가 관련되어 있다. 석불사에 걸려있는 이러한 일자감응설은 불국사로 연결된다.

동지일출의 양기를 석불사 음기(석실)가 받아서 태아를 잉태(좌대에 있는 불상)시킨다. 잉태된 태아는 옥녀봉 생기를 받고서 발육하다가 출산에 이른다. 태아의 잉태와 출산은 모두 옥녀봉 산줄기라는 탯줄에 걸려있다. 잉태에서 출산에 이르는 진행은 또다시 동입서출(東入西出)이라는 태양의 진행과도 맥락을 같이 한다. 동입서출 따라 옥녀봉 동쪽 산줄기에서 잉태된 태아는 서쪽 산줄기에서 출산하게 되는데, 그 산방이 불국사라는 것이다. 산방에서 태어날 아이는 경덕왕의 아들로서 이는 전제군주가 될 왕자다. 그러므로 왕자 산방에 걸맞게 왕궁처럼 조성시켰던 것이 불국사였다. 경덕왕 득남설 역사와 불국사 풍수조명은 이렇게 만난다.

여기에는 오늘날 기묘한 그림 한 장이 끼어든다. 오늘날 이호신 화백이 그린 동방의 빛 석굴암 불국사라는 그림이다. 한 장의 그림은 불국사 득남설과 풍수조명의 만남을 위한 타이틀 그림처럼 보이기까지 한다. 그러나 이화백은 풍수

이호신화백의 그림.

전문가가 아니다. 알고 있다하여도 한국인의 풍수 상식정도라고 생각한다. 그래도 저런 작품을 연출할 수 있었던 것은 그도 한국인이었기 때문이다.

신라의 토종풍수형국이 고려왕조국운 풍수로 숙성되었고, 이는 조선왕조의 사대부풍수로 연결되었다. 그러나 애석하게도 오늘날 한국사회에서 사대부풍수는 차단되었다. 풍수는 무덤이나 보는 것이라면서 무덤혈 자리 잡는다며 혹세무민하는 오늘날 풍수장이들이 그 장본인이다. 그러나 문화유산을 통해 흐르는 한국풍수가 존재하고 있었기에 무의식 상황에서도 저런 그림이 그려질 수 있었다.

왕자생산을 위한 불국사 대중창의 역사, 그러나 당시 그것들은 밝힐 수 없는 왕권 누설에 해당되었다. 그래서 김대성의 효이세부모(孝二世父母) 이야기로 위장 술책을 폈던 것이다. 이것이 오늘날 널리 유포된 불국사 창건설이다. 포장술책일수록 정책상 널리 퍼트린다. 널리 퍼트린 불국사 위장설은 너무나 널리 알려졌기에 5백여 년 후 일연도 삼국유사에 그대로 기록했다. 일천이백오십 여 년이 지난 오늘날까지 와전된 이야기는 정사가 되어버렸다. 백주대낮에 해당되는 국정 교과서에 실렸기 때문이다. 터무니없는 불국사 창건설이 밝혀지기까지 한국인은 너무도 먼 길을 돌아와야만 했다. 아직까지도 김대성 효심이 불국사를 창건했다고 믿고 있는 사람이 더 많겠지만….

「조선고적도보」에 나온 불국사 자하문과 청운, 백운교의 옛 사진.

오늘날 단정하게 복원된 불국사. 이에 걸 맞는 역사복원도 당연히 필요하다.

화엄불국토 토함산불국사

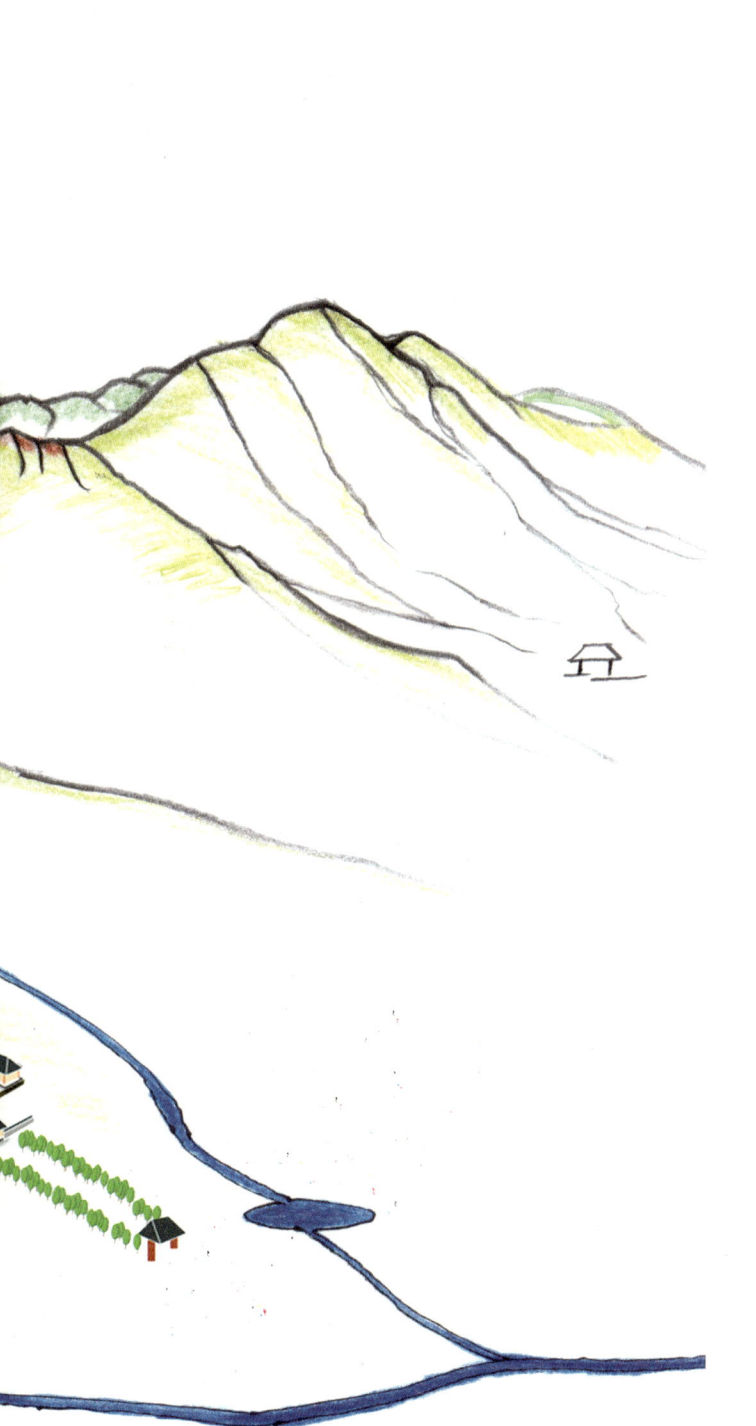

법보사찰 가야산해인사

가야산

불길처럼 치솟는 봉우리의 가야산. 풍수에서는 이런 모양의 산을 화성(火星)이라 한다.
하늘의 별[星]이 땅에 이르러서 산(山)을 만들었다는 성산(星山)사상에서 비롯된 표현이다.

가야산은 영산(靈山)이다.

영기(靈氣)서린 가야산을 조선시대 이중환은 이렇게 평했다. 「… 경상도에는 돌 화성(火星)이 없다. 오직 합천 가야산은 뾰족한 돌이 줄을 잇달아서 불꽃같으며, 공중에 따로 솟아서 극히 높고 또 빼어났다. … 임진년 왜란 때 금강산, 지리산, 속리산, 덕유산은 모두 왜적의 전화를 면치 못하였으나 오직 오대산, 소백산과 이산(가야산)에는 이르지 않았다. 까닭에 옛부터 삼재(三災)가 들지 않는 곳이라 한다. … 가야산 동북편에 만수동(萬水洞)이 있다. 또한 깊고 긴 골짜기로서 복지라 하며, 세상을 피해서 살만하다. … - 택리지 경상도 편 -」

삼재란 본래 풍(風:태풍), 수(水:홍수), 화(火:화재)를 가리켰다. 풍수에서는 전란, 흉년, 전염병을 삼재로 친다. 삼재가 들지 않는 땅을 삼재불입지지(三災不入之地)라 한다. 가야산은 삼재불입지지이며, 기세 좋은 복지명당이라는 것이다.

우리 산에는 그 산을 대표하는 인물들도 있다. 백두산은 단군 할배, 금강산은 나무꾼과 선녀, 묘향산은 서산대사, 지리산은 남명조식과 도선국사가 회자되기도 했다.

가야산에도 이를 대표하는 인물이 있다. 그 인물을 택리지는 이렇게 적어 놓았다. 「…가야산 골짜기 입구에 홍류동과 무릉교가 있다. 나는 듯한 샘물과 반석이 수십 리에 뻗쳐 있다. 전해오는 말에 최고운이 여기에 신발을 남겨두었으나 간 곳은 모른다한다. 돌 위에 고운이 쓴 큰 글자를 새겼는데 지금도 금방 쓴 것 같이 완연하다.」

고운의 시에
「미친 듯 바위를 때리는 물들은 산봉우리를 울려서 옆에 있는 사람의 말소리조차 들리지 않네, 끊이지 않는 인간사의 시비소리가 들릴까 염려하여 이렇게 흐르는 물소리로 온 산을 감싸는가」라고 한 것이 곧 이곳을 일컫는 것이다.

해인사 매표출입구를 통과하여 백 여 미터만 가면, 계곡왼편으로 농산정(籠山亭)이 보인다. 농산(籠山)은 「… 이렇게 흐르는 물소리로 온산을 감싸는가(流水盡籠山) …」라는 최고운의 싯귀에서 비롯된 명칭이다. 농산정을 구경하고 도

최고운의 시가 적힌 바위.

가야산 홍류동 계곡.
사진 중앙에 농산정이 보인다.

로로 다시 나오면 맞은편 석벽에는 앞서 소개한 고운의 시를 새긴 바위가 있다. 여기 저기 새겨놓은 석벽낙서 때문에 어떤 것이 고운의 글인지 식별하기가 어렵다. 사진을 참고하면 찾을 수 있겠지만 그래도 어렵다. 석벽을 감싸버린 낙서투성이, 이 역시 낙서농석(籠石)이라 할 수 있다.

최고운이 이곳 가야산에 들어왔던 것은 신라 제52대 효공왕 시절이었다. 신라는 불국사 창건 이후 국운 쇠약기에 접어든다. 강력한 전제 군주였던 제35대 경덕왕은 불국사를 중창하고서 득남을 했다. 이가 제36대 혜공왕이다. 그러나 여성적 취향에다가 8살 어린 나이에 보위에 오른 그는 실세가 되지 못했다. 그런 즉 왕즉불에 억눌려 살았던 귀족들의 반격이 있었다. 무능력한 혜공왕은 23살 나이에 귀족들에게 가족과 함께 몰살당한다. 통일신라의 왕즉불 시스템은 그때부터 혼돈에 빠져버린다. 혼돈이 시작되자 보수귀족들은 기득권 챙기기에 혈안이 되었고, 나라는 악순환을 벗어나지 못했다.

이러한 난세를 극복하려고 했던 인물이 최고운이다. 당대 최고의 지식인이었던 그는 개혁만이 나라를 바로 잡을 수 있다는 판단을 내렸다. 개혁을 위한 시무10조를 왕에게 올렸으나, 예나 지금이나 개혁을 나라 망하는 것보다 더 싫어하는 보수층의 체질들이 이를 묵살해버렸다. 이에 환멸을 느낀 그는 어지러운 세상을 등지기로 했다. 이것이 방랑길을 걷게 된 이유이며 만년에 가야산으로 들어오게 된 최고운의 행적이다.

이곳 홍류동 계곡에다 써 놓은 그의 싯귀는 그러한 심정을 읊은 것이다. 이후 최고운의 행적은 신발 한 짝만 남겼을 뿐, 그 어떤 흔적조차 찾을 수가 없었다고 한다. 후세 사람들은 그가 신선이 되어 이곳 어디메에선가 아직까지 풍류 속을 노닌다고 한다.

풍류신선과 인연을 맺고 있는 산, 가야산은 그런 산이다. 최고운 신선설을 아무렇게나 유포시켜도 어쩐지 어울릴 것 같은 영령스러운 산이다. 그런 산에 해인사가 있다.

해인사로 들어서는 들머리에서 바라본 가야산. 관악산처럼 솟구치는 기세가 잔뜩 서려 있다. 풍수형세로 보면 세산(勢山)에 해당한다.

가야산과 해인사

가야산 정상의 바위.
예로부터 소의 대가리와 같다하여 우두(牛頭)라 했다. 풍수형국 명칭인 것이다.

노송들이 도열하고 있는 들머리 길을 오르면 대형주차장에 이른다. 이곳에 차를 주차하고 다시 내려오면 상가건물들을 만나게 된다. 이때 해인사 방향의 산을 쳐다보면, 사진과 같은 석봉 하나가 눈에 들어온다. 가야산 주봉이다.

현행 지도에는 상왕봉으로 표기되어 있으나, 본래는 우두봉으로 불려왔던 봉우리다. 우두봉(牛頭峯), 소의 머리라는 우두봉은 『가야산 해인사고적』에도 나와 있는 명칭이다.

「가야산 해인사고적」의 기록들은 편찬과정에 있어서 학술적 문제가

우두봉을 관산하면 떠오른 것이 있다.
산의 기세와 만나는 이중섭의 소 그림이다.

우두봉 정상에는 코뚜레를 상징하는 구멍도 있다.
사람들은 이를 우비정(牛鼻井)이라 부른다.

제기된 사적기이다. 그렇다고 내용전체까지 묵살한다는 것은 더 큰 것을 놓치게 된다. 서투르고 횡설수설한 어린 아이들의 말에는 문법상 문제가 있다. 그러나 아이들의 말 속에는 진실이 들어있다는 것이다.

가야산 해인사고적에서 소개하고 있는 내용은 「… 사람의 잘 되고 못 됨은 터에 의하고, 땅의 성하고 쇠함은 시절에 관계되는 것이다. … 신라의 순응스님이 중국에 가서 법을 구하려 했다. 그러자 … "너희 나라 우두산(牛頭山) 서쪽에 불법이 크게 일어날 곳이 있으니, 너희들은 본국에 돌아가 별비보대가람(別裨補大伽藍) 해인사를 세우라"는 계시를 받았다…」라는 것이다. 이 같은 사적기의 기록은 흥미진진한 내용까지 싣고 있다.

「… 스님(순응)은 신라로 돌아와 우두산 동북쪽 고개를 넘고(우두봉에 올라) 다시 서쪽으로 내려가다가 사냥꾼을 만나 '그대들이 이 산을 두루 다녀 잘 알 것이니 어디 절을 지을 만한 곳이 없던가?' 하고 물었다. …」

그러자 사냥꾼은 한 곳을 알려주었다. 순응과 이정은 그곳이 명당이라는 것을 직접 확인하였다. 그곳에 사찰을 세우니 이것이 해인사였다는 사적기의 내용이다.

이러한 기록은 해인사라는 명산대찰이 어떻게 이곳에 자리를 잡았는가를 조명할 수 있는 단서를 제공한다. 풍수의 역사를 조금만 알고 있어도 사적기의 내용은, '불 땐 굴뚝이었기에 연기가 났다' 라는 사실을 알게 된다.

풍수는 땅에 사람들이 살기 시작했을 때부터 시작된 터잡이였다. 산악국가에서 살았던 한국인들은 산을 중요시했다. 그러면서 무엇보다 더 배산(背山)지령을 중요시하는 삶터 풍수가 발생하게 되었다. 토종형국을 앞세운 형국론(形局論) 풍수가 그것이다.

황하라는 물줄기 유역을 중심으로 살았던 것이 중국인들이었다. 그런 까닭에 그들의 터잡이에는 물줄기가 중요시 되었다. 임수(臨水)풍수의 등장이다. 이것이 중국풍수의 특성이 되는데, 이러한 중국풍수는 당나라 때 형세론(形勢論)이라는 체계를 완성시킨다.

형세론이 우리 땅에 유입된 것은 신라 입당귀국승들에 의해서였다. 해인사 창건주 순응 역시 강서지방에서 유학한 입당귀국승이었다. 당시 강서지방에는 형세론 풍수가 사찰택지에 널리 활용되고 있었던 시절이기도 했다. 이것이 형세론과 해인사 터잡이와의 만남을 이룬다. 이를 적어놓은 것이 해인사사적기라는 것이다.

사적기 내용을 정리하면, 「순응은 우두산(가야산)의 동북쪽 산줄기를 타고서 우두봉에 올랐다. 그리고는 우두봉에서 다시 서쪽 산줄기를 따라 내려갔다. 내려가던 도중에 사냥꾼들을 만나 해인사 터를 잡았다. …」 이러한 진행 선들이 나온다.

순응의 그와 같은 발걸음을 살펴보면, 풍수 현장답사의 ABC라는 진행선과 같다는 것이다. 그래서 일천이백여 년 전 순응이 올랐다는 가야산 동북쪽 산줄기를 찾아가서 직접 관산해 보았다. 그러자 가야산 중에서도 가장 기세가 센 산줄기가 눈에 들어왔다. 오늘날 수륜면과 가천면 사이에 걸쳐있는 산줄기다.

사적기에 나온 우두산 동북쪽을 찾아가자 사진과 같은 형세풍수현장이 실제로 있었다.

    현장에서 직접 보면, 요동치는 용이 하늘로 오르는 비룡승천형의 기세를 보여준다(그런 기세를 사진은 담지 못한다. 현장관산 후 현상된 사진을 보고 절망한 적이 한 두 번이 아니다).

    이곳 산줄기를 타고서 우두봉에 오른 순응은 다시 서쪽 산줄기로 내려갔다는 사적기의 기록은 우두봉 정상에서 확인되었다. 정상에서 살펴보면, 정상서쪽 산줄기의 기세가 가장 출중하였기 때문이다. 여기까지는 현장답사 때, 항상 분석하는 형세론 A에 해당하는 세(勢)가 된다.

    세 다음은 형(形)을 찾는 것이 형세론 답사의 B코스다. 해인사가 입지한 뒤쪽 배산은 세산(勢山)이 아닌 형산(形山)을 갖추고 있다. 형산이 정해지면, 그때부

우두봉 정상에서 관산하면 가장 출중한 산줄기가 목격되고, 이를 따라 천이백여년 전 순응과 이정이 내려갔다.

법보사찰 가야산해인사   153

사진 우측 상단이 형산 정상에 해당되며, 정출맥 명당줄기를 내리는 지점이기도 하다. 그런데 해인사는 사진좌측 하단에 있다. 이로써 해인사는 형세 명당 터가 아니라는 설명이 성립된다.

터는 혈(穴)을 찾아야 하는 것이 형세론C이다. 이런 과정이 형세론 ABC에 속한다. A(勢), B(形), C(穴)라는 순서만 기억해두어도 현장에서의 형세론 안목은 "확" 트인다.

그런데 형세론 C에 해당되는 해인사 택지점이 아무리 보아도 이상하다. 형세론 법칙에 따르면 형산 중앙인 오늘날 백련암 부근이 C지점에 해당된다. 해인사는 형세론 C와는 어긋난 형산 언저리에 걸쳐 있다는 것이다. 이럴 경우 해인사는 명당 터에 택지 되지 않았다는 풍수문제를 야기 시킨다. 법보사찰로서 천하의 명당 터로 알려진 해인사가 형세론 혈자리를 차지 못하고 있다니, 이 무슨 일인가!

그러나 이러한 모순을 풀어주는 단서까지 사적기에는 나와 있다. 이같은 단서를 입증하는 현장이 해인사에는 있다. 이것이 해인사에서 찾아야 할 첫 번째 풍수대목이다.

일주문 공간과 형국

가야산 품안에 들어선 해인사 일주문. 그 앞에는 당간지주도 서있다.

산속에 서있는 일주문이 보인다.

일주문은 산문이다. 산문(山門) 속에는 산사(山寺)가 있다. 인하여 이곳도 산과 사찰이 같은 문패를 사용한다. 가야산해인사(伽倻山海印寺)라고 말이다.

산은 이속(離俗)하는 공간이기도 했다. 인간사의 속된 생각에서 잠시나마 일탈해보려고 우리는 산으로 간다. 완전한 이속의 공간 속에는 한마음이 있다고 일러주는 것이 산사며 일주문이다. 가야산 해인사의 일주문 앞에는 당간지주가 당차게 서 있다. 그로써 이곳이 화엄도량임을 알린다.

해인사는 화엄사찰로서 창건되었다. 802년 순응과 이정이 이곳에다 터를 잡았던 당시의 심정을 전해주는 기록도 있다. 「… (순응이) 말하기를 "사람은 학문을 닦아야 하며 세상은 재물을 간직함이 중요하다. 이미 천지정기와 함께 산천까지 수려한 곳을 얻었다. 새도 나뭇가지를 가려서 앉는데 어찌 그런 터에 사찰을 짓지 아니하겠는가"…」라고 피력한 순응은 그해 10월 16일 해인사를 세웠다.

창건 후 신라왕실의 귀의와 재정적인 지원이 있자 순응은 또 이렇게 말했다. 「… 이것은 하늘(왕실)에서 도움을 받은 것이지만 실은 터에 의한 인연으로 얻은 것이다. …」 이러한 기록은 해인사 창건 역사와 가장 가까이 있었던 900년 10월, 최고운이 쓴 『신라가야산해인사선안주원벽기』 내용이기도 하다.

사적기의 내용을 살펴보아도 최고운의 기록을 읽어보아도 해인사는 풍수 명당에 택지된 사찰임을 알 수 있다. 그런데 형세론 법칙으로 따지면 명당을 벗어난 언저리에 입지한 사찰이라는 답이 튀어 나온다. 이는 해인사에서 직접 찾아야 풀리는 문제에 속한다.

일주문을 들어서면 저쪽에 있는 중문까지는 쭉 뻗은 일직선 길이 놓여 있다. 일주문에서 중문에 이르는 직선길은 해인사에서만 볼 수 있는 광

대저 사찰의 일주문과 절집 대문 사이로는 곡선길이 있기 마련이다. 그런데 이곳은 특이한 직선길이 놓여져 있다. 50m달리기 시합정도는 족히 할 수 있는 그런 길이다.

경에 속한다. 다른 대찰들은 곡선 길을 조성시켜 놓았기 때문이다.

해인사 직선 길 옆에는 고사목 하나가 서있다.

옆에 있는 설명문을 읽어보면, 해인사 창건기념식수라고 소개한다. 그렇다면 해인사의 1천2백년 역사를 지켜본 고목인 것이다. 순응은 왜 이곳에다가 창건당시 나무를 심었던 것일까. 노승이 짚고 가던 지팡이가 꽂혀 우연히 나

일주문길 중간에 있는 고사목. 안내문도 있기에 쉽게 찾을 수 있다.

무가 되었다고 하는 그런 이야기가 아니다. 이곳을 어떤 적소로 삼고서 심은 나무라면 그에 걸 맞는 무슨 적재적인 이유도 있었을 것이다. 더욱이 순응은 풍수를 알고 있었던 입당귀국승이 아니었던가.

이런저런 생각을 정리하기도 전에 만나는 중문에는 해인총림(海印叢林)이라는 글자가 걸려있다. 총림(叢林)이란 사찰 중에서도 모든 것을 갖춘 종합사찰을 뜻한다. 대학으로 치면 종합대학교와도 같다. 책 공부를 하는 강원, 마음공부를 하는 선원, 행실공부를 하는 율원을 모두 갖추고 있는 사찰이 총림이다.

해인총림 현판이 걸린 문짝 양편에는 사천왕 그림들이 그려져 있다.

일주문을 통과하면 가장 먼저 마주치게 되는 해인사 대문. 양 문짝에 힘센 해인사 수위(?)들이 "으라차" 힘자랑을 하고 있다. 위로는 해인총림 현판도 보인다.

법보사찰 가야산해인사

게다가 담과 연결된 문이기에 이는 의심할 바 없는 절집대문인 천왕문이다. 그런데 양 문짝을 열면 그 속에는 이색적인 절집문패 하나가 또 눈에 들어온다.

절집대문들은 천왕문이나 금강문이라는 불교문패를 걸고 있는 것이 통상이다. 그러나 해인사는 특이하게도 풍수문패인 봉황문을 달고 있다.

봉황문(鳳凰門),

봉황새의 문이라는 것이다. 국어대사전을 찾아보면, 봉황의 무늬는 있어도 봉황문이라는 글자는 나와 있지 않다. 불교용어에도 봉황문은 없다. 그런데도 천왕문에 봉황문 현판을 걸고 있는 이곳이다. 해인사 설명문에도 봉황문이란 명칭을 꼭꼭 사용한다. 그 이유는 무엇일까.

봉황문 현판이 마주보는 쪽을 쳐다보면, 현판글자를 정면에서 읽고 있는 산이 있다. 해인사 앞 산인 비봉산(飛鳳山)이다. 이 산은 나는 봉황의 산에 해당된다. 비봉산 봉황의 주둥이에는 원당암이 자리한다. 원당암의 원래 이름 또한 봉서사(鳳棲寺)였다. 이도 봉황의 집이라는 뜻이다. 봉황문, 비봉산, 봉서사 이런 것을 참작하고서 비봉산을 관산하면, 활짝 펼친 봉황의 왼쪽과 오른쪽 날개까지 식별된다. 날아오는 봉황형상의 산, 그리고 봉황의 집이라는 봉서사. 지금 보고 있는 것을 연결시켜서 상상해보자.

해인사 정면에 있는 비봉산 좌우날개 품안에 봉황의 집인 봉서사(원당암)가 자리한다.

봉황의 집을 300mm 망원으로 당기자, 봉황의 머리에 눈과 입까지 들어왔다.

비봉산은 해인사를 향하고 있다. 그러니 이를 놓칠 리도 마다할 리도 없는 한국인의 풍수정서가 발동되었다. 상서로운 봉황새가 해인사를 보고 있다. 잘하면 호박이 넝쿨채로 굴러오는 횡재일 수도 있다. 그런 생각이 들자 "웰컴 투 봉황"이라는 문패하나를 이곳에다 달아 놓았던 것이다. 봉황문 문패가 달린 이곳은 봉황의 집이니, 내 집처럼 마음껏 들어와서 산기운을 해인사로 넣어 달라는 바람에서였다. 이것이 해인사 봉황문 현판의 정체다.

통도사의 영령스러운 독수리산, 불국사의 옥녀세발형, 그리고 이곳의 봉황산 이런 것이 한국인의 토종형국들이다. 토종형국은 한국인이 철썩같이 믿고 있었던 정서이기도 했다. 토종형국은 순응이 중국에서 배워온 형세론 법칙보다 먼저 우리 땅에 있었던 풍수이기도 했다.

이 같은 토종풍수시각으로 사적기 뒷부분을 들춰보면 해인사 택지에 관한 단서 하나가 잡힌다. A, B라는 형세론 법칙에 따라 가야산을 답사하던 순응은 C라는 마지막 혈 자리를 잡기 직전에 사냥꾼을 만났다. 그리고는 "그대들이 이산을 두루 다녀 잘 알 것이니 어디 절을 지을 만한 곳이 없던가?" 하고 물었다는 대목이 이에 해당한다.

순응이 만난 사냥꾼들은 입당귀국승이 아닌 신라 원주민들이다. 당나라가 어디 붙어있는지도 몰랐던 사냥꾼들이기에 당연히 형세론 법칙은 모른다. 단지 토종형국만을 알고 있었을 뿐이다. 그러므로 사냥꾼들의 의견에 따라 해인사가 택지되었다는 사적기 내용을 따른다면, 해인사는 형국론으로 혈 자리를 잡았던 사찰이 된다. 터잡이 시작은 형세론으로 하였으나, 마무리는 형국론으로 택지점을 정해버린 해인사라는 것이다. 이와 같이 특이한 사찰택지는 해인사에서만 볼 수 있었던 풍수 광경이기도 하다. 그렇다면 해인사는 어떤 풍수형국을 갖고 있으며, 이를 무엇으로 증명할 수 있는 것일까?

택지가 특이하다면, 그에 상응하는 사찰특성도 존재한다. 터의 특성이 유일하게 독보적이라면 사찰 또한 독보적인 배치나 조성물들을 갖고 있다. 적재적소란 말을 보아도 말이다. 이곳 해인사도 마찬가지다.

해인사에 있어서 가장 독보적으로 특이하게 서 있는 것은 수미정상탑이다. 불교에서 탑은 대단히 중요한 위상을 갖는다. "탑 나고 절 났다"는 말처럼 사리탑 예배에서 절이 등장하게 됐다는 역사까지 갖고 있다. 그래서 사찰양식을 따질 때도 일탑3금당, 일탑1금당, 쌍탑1금당 식으로 탑을 먼저 앞세워서 칭한다.

그런데 해인사의 수미정상탑은 이 같은 불탑의 위상을 뒤엎어 버렸다. 1986년에 조성된 수미정상탑은 오대산 월정사 팔각구층석탑(국보 제48호)을 원형으로 삼아 모방한 것이다. 월정사 구층석탑은 법당(적광전) 앞마당에 있다. 그러나 이곳 수미정상탑은 법당(대적광전)앞 마당이 아닌 사찰 담벼락 너머에 자리한다. 시쳇말로 적소는 커녕 문전박대를 받고

절집 뒷전 바깥에 서 있는 수미정상탑. 탑 나고 절 났다를 무색케 한다.

있는 탑이다. 적재 또한 그렇다. 월정사 구층석탑은 사리가 안치된 불탑(佛塔)에 속하나 수미정상탑은 그와는 번지수가 다르다는 것이다. 불탑도 아닐뿐더러, 경배대상의 석탑도 아니기에 불교와는 이도저도 아닌 그런 탑이다. 그렇다면 이런 탑을 왜 이곳에 세워놓았으며, 그 용도와 정체는 무엇일까?

문제의 탑이 입지한 터에는 이런 내용이 전해온다. 예부터 그곳에는 커다란 바위가 솟아 있었다. 일제시대인 1926년, 대적광전 주변 축대공사 당시 그곳 석재로 사용한다고 바위를 파괴시켜 버렸다. 해방이후 해인사에는 크고 작은 좋지 않은 일들이 벌어진다. 그러자 다시 복원시켜야 한다는 대중들의 여론이 있었다. 여론이 들끓자 바위가 있었던 자리에다가 1986년 수미정상탑을 세워놓았던 것이다.

도대체 바위 하나가 무엇이기에 해인사를 뒤흔들어 놓았던 것일까!

바위의 이름은 돛대바위였다. 돛대바위가 있었던 수미정상탑 입지점을 살펴보면, 빼도 박도 못하는 풍수 하나가 들어있다. 해인사 지맥선을 타고 있다는 것이다. 이를 불국사와 비교하자면 돛대바위가 있었던 수미정상탑 지점은 관음전 터에 해당한다. 관음전도 불국사 지맥선을 타고 있기 때문이다. 그렇다면 해인사 풍수는 불국사 풍수로써 입증시킬 수도 있다는 논리가 성립한다. 이러한 논증관계는 양사찰의 배치를 드러다 보아도 알 수 있다. 불국사 관음전 지맥은 무설전이라는 회랑건물(풍수곡장에 해당됨)을 통과하여 대웅전으로 흘러들어간다. 해인사 역시 수미정상탑의 지맥이 장경판전이라는 곡장을 통과하여 대적광전으로 들어간다. 양사찰의 똑같은 배치 속에는 똑같은 택지행위도 들어있다.

관음전 옛터를 참작하여 대웅전을 좌혈시켰던 것이 불국사다. 해인사 역시 천이백여 년 전 순응이 돛대바위를 보고서 대적광전을 좌혈시켰다. 불국사 관음전은 토함산 옥녀의 머리카락에 해당한다. 그렇다면 이곳 돛대바위도 해인사 풍수에 있어서 어떤 상징을 갖고 있는 것이 된다. 이러한 상징이 무엇인가에 대해서는 당시의 사냥꾼 시각에서 찾아야 한다. 그들은 단지 토종형국시각으로 모든 것을 판단했다. 돛단배에는 돛대가 있듯, 돛대바위가 있으면 이곳 또한 돛단배 땅이라고 말한다.

해인사에는 예로부터 널리 전해져오는 풍수형국이 있다. 행주형(行舟形)이라는 돛단배형국이다. 사적기 내용을 살펴보아도 전해오는 이야기를 들어도 해인사가 행주형 풍수라는 것은 확실하다. 이는 사찰배치에서도 관찰되는 내용이기도 하다.

불국사는 관음전으로 들어오는 지맥선이 다시 좌회전해서 만들어 놓은 혈에 대웅전이 자리 한다. 이곳 해인사는 그와는 다른 직진이다. 지맥선이 직진하기에 수미정상탑, 장경판전, 대적광전의 배치들이 직선을 이

어찌 보면 제2차 세계대전 전함모형 같기도 한 해인사 조감도. 아무튼 해인사는 행주형이라는 풍수형국이 오래전부터 널리 전해 오고 있다.

루고 있다. 곡선길로 되어 있어야 하는 봉황문과 일주문까지도 완벽한 직선을 이루고 있다. 돛단배는 중심을 잡고 있어야하기 때문이다. ㄱ자로 꺾인 배는 세상에 없다. 그런 까닭에 해인사 전각들과 절 삼문, 그리고 요사 채 모두는 갑판에서 중심을 잡고 있는 물건에 해당된다. 그중에서도 이물이라고 부르는 뱃머리 갑판은 구조 용도상 더더욱 일직선을 하고 있어야 한다. 그래서 일직선 뱃머리 갑판에 해당되는 해인사 들머리 봉황문까지 직선 길로 만들어 놓은 것이다. 이러한 해인사 행주형 뱃머리에는 창건 당시 심었다는 고사목까지 다시 끼어든다. 고사목의 정체를 밝히기 위해서는 행주형이라는 뜻부터 알아야 한다.

　배 모양을 글로 옮기면 주형(舟形)이 된다. 그러나 이를 행주형(行舟形)으로 칭한다. 무엇 때문일까. 그에 대한 이유는 이렇다. 행주형이란 항해를 위해 출항 수속을 받고 있는 소위 발동을 걸어 놓은 배를 가리킨다. 제아무리 호화 유람선이더라도 내일 출항하는 배일 경우에는 그 누구도 승선하지 않는다. 오늘 당장 아니 지금 당장 항행(航行)할 것 같은 배[舟]라는 모양새[形]를 갖추고 있어야 한다. 그래서 행주형(行舟形)이라 하였던 것이다. 항행하려고 배에 발동을 걸어놓고 개찰을 시작한다. 개

행주형을 하고 있는 부산의 어느 빌딩. 이와 같이 풍수컨설팅이나 풍수인테리어를 할 때는 전통 풍수를 참고하면 된다.

찰이 시작되면 사람들도 승선하고 화물 선적작업도 이루어진다. 배에 화물이 채워지면 이를 재물 발복으로 보았고, 사람이 승선하면 이는 인물 발복으로 쳤던 것이 행주형에 걸린 풍수형국 정서다.

그런데 정작 배가 출항해버리면 이는 인물, 재물 모두가 떠나버린 터가 된다. 소위 김빠진 터가 되어버린다는 것이다. 이 같은 연유에서 곧 출항할 듯 출항할 듯 하면서도 정작 떠나서는 안 되는 것이 행주형의 또 하나 특성이다. 그런 까닭에 돛대를 세워놓았어도 정작 돛폭을 펼쳐서는 안 된다는 금기가 따라 붙는다. 행주형 출항을 막기 위한 강력한 조성물이 있다. 배를 선창에 단단히 묶어두는 닻을 설치하여야 한다는 것이다. 여기에 일주문 녘 고사목이 끼어든다. 행주형 뱃머리라는 적소에다가 닻이라는 적재를 설치한 것이 창건 당시 심어 놓았던 오늘날의 고사목이다.

행주형과 해인사의 해(海)자는 서로 어울린다. 바다와 돛단배가 연상되기 때문이다. 해인사 일주문을 들어선다. 이는 한마음을 들어서는 것과도 같다. 한마음이 삼매(三昧)의 경지에 있을 때, 해인(海印)이라는 바다 속

해인사로 들어서는 산길에 서 있는 해인성지 석비. 이곳이 법보사찰 해인도량임을 알려 준다.

물건의 형상들이 잘 보인다. 이를 해인삼매(海印三昧)라 한다. 해인삼매에서 해인사가 유래되었다. 그러므로 해인사는 팔만대장경이라는 화물과 해인삼매라는 한마음 인물을 행주형 풍수에 싣고 있는 사찰인 것이다. 이를 더 확실히 이해하려면 해인사 풍수이야기를 더 들어 보면 된다.

가야산 해인사의 행주형 풍수설명 조감도.

사찰마당과 화룡점정

정상급 투수의 공은 직구로 날아오다가 타석 앞에서 살짝 꺾인다. 이를 두고 해설가들은 볼 끝이 살아있다고 격찬한다. 해인사 길이 그와 같다. 일주문 직선길이 봉황문에서 곡선으로 꺾이면서 해탈 문으로 들어간다. 그것도 김병헌 투수의 잠수함 투구처럼 솟구치면서 … 길들의 풍수상생이다.

일주문 직선 길을 거쳐 봉황문에 이르면 해탈문이 보인다.

봉황문 중간에 서서 해탈문을 바라보고 또다시 일주문을 살펴본다. 그럴 경우 통도사 천왕문에서 보았던 광경들과는 다른 느낌을 받는다. 느낌의 차이는 길에 있다. 일주문에서 봉황문까지는 직선길이지만, 봉황문에서 해탈문까지는 곡선길이기 때문이다. 직선 길로 걸어와 절집 대문에 들어서면 곡선 길로 전환되는 것이 해인사다.

해인사 해탈문은 계단 위에 자리한다. 그런 광경이 화엄사찰 특징이 되는데, 화엄사찰 특징은 계속 이어진다. 봉황문 보다 해탈문이 한단 더 높고, 해탈문 보다 구광루를 오르는 계단이 더 높다. 그 보다 더 높은 축단을 올라서야 비로소 왕즉불을 상징하는 대적광전에 이른다. 이렇게 화엄사찰 양식에 따라 배치된 사찰이 해인사다.

사람들은 주로 마당에서 사찰을 관람한다. 그런 까닭에 마당의 배치는 사찰관람에 영향을 주고 느낌과 인상까지도 좌우하게 된다.

99년 법당 옆 마당에서 여조교가 풍수답사일행들에게 해인사 풍수를 열심히 설명하고 있는 광경이 윗마당에서 훤히 보였다. 해인사에서만 볼 수 있는 광경이다.

물판 축대공사로써 조성한 통도사 마당들은 남향하고 있다. 그러나 관람객들을 동쪽에서 서쪽으로 향해 걷게 되는 것이 통도사다. 서쪽 길 끝에는 금강계단이 있다. 통도사 건물들의 남향 배치와 관람객들의 서향 진행은 우리가 일상사에서 보아왔던 어느 광경의 동선과도 흡사하다.

주례를 향해 서쪽으로 깔린 카펫 위로 걸어가는 신랑과 신부의 발걸음을 연상케 한다. 이럴 경우 주례석상은 금강계단이며, 이때 남향한 영산전, 용화전, 비로전 등등의 남향 건물은 서쪽으로 걸어가는 신랑신부를 쳐다보고 있는 축하객 시선에 해당된다. 결혼식장 인상을 풍기는 것이 통도사라는 것이다.

산판 축대공사로써 조성된 것이 불국사다. 그러나 옥녀세발형 산줄기를 북돋워 놓은 불국사마당들은 또 다르다. 남향마당을 하고 있으나, 통도사와는 다르게 유도로가 없는 마당들이다. 그런 까닭에 불국사 관람은 주례가 빠진 결혼식 피로연 마당과도 같다. 마치 잔치판처럼 이리 갔다 저리 갔다 하는 관람객들을 불국사 마당에서 보게 되는 것은 그 때문이다.

이에 비해 해인사 마당은 4개나 되는 층층마당이다. 또한 오르내리는

법보사찰 가야산해인사   *167*

해인사 특징을 담은 또 하나의 사진. 씩씩하게 놓인 길이 관람객들까지 씩씩한 걸음걸이로 걷게 만든다. 왕즉불 군기 한번 드세다.

길도 하나이기에 마치 열병식 분열 때에 향도 없이도 일사불란하게 움직이는 군기잡기 좋은 마당이 이곳 해인사 마당들이다. 왕즉불 군기 덕택에 늑장부리다가 일행을 놓쳐도 조금 가다보면 다시 만난다. 그러나 불국사에서는 관람도중에 일행을 놓치면 가출한 미아 찾기처럼 어려워진다.

이러한 사찰들의 배치는 오늘날 풍수컨설팅 배치나 풍수 인테리어에도 활용될 수 있다. 위계질서를 중요시하는 조직의 경우, 사무실 배치는 해인사처럼 하면 유리하다. 이와는 달리 자유분방한 창조지식을 창출하여야 하는 조직은 불국사와 같이 사무실이나 책상들을 배치하면 효과적이다. 이도저도 아닌 절충식 사무실이라면 그것은 통도사다.

결국 풍수인테리어라는 것도 우리문화유산 속에 들어있는 전통풍수를 벗어날 수는 없다. 이를 벗어났다면, 그것은 풍수원리로 입증할 수도 검증될 수도 없는 사이비풍수 인테리어일 뿐이다.

해인사 해탈문을 오르면, 구광루 앞마당을 만난다. 해인사 법요 때는 필요에 따라 구광루 앞마당에다 사진처럼 줄을 친다. 청색 줄 속을 들여다보면, 노란 선들이 이리저리 미로처럼 그어져있다. 의상조사가 만든

법계도의 길들이다. 방대한 화엄경 내용을 210자로 축약시켜놓은 의상의 법성게를 이곳 마당에 펼쳐놓은 것은 해인사가 화엄사찰이기 때문이다.

해인사가 화엄사찰이라는 것은 구광루 앞마당에서 또 다시 목격된다. 화엄사상 속에는 체용설(体用說)이라는 것이 있다. 체(体)는 본체며 몸통이라는 본질이기에 움직이거나 변하지 않는다. 용(用)은 본질의 작용이기에 몸통의 날갯짓처럼 움직인다. 새의 몸통은 체이며, 날개를 용으로 보아도 좋다.

화엄사상의 체용설에는 방위도 들어있다. 체(体)는 좌측, 용(用)은 우측이라는 방위배치가 그것이다. 구광루 앞마당에는 범종, 법고, 목어, 운판이라는 불전사물(佛殿四物)을 차려 놓은 범종각이 있다. 예불이나 의식때 치고 두들기는 사물(四物)들의 소리는 부처[体]의 소리[用]에 해당한다. 범종각은 체용설 중 용(用)에 해당된다는 것이다. 그런 까닭에 화엄사찰의 범종각들은 우측에 자리하게 되었다. 해인사도 불국사도 범종각은 우측에 자리하고 있다. 이러한 화엄사찰의 광경도 서양시각으로 보면 헷갈리는 미로가 되어 버린다. 당연히 우리시각인 좌향시각으로 보아야 한다.

법당에서 일주문 쪽을 향해보는 것이 좌향시각이다. 사진은 그와 같은 좌향시각으로 찍은 것이기에 마당 우측에 범종각이 보인다.

화엄법계도를 차려놓은 이곳 마당을 사진처럼 좌향시각으로 바라보아야 체용설에 따라 배치된 화엄사찰의 범종각도 한눈에 파악된다.

명산대찰 마당은 산사를 관람하는 우리들에게 또 다른 볼거리를 제공한다. 현장에서 직접적인 체험을 하려면 눈으로 감상하는 것이 필요하다. 이곳에서 볼거리란 명산과 대찰의 조화다. 명산은 대찰을 출산한 어미이기에 명산과 대찰은 닮은꼴을 보여주기도 한다. 그 확률은 인간사의 부모와 아이의 닮은꼴 정도가 될 것이다.

먼저 구광루 앞마당에서 궁현당 주변의 한옥들을 바라본다. 문화유산 답사 도중 어쩐지 아름답게 느껴지는 광경들이 있다. 그중 하나다. 한국

궁현당 주변의 한옥풍경.
절이라는 느낌보다는 산중의 한옥 저택이라는 풍경이 더 와 닿는다.

의 산사 중 한옥의 아름다움이 몰려있는 곳은 단연 조계산 선암사이다. 그곳처럼 이곳 해인사에서 느꼈던 광경을 담은 사진을 보자. 사진에 나온 한옥들이 도시 아파트 숲을 배경으로 삼아 입지하고 있었다면 이는 도시재개발에서 탈락된 불량지구 철거대상건물 쯤으로 보였을 것이다. 그러나 한옥들의 배경에 나무숲이 있었기에 더 없이 아름다운 광경으로 다가온다.

오늘날 도시인들은 건물 명칭은 잘 외우고 있어도 도시 속에 있는 산들의 이름은 의외로 모른다. 그러던 어느 날 산을 보기시작하면, 의외로 많은 산들이 도시건물사이로 그 모습을 드러낸다.

이번에는 뒷녘의 산과 건물을 함께 감상하여보자. 펑퍼짐한 산의 마루선과 일자를 이루고 있는 구광루 마루선이 어쩐지 어울린다. 이를 두고 현행 건축시각에서는 스카이라인이라 하기도 한다.

해인사 주산의 산마루와 구광루 지붕마루가 일자선을 그리고 있다.

다시 불교회관이 있는 곳으로 가서 종각일대를 바라보면, 사진과 같은 광경이 눈에 들어온다. 가야산 마루선과 사찰지붕 마루 선들은 스카이라인보다 더한 오케스트라 연주처럼 하모니를 이룬다. 이러한 광경들이 우리 문화재 현장 중 특히 산사에서 발견되는 볼거리 체험이다.

불교회관에서 본 구광루 마당의 건물들은 뒷녘 산들과 하모니를 이루고 있다. 산사풍경의 상생이다.

명산대찰이라는 산과 절집의 관계는 서로 조화와 상생관계를 이룬다. 가야산이라는 너른 품안에서도 해인사가 택지한 곳은 그저 철근콘크리트 건물이나 짓던 그런 예사로운 터가 아니다. 살아있는 산의 혈맥에 해당되는 그런 터이다.

　가야산을 한 마리의 거대한 용으로 칠 때 해인사는 용의 눈에 해당된다. 가야산은 자연이 그려놓은 하나의 용이다. 이러한 용에 화룡점정을 치듯 터를 잡아 절집 해인사를 세웠다. 그림이 완성되기 직전까지는 절대 용의 눈알을 그려놓아서는 안된다. 무시무시한 용의 눈동자가 작업자의 눈을 계속 쳐다보고 있을 때는 겁에 질려 그림을 완성시키지 못한다. 눈동자가 없는 용을 계속 그려가다가 맨 나중에 눈동자를 그것도 단박에 박아야한다. 그 순간, 용이 살아나고 그로인해 그림전체도 살아난다. 이런 것이 해인사와 가야산의 상생관계다.

　해인사는 가야산의 화룡점정이다.

　그러한 상생의 진면목이 무엇인지는 몰라도 약간이나마 보이는 것은 있다. 해인사라는 점정의 마당을 통해서 보는 가야산 화룡의 풍경은 조금 보인다.

사진에 나온 해인사를 생략한다면 그저 흐리멍텅한 가야산 풍경이 있을 뿐이다. 저곳에 해인사가 입지하자 가야산은 화룡점정 한 생룡처럼 어울린다.

석탑마당에서

구광루 좌측계단위에서 바라본 대적광전 앞마당. 얼핏 보면 일탑(삼층석탑) 일금당(대적광전) 양식으로 비쳐질 수도 있다. 그러나 이곳은 화엄사찰이기에 틀린 답이 된다.

　구광루 좌측 계단을 오르면 석탑이 보이고, 뒤편 높은 곳에는 대적광전이 자리하고 있다.

　사찰마당에 있는 석탑들을 우리는 흔히 3층 석탑, 5층 석탑, 7층 석탑이라고 부른다. 석탑명칭을 헤아릴 때 초보자의 경우 오히려 아는 것이 병이 될 수도 있다. 기단부, 탑신부, 상륜부를 구분하고 또 탑신석, 옥개석을 따지고 여기에 갑석과 옥개석을 고찰하여 몇 층 석탑이라는 결론에 도달하는 것은 무척 헷갈리기 때문이다. 이런 것이 오디오 체질의 지식에 속한다.

　아주 간단한 비디오 시각이 있다. 탑을 살펴보면 지붕같이 생긴 돌이 보인다. 이름 그대로 지붕돌이다. 어느 탑이든 같은 모양의 지붕돌들이 몇 개 씩 눈에 띈다. 어느 것이 지붕돌인지 감이 잘 안 잡힐 때도 있다. 이때는 삿갓처럼 생긴 돌덩어리 중 닮은꼴 모양만 찾으면 된다. 닮은꼴이 하나도 발견되지 않을 경우도 있다. 그래도 좋다. 그것은 1층 석탑이니까.

사진 아래쪽 돌판(갑석)과는 다른 윗녘 3개의 지붕돌(옥개석)들은 서로 닮았다. 닮은 돌이 3개, 그래서 3층 석탑이다.

우리나라 최초의 부도인 도의선사 부도. 지붕돌1개인 1층 석탑 형상을 보여주고 있다.

지붕돌 3개가 보이면 3층 석탑이고, 5개의 지붕돌이 있으면 5층 석탑이다. 이렇게 맞추어 가다 보면 맨 꼭대기에 있는 지붕돌 한 개 정도가 닮은 것인지 아닌지 하는 아리송할 때도 있다. 이럴 때는 1, 3, 5, 7, 9라는 양수(홀수)를 붙여버리면 십중팔구는 맞는다. 7층 석탑, 9층 석탑은 있어도 6층, 8층 석탑은 음수가 되어 선조들이 금기시했기에 그렇다.

부도를 보면, 윗녘을 덮고 있는 지붕돌은 오직 하나뿐이다. 그러므로 이것도 1층 석탑양식이라는 판단이 나온다. 우리나라 최초의 조사부도는 강원도 양양군 진전사지에 있는 도의선사 부도이다. 부도이지만 지붕돌 한 개를 씌워 놓은 1층 석탑을 연상케 한다. 간혹 짝수 석탑도 있기는 있다. 그럴 경우 그것은 잘못 복원된 탑이거나, 특별한 사연과 이유가 있는 석탑일 것이다. 그런 것은 신경 쓰지 않아도 좋다. 석탑전문가도 조사하여야 알 수 있는 물건이기에 그렇다.

해인사 마당에 있는 석탑의 지붕돌들을 맞추어 보면 3개이다. 이는 3층 석탑에 해당한다.

그런데 해인사의 3층 석탑은 누가 보아도 이상하다. 법당 앞마당 좌청

법당좌측에 홀로 서 있는 삼층석탑. 쌍탑일금당 양식의 화엄사찰 해인사 삼층석탑 하나를 왜놈들이 도적질한 것 같다. 아니면 친일매국노의 소행이던지 …

룡 쪽에 홀로 서있다는 것이다. 1탑1금당 양식이라면 법당 중앙에 탑이 서 있어야 한다. 우리는 불국사에서 쌍탑일금당이라는 화엄사찰 양식을 보았다. 이곳 해인사도 화엄사찰이다. 그러므로 쌍 탑이 조성되어 있어야 한다. 꼭 이빨 하나가 빠진 석탑마당처럼 보이는 이곳은 정말 이상하다. 개인적인 추정이지만, 원래 이곳에도 삼층석탑 2개가 양편에 서 있었을 것이다. 그러다가 언제 누군가에 의해 탑 하나를 몽땅 도둑맞은 것 같다. 그렇게 간 큰 도둑이 누군지는 쉽게 추정된다. 깊은 산중 산사로 들어와서 그 큰 석탑하나를 백주대낮에 보란 듯이 강탈할 수 있는 장본인들이란 일제시대의 왜놈들 뿐이다. 그 이외는 아무도 그런 짓은 안 했다고 정말 믿고 싶다.

해인사와 같은 화엄사찰들은 쌍탑으로 법당을 호위하고 또한 법당을 탑보다 높은 곳에 두는 양식을 취한다. 왕즉불의 권위적 위상을 세우기 위해 일주문에서 법당에 이르는 길들도 오로지 법당을 향하게 하였다. 이곳도 그중 하나다.

이곳 석탑마당에서 이런 상상을 하여보았다. 신라시대에 착한 백성이 있었다. 돈독한 불심을 갖고서 사월초파일에 해인사를 찾았다. 일주문에

대적광전 우측에 서 있는 괘불대에 걸린 괘불.

괘불과 괘불대의 연결사진.

서쪽 뻗은 길을 따라 봉황문에 이른다. 봉황문 양편에 무시무시한 사천왕에게 굽실굽실 절을 했다. 굽힌 허리가 펴지기도 전에 해탈문 계단을 올라서야 한다. 해탈문을 오르자 펼쳐지는 마당. 그러나 그것이 끝은 아니다. 또다시 고개를 숙여 구광루라는 누대 밑을 통과(원래 구광루는 누문양식이었다)하여야 한다. 숨까지 죽여가면서 오른 마당에는 더 높은 곳을 차지한 대적광전이 보란 듯이 서 있다. 이쯤 되면 착한 백성은 군기가 바짝 들게 된다. 절이 사람을 잡은 격이다.

이런 것이 화엄사찰 속에 들어있는 왕즉불의 권위이며, 왕의, 왕에 의한, 왕을 위한 통일신라 왕조의 통치효과였다.

오늘날 현존하는 불교사찰 중 관람객이 가장 많이 붐비는 곳은 해인사, 불국사, 낙산사와 같은 화엄사찰이다. 그것은 화엄사상의 교리가 현대인에게 가장 와 닿는 이념이었기에 그런 것만은 아니다.

염불승 목청소리 때문에 그 절에 간다는 보살은 보았다. 그러나 화엄도량이기에 그 절을 택했다는 신도는 본 적이 없다. 화엄사찰에 관람객들이 문전성시를 이루는 이유는 볼거리 때문이다. 왕즉불 분위기가 한껏 나도록 짓다보니 다양한 볼거리를 제공하게 되었던 것이다.

피서 철 해수욕장은 사람 반 물 반이어야 바캉스 맛이 난다. 그러나 화엄사찰들은 관광객들이 와자지껄하게 보는 대상이 아니다. 저녁노을이 산들을 물들일 때, 인적마저 끊긴 산사의 범종소리 들으며 고즈넉한 풍경들을 바라본다. 상큼한 공기와 함께 느껴지는 여유로움, 그 속에는 이제껏 보아온 것과는 다른 우리의 얼굴들이 담겨있다.

해인사! 그렇게 한번쯤은 바라볼 가치가 충분히 있다.

알림 : 큰 식당에서 밥도 주고, 큰방에서 잠도 재워주고, 일인당 일천원을 받는 한국에서 가장 싼 숙박시설이 이곳 해인사라고 해서 꼭 그런 것만은 절대로 아니다. 어느해 가을 답사때 동행한 5명이 하루를 지내고 회비 중 오천원을 지출한 적이 있다.

해인사 숙박 이튿날 우두봉에 올라 서쪽 산줄기를 타다가 수도산에 이르러 단풍에 흠뻑 빠져 버렸다. 단풍일색인 수도산 수도암에는 단풍풍광만이 아닌 해인사 풍수의 비밀도 걸려있다. 사진은 수도암 단풍풍경이다.

법보사찰 가야산해인사

대적광전과 해인사

해인사의 대적광전.
화엄사찰답게 높은 곳에서 웅장한
자태를 연출한다.

높은 계단 위로 대적광전 현판이 보인다. 해인사에서 가장 장엄한 건물이다. 화엄경 최고 불인 비로자나불의 전각이기에 옛적에는 비로전이라 했다. 비로전은 1488년 학조대사에 의해 대적광전으로 개칭된다. 조선말엽까지만 해도 2층 전각이었는데, 현재는 단층에 팔작지붕을 한 해인사의 법당이다.

대적광전은 해인사의 혈 자리에 입지하고 있다. 창건 당시 순응과 이정은 이곳에서 풍수생기(生氣)를 확인했다고 한다. 「사냥꾼들이 알려준 곳에 순응과 이정이 이르러 풀을 깔고 앉아 선정에 들어갔다. 그러자 이마에서 광명이 나와 붉은 기운이 하늘에 뻗쳤다. … -가야산해인사고적-」 선정에 들어가자 이곳에서 땅기운이 하늘로 뻗쳤다고 한다. 광명의 붉은 기운은 풍수에서 말하는 생기용출을 뜻하고 있다. 즉 대적광전은 생기 충만한 혈 자리라는 것이다.

생기 충만한 곳에 자리한 법보사찰(法寶寺刹) 해인사. 이럴 경우 이 같

가야산 풍수형국 명당 혈에 택지된 대적광전. 일천이백여 년 전 순응은 이곳에서 풍수검증을 했다.

은 질문도 생길 수 있다. '법보인 팔만대장경을 모신 장경판전이 혈 자리에 들어있어야 하느냐? 아니면 사찰인 법당이 혈 자리를 차지하여야 하느냐?' 라는 질문이다. 불보사찰인 통도사의 혈 자리에는 사리탑이 입지한다. 그렇다면 법보사찰 해인사도 혈 자리에 장경판전을 좌혈시켜야 하지 않겠는가. 그 같은 질문에 대한 풍수답변은 이렇다. 혈 자리를 법당이 차지하느냐 장경판전이 차지하느냐의 그러한 선택의 문제는 전적으로 사람의 선택에 달렸다.

조선시대 서원들도 그랬다. 혈 자리에 강당을 두거나 사당을 두었던 것은 서원창건주가 선택했다. 강당이 혈 자리에 있으면, 이는 강학중심서원이 된다. 혈 자리를 사당이 차지하고 있으면, 이는 제사를 중요시하는 제향중심서원으로 구분된다. 이렇게 구분되더라도 '우리는 사당중심서원이요' 라고 내세우거나 이를 기록한 서원은 없다. 기록이 존재하지 않기

김해의 신산서원.
뒷녘 사당은 좌청룡 우백호 건물은 거느리고 있지 않기에 혈자리가 아니라는 판정이 나온다. 그러나 중간 녘에 자리한 강당(산해정)은 동재, 서재인 좌청룡, 우백호로 삼고 있기에 혈자리 택지가 된다.

에 이를 식별할 수 없다는 생각은 버려야 한다. 서원들을 풍수시각으로 바라보면, 보이는 만큼 알 수 있기 때문이다. 문화답사초보자도 이런 것쯤은 단박에 알 수 있기에 이 또한 문화재풍수답사의 묘미도 된다.

서원들을 보면, 혈 자리를 차지하고 있는 사당이나 강당 주변에는 혈을 감싸는 건물들이 배치되어 있다. 소위 좌청룡, 우백호, 전주작, 후현무라는 풍수상징의 건물들이다. 어느 서원 답사 때, 강당 앞에 동재(좌청룡), 서재(우백호) 그리고 누대(전주작)가 배치된 광경을 보게 되었다. 현장에서 이러한 배치들을 보고서 우리는 즉시 알게 된다. 이 서원은 강학중심서원이라고 말이다. 해인사도 마찬가지다.

해인사 조감도.
대적광전 좌측, 우측 그리고 전면의 건물들이 좌청룡, 우백호, 전주작 역할을 한다. 이럴 적 장경판전은 후현무 역할을 맡는다. 이 모든 것은 좌혈한 대적광전을 중심으로 배치한 풍수설계에 속한다.

해인사 조감도를 보면 장경판전 양측에는 좌청룡, 우백호에 해당되는 건물들이 없다. 혈 자리가 아니기 때문이다. 그러나 대적광전 전면에는 좌청룡인 관음전, 우백호인 궁현당 그리고 전주작인 구광루의 모습이 보인다. 그러므로 대적광전이 혈 자리를 차지하고 있다는 것을 알 수 있다.

이는 해인사 역사를 살펴도 또다시 논증된다. 대적광전은 802년 창건 당시 순응이 좌혈시킨 전각이다. 반면 장경판전은 그로부터 6백여 년 후인 조선 초기에 입지된 전각이다. 좌혈한 건물은 옮길 수가 없다. 이것이 해인사 혈 자리를 대적광전이 차지하고 있다는 풍수논증이다.

해인사 법당은 대적광전(大寂光殿)이라는 현판을 달고 있다. 석가모니불을 모신 법당은 대웅전 혹은 대웅보전이라 한다. 대적광전은 비로자나불을 모신 법당명칭이다.

"내 마음이 부처이니라"라는 말을 우리는 몇 번 정도 들어보았다. 내 마음속에 있는 부처가 비로자나불이다. 그러므로 우리 모두 비로자나불에 해당된다. 단지 아직 비로자나불인지 모르는 비로자나불일 뿐이다. 우리 마음이 번뇌에 시달릴 적에는 내 마음속에 있는 부처는 보이지 않는다. 마치 태풍치는 바다에서는 한치 앞도 분간 할 수 없듯이. 그러나 태풍이 모든 것을 휩쓸고 간 바다는 고요 속에 잠기게 된다. 바다가 잠잠해지자 청정한 바다[海] 속에 잠긴 만물상들은 투명하게 그 모습을 마치 각인[印]하듯 드러낸다. 이러한 삼매(三昧)의 경지에 이르면, 그 속에서 우리는 우리 속에 있는 청정한 법신불(法身佛)을 보게 된다. 이를 청청법신 비로자나불이라고 한다. 이는 견성(見性)이기도 하다. 견성에 이르는 과정인 바다[海]의 각인[印] 과정[三昧]을 해인삼매(海印三昧)라 한다.

해인삼매 속에는 비로자나불이 들어있다.

해인사 대적광전 안에도 비로자나불이 들어있다.

우리 마음속에도 비로자나불이 들어있다.

대적광전에 걸린 법보단 현판은 법신불(法身佛)을 가리킨다. 법신불 또한 내 마음 속의 불성이기에 일체중생과 모든 만물 속에 들어있다. 그러므로 온 세상에 널리 퍼져있는 광대무변한 부처이기도 하다. 그래서 해인사에는 광대무변을 뜻하는 대방광전이라는 현판도 걸려있다.

해인사 법당에는 금강계단이라는 현판도 걸려있다.

해인사 대적광전 사방에 걸려있는 현판들.

해인사의 수계는 예로부터 유명했다. 각 사찰마다 수행하는 행자승들이 있다. 일정한 수련 기간을 거치면 사미계를 받는데, 그 중에서도 해인사 출신의 행자들을 알아주었다. 세속의 무게로 치자면, 해인사 행자는 국립서울대학교 출신같이 쳐주었던 시절도 있었다.

그런 연유에서 통도사에 걸린 금강계단 현판을 이곳에다 걸어 놓았던 것일까? 통도사가 불보사찰의 금강계단이라면, 이곳 해인사는 법보사찰 금강계단임은 확실하다.

가야산의 화룡점정 자리에 해인사가 있고, 대적광전은 점정의 눈동자 중에서도 핵심자리에 해당된다. 이곳 대적광전의 눈을 통해 가야산 용들을 살펴보기로 하자. 대적광전 좌측을 보면 좌청룡에 해당하는 남산 봉우리들이 생동하는 용트림을 보여준다. 해인사의 청룡은 하늘로 승천하려는 비룡승천형의 기세까지 갖추고 있다.

8년 전 어느 답사 때, 수강생들을 인솔한 지도교수로서 해인사를 찾은 적이 있었다. 그때 안내를 맡은 스님이 이런 이야기를 들려주었다. 해인

대적광전 좌측으로 출렁거리며 뻗어가는 남산의 줄기들. 좌청룡의 청룡완연 법칙과 들어맞는다.

사의 어느 건물이 남산을 향해 조성되었었다고 한다. 그런데 얼마 못가서 그 건물은 화재로 전소되었다. 전면에 있는 남산의 용트림이 화기(火氣)에 해당되기에 그랬다는 것이다. 이는 한양 전면에 있는 관악산 화기와 경복궁 화재라는 풍수이야기와도 통해서 재미있게 들었던 기억이 있다. 이후 해인사 건물을 지금처럼 배치하자, 남산의 용트림은 오히려 좌청룡 기세가 되어 평안해졌다는 것이다.

해인사 답사를 마친 뒤풀이 석상에서 어떤 수강생 하나가 이런 질문을 해왔다. 그 스님 말처럼 남산 화기 때문에 해인사에 불난 것이 진짜로 맞느냐는 질문이다. 그에 대한 나의 답변은 이랬다.

"낮에 불장난 한 아이가 밤중에 잠자다가 오줌을 쌌다면, 불장난 하면 오줌 싼다는 것을 믿을 것이고, 이후에도 또 쌀 것이다. 그럴 경우는 진짜로 맞다. 그러나 별 탈이 없었으면 별 볼일 없는 불장난이 아니었겠는가?"

혈(대적광전)자리 우측에서 본 궁현당(삼각형모양의 풍판지붕)과 구광루(일자모양의 맞배지붕) 지붕 선들. 가야산의 능선들과 균형을 맞추고 있다. 우연의 일치일까. 아니다 그것은…

　대적광전 우측에는 명부전이 있다. 명부전 앞에 서서 비봉산 우측날개와 궁현당 지붕의 내림마루선에다가 눈길을 적당히 맞추어 본다. 마루선들이 일치할 때, 살짝 구광루 일자지붕마루선에 눈길을 맞춘다. 산마루와 지붕마루가 하나의 리듬아래에 놓여있다.

… 혈자리 좌측에서 다시 궁현당(팔작지붕)과 구광루(맞배지붕)를 감상하면 이 또한 비봉산 양쪽 날개와도 닮았다. 이런 광경을 보고 있노라면 산사불이(山寺不二)라는 말까지 떠오른다.

　이번에는 대적광전 좌측으로 이동하여 다시 구광루와 궁현당 건물 전체를 본다. 이것들을 뒤 배경인 비봉산과 눈맞춤 한다. 비봉산 좌측날개에는 궁현당이, 우측날개에는 구광루가 짝을 짓듯 배치되어 있다. 두 건물을 이리보고 저리보아도 주변 산들과 눈맞춤 되어 있다는 것이다. 이런 것들이 가야산과 해인사라는 산사의 볼거리 조화다.

  용의 눈을 통해서 보는 가야산의 용. 풍수 명당 터에 자리한 우리문화 유산 속에는 언제나 산이 들어있다. 산과 눈맞춤 되어 있기에 산이 빠진 문화유산 평가는 십만 팔천 리나 동떨어져 버린다.

  해인사 안내판이 그런 문제를 일으킨다. 소백산맥의 한 지맥(支脈)에 해인사가 터를 잡았다고 안내판에는 나와 있다. 그러나 소백산맥은 식민지리학자들이 식민지 지하자원 수탈을 위해 1903년에 만들어 놓은 창씨개명에 속한다. 또한 '소백산맥의 지맥(支脈)'이란 용어는 학술상으로도 그 자체가 성립되지 않는다. 우리말사전을 살펴보아도 이는 나무줄기에서 뻗어 나온 가지를 뜻한다. 줄기와 가지는 생명의 통로를 가지고 있다. 그러므로 이는 풍수에서 말하는 생기통로인 지맥(地脈)과도 같다. 또한 우리강산에 있어서 지맥이란 백두대간에서 이곳 해인사까지 연결된 산줄기에 흐르는 생기통로를 말한다.

해인사 안내판에서 발견한 창씨개명 식민족보. 오늘날 우리문화재 안내판 대부분이 이런 식이다. 역사교육은 민족정신을, 지리교육은 향토애를 최상의 목적으로 삼아야 한다. 이에 반하는 문화재 안내판부터 고쳐야 할 것이다. 그것은 역사바로세우기의 첫 걸음 이기도 하다.

  소백산맥은 그와는 다른 지질 구조적 분류명칭에 속한다. 산줄기도 연결되어 있지 않기에 지맥(支脈)도 아니며, 또한 지맥(地脈)이라는 생기통로는 더욱 아니다. 그러므로 이는 백두산 족보와도 연결되지 않는다. 십만 팔천 리나 동떨어진 어불성설이 소백산맥의 지맥이라는 용어다.

  신라 말 해인사가 창건될 때, 소백산맥이란 명칭과 개념은 존재치도 않

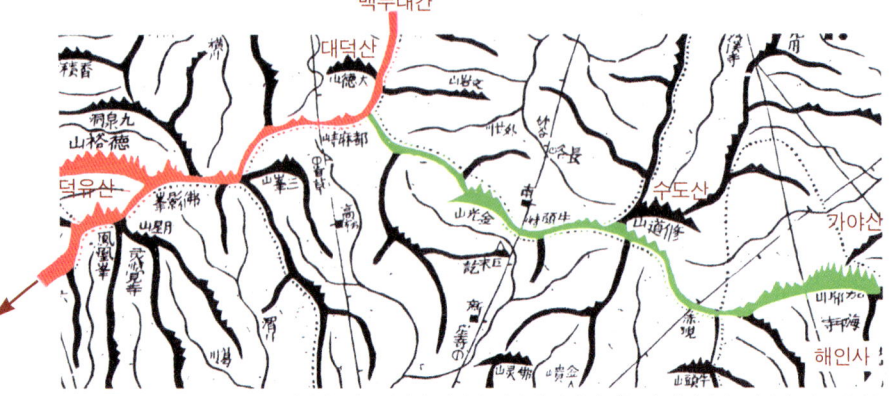

대동여지도에 나온 가야산 해인사. 백두대간과 연결된 해인사 광경이 한눈에 식별된다. 이러한 백두대간을 단절시킨 식민지리학 용어가 소백산맥인 것이다.

았다. 백두대간이 존재했을 뿐이다. 백두대간 시각으로 보는 해인사는 이렇게 설명되어진다. 백두산에서 시작된 백두대간이 덕유산에 이르기 직전, 김천시 대덕산(1290m)에서 뻗은 일지맥 하나가 빠져나온다. 일지맥은 국사봉(875m)에 이르고 국사봉 산줄기는 수도암이 있는 수도산(1316m)에 연결된다. 수도산을 조산(祖山)으로 삼아 단지봉(1327m)을 거친 지맥은 이곳에 이르러 가야산을 만들었다. 그런 가야산 품안에 있는 것이 해인사이다. 이것이 해인사 창건 당시에서부터 계속 대물림 되어 온 우리선조들의 눈썰미 속 산줄기이며, 해인사의 지맥인 것이다.

아직 봄이 이른 2006년 어느 날. 이글을 쓰는 도중에 확인할 것이 있어 해인사를 다시 찾았다. 대적광전 옆에 있는 퇴설당 일대가 복원공사 중 이었다. 평소에는 출입금지 팻말이 붙어 있어서 들어갈 수 없었으나, 공사 중에는 가능하기에 그곳 터를 살펴보았다. 터를 살피던 도중 예상치 못했던 광경하

비봉산의 춤사위 장단에 퇴설당 일대 지붕 선들도 일제히 춤을 추고 있다.

나가 눈에 들어왔다. 지붕과 지붕 그리고 또 지붕의 마루 선들이 비봉산 마루 선 날개들과 군무하듯 펼쳐져 있었다. 우리 한옥지붕의 마루 선들은 우리 산마루 선을 베낀 것이라는 생각까지 들었던 그날이었다.

"남의 것을 베끼면 그것은 도둑질해서 챙긴 도작이지만, 그러나 자연은 베끼면 베낄수록 대작(大作)이 된다." 10년 동안 대학 강단에서 수강생과 대학원생 그리고 학부 학생들에게 항상 강조했던 말이기도 했다.

젊은 학생들에게는 어설프고 거칠어도 직접 체험이 중요하다. 또한 창작은 발전성이 있기에 후한 학점을 주었다. 양식을 갖추어서 매끈하게 제출한 리포트일지라도 이 책 저책을 짜깁기한 내용물이 발견되면, 가차없이 악명 높은 학점으로 차단시켰다. 제2의 황우석 짜깁기 논문 사태와 같은 것이 우려되었기 때문이다. 최근에는 늑대가 아니다라는 개만도 못한 논문이 또 불거져 나왔다. 관념론 시각의 짜깁기 논술교육이 원인 제공자이다.

유감스럽게도 해인사에는 F학점을 받아야하는 조성물 2개가 있다. 하나는 대적광전 축대에 바짝 붙어 있는 돌기둥 2개가 문제를 유발시키고 있다. 돌기둥을 자세히 살펴보면, 꼬리를 길게 내린 동물이 붙어 있다. 반풍수들은 이것을 다람쥐라고 말한다. 정확한 정체는 조선 제10대 연산군 생모인 폐비윤씨 묘에서부터 시작된 꼬리달린 세호(細虎)

… 대적광전 양편에 서 있는 돌기둥 2개 …

… 좌측 망주석 세호는 오르고 …

… 우측 세호는 내려오고 있다.

들이다. 이후 세호는 조선왕릉 망주석의 전유물이 되었고, 숙종 때부터는 상행(上行)과 하행(下行)운동을 시작했다. 세호운동을 유발시켰던 것은 포악했던 장희빈이 그 장본인이다.

조선왕릉 세호가 왜 해인사 대적광전 앞에 있는지 이해도 되지 않지만, 명산대찰에서 저 같은 망주석 세호를 본 적도 없다. 이곳의 좌측 세호는 올라가고 우측 세호는 내려가고 있다. 이를 조선왕릉 세호 양식대로 해석한다면, 이런 말이 튀어나오게 된다. "해인사는 여자 때문에 곤욕을 치른 절이다"라고 말이다. 해인사에서 발견된 옥의 티다.

또 다른 하나는 성철 대종사 사리부도탑이다. 아무리 보아도 어색하기 이를 데 없다. 한국전통부도 양식과는 거리가 멀고, 누가 보아도 일본식 냄새가 물씬 풍긴다는 것이다.

입수, 선익 등등 풍수장법과 양식을 구사한 흔적들이 발견되는 성철큰스님의 사리부도탑 광경. 한데 조성물은 일본풍이 역력하다. 일본보다 부도문화가 훨씬 앞서있는 우리 것을 제쳐두고서 왜 그랬는지 정말 모르겠다. 이유가 있다면 한국사회를 혹세무민하고 있는 무덤풍수들을 불신하고 있는 탓일 것이다.

왜 그랬는지 그 영문을 모르겠다. 혹 해인사에 친일파가 있는 것은 아닌지, 그런 생각까지 고개를 들던 부도디자인이다. 식민지리학 용어인 소백산맥의 지맥 운운설도 그렇고….

왕릉이든 부도이든 무덤에 관한 것이 끼어들면 풍수는 왜 그리 시끄러워지는지, 아직까지 무덤쟁이 반풍수들이 설치고 다니면서 우리문화유산들을 왜곡시키고 있는 탓이다.

장경판전

대적광전 뒷녘에 있는 장경판전 계단. 법당과 바짝 붙어 있는 배치와 가파른 구조를 보여준다.

통도사 대웅전 뒤쪽에는 금강계단과 함께 진신 사리탑이 있다. 그로인해 통도사는 불보사찰이 되었다.

해인사는 대적광전 뒤쪽에 장경판전이 있다. 장경판전에는 팔만대장경이 있기에 해인사를 법보사찰이라 한다.

불국사와 석불사, 종묘 그리고 해인사 장경판전은 1995년 세계문화유산으로 등재되었다. 유네스코 세계문화유산을 소개하는 화보집 해인사 편에는 이 같은 내용이 나와 있다. 「한국 전쟁 중에 많은 병사들이 넉넉하고 너그러운 승려들의 환대를 받으며 해인사로 숨어들었기 때문에 이 사찰을 폭격

해인사 숲길에 조성된 6.25 당시 한국인 조종사였던 김영환장군의 수호공적비.

하라는 명령이 내려졌다. 그러나 목표물에 다가간 전투기 조종사는 가야산 중턱에 있는 사찰의 아름다움에 매료되어 명령을 이행할 수 없었다고 한다. 이 조종사는 결국 군법회의에 회부되어 형을 살았지만, 전쟁이 끝난 후에는 복권되었고 훈장까지 받아 국가적 영웅과 같은 대접을 받았다고 한다…」라는 한국어 번역 글이다.

　인천상륙작전으로 패주하는 인민군들을 소탕하라는 해인사 폭격명령이 떨어졌다. 폭격명령을 결정한 것은 당시 작전통제권을 보유한 미군이었다. 그러나 이를 실행할 조종사는 한국인이었다. 결국 우리민족 손으로 국보 제32호인 고려대장경판과 해인사는 지켜질 수 있었다. 민족문화는 그 민족만이 지킬 수 있다는 역사의 한 대목이다.

　고려 초기부터 거란족이 쳐들어왔고, 중기에는 몽고군까지 우리강산을 전쟁터로 만들어 버렸다. 타국군대가 공세를 가했는데도 그 타개책으로 팔만대장경만 열심히 파고 있었던 민족이 우리민족이다. 타국 사람들은 이와 같은 우리민족을 넋빠진 민족이라고 손가락질할 수도 있다. 넋이 빠지면 안 된다. 넋이라는 민족혼이 상실당하면, 그 민족은 영원히 회

장경판전에 안치된 팔만대장경. 이곳의 공기와 온도와 습도는 단지 과학적 수치의 대상만은 아니다. 그것은 한민족의 숨결이며, 넋이며 정신인 것이다. 아직까지 살아 숨쉬는 우리 문화유산이다.

생할 수 없기 때문이다. 어느 민족이든 뭉치면 살고 흩어지면 죽는다. 배달민족이 세운 대한민국은 문화민족의 국가이다.

팔만대장경은 당시 불교국가였던 우리민족의 혼을 뭉치게 한 문화유산이었다. 이것이 당시에 만들어졌던 초조대장경이다. 초조대장경은 몽고군의 침략 때, 불타버렸다. 그러자 몽고군과 항전 하면서 처음부터 다시 방대한 대장경을 판각하기에 이른다. 총16년에 걸쳐 81,258매의 목판이 1248년에 완성되니, 이것이 재조대장경(再造大藏經)이다. 재조대장경은 50년간 강화도에 있다가, 충숙왕 때 개성부근으로 옮겨진다. 그곳에서 80년간 안치되었다가 조선개국 초기인 태조 7년, 해인사에 보장된다.

재조대장경이 고려도읍지였던 개성에 있다는 것 자체가 통치에 불리할 수도 있다. 그래서 이를 옮기기로 결정했던 조선왕조였다. 그런데 왜 조선팔도 중에서도 대장경보장처가 해인사로 선택되었을까? 관심을 끄는 것이 이 부분이다.

해인사는 예로부터 액운을 피해가는 삼재불입지지로 널리 알려져 있다. 풍수신봉자였던 태조 이성계가 이점을 간과하였을 리는 만무하다. 이것이 첫 번째 이유였다고 추측되나, 이것만으로는 부족하다. 삼재불입지지가 이곳 해인사에만 해당되었던 것은 아니다. 해남 땅에 있는 두륜산 대둔사, 오대산의 영감사, 무주 적성산의 안국사 등등도 당시 삼재불입의 터로 알려져 있었다. 그러한 삼재불입지지들을 제치고서 이곳 해인사가 선정된 데에는 무슨 이유가 있었을 것이다.

부족한 추측을 채워줄 그 이유는 장경판전이 있는 현장에서 발견된다. 해인사 배치 좌향을 살펴보면, 동북쪽을 좌로 삼아 서남향 하고 있다. 현대건물인 아파트를 살펴보면, 동북쪽 벽면이 가장 춥고 서남쪽 벽면은 가장 덥다. 공기는 가장 추운 곳과 가장 더운 곳을 번갈아 가며 교류한다.

일주문 앞에 있는 세계문화유산 표지석

해인사는 해발730m에 있다. 가야산은 해발1430m이다. 이러한 수치를 따져도 가야산 중턱에 있는 것이 해인사라는 것을 알 수 있다. 산 중턱에 있기에 산바람과 골바람의 교류가 해인사에서는 더욱 원활하게 이루어진다. 해인사의 이러한 조건들이 자연스럽게 장경판전으로 눈길을 모으게 했다.

사찰건물들은 대부분 목조건축물들이다. 그런 까닭에 삼재 중에서도 화재예방이 가장 문제시 되었다. 해인사도 빈번하게 화재를 당했다. 고려대장경이 안치된 이후의 기록만 보더라도 1695년, 1743년, 1763년, 1780년, 1817년, 1871년 등 연달아 화재가 발생하여 대적광전까지 전소된 사례도 있었다. 화재로 불탔다던 대적광전 바로 뒤에 장경판전이 있다.

화재당시 불씨 하나라도 튀어갔을 경우에는 500여 년 간 바짝 마른 8만 여 개의 장경판들은 그야말로 활활 타는 장작불이 되어 버린다. 그런데도 한번도 장경판전은 화재를 당하지 않고서 그대로 보전되었다. 이런 광경을 두고 해인사 사적기를 저술한 퇴암은 이렇게 찬했다. 「…애달프다! 몇 백 년이 채 못 되어 일곱 번이나 화재가 있었으나 장경각만은 그대로 보전 되었으니, 이것이 사실은 변천하지만 이치는 변하지 않는 것」이라고 말이다. 이는 무슨 말일까.

얼핏 보면 체용론 시각인 것 같은데, 나같은 사람이 고작 이해할 수 있는 시각이란 이런 것뿐이다. 절집에서 일어난 화재의 십중팔구는 밤샘기도를 하다가 촛불을 쓰러트림으로써 일어난다. 백주 대낮의 화재라면 사부대중들에 의하여 초기진압이 가능하다. 그러나 한밤중에 일어난 화재라면, 그대로 속수무책이 되어 버린다. 사찰을 전소시킨 화재들을 보아도 밤중에 일어난 것이 대부분이다.

　가야산 중턱의 밤은 산바람이 불어오는 시간에 해당한다. 해인사는 서남향을 하고 있기에 강력한 교류에 의한 거센 바람을 맞게 된다. 강력한 산바람은 배산 방향인 동북쪽에서 골짜기 방향인 서남쪽으로 진행한다. 그러므로 동북쪽 장경판전을 통과한 산바람은 서남쪽에 있는 대적광전의 불길을 강력하게 밀어버린다. 이것은 적소에 해당하는 자연적 조건이다.

　여기에 적재라는 인공적 설계까지 합세를 한다. 대적광전과 장경판전은 이웃집처럼 바짝 붙어 있으나 그 사이에 급경사계단이 조성되어 있다. 장경판전과 대적광전을 측면에서 관찰하면 축대의 급경사는 장경판전의 방화벽 역할을 한다는 생각이 자연스럽게 떠오른다. 그러자 이러한 상상이 꼬리를 물었다. 한밤중 해인사 화재 시, 대적광전 불길이 하늘로 치솟았다. 탁구공 서브처럼 튀어 오르던 불씨를 이번에는 해인사 특유의

"사실은 변천하지만 이치는 변하지 않는 것"이라는 이곳 화두를 잡고서 한 계단 높은 장경판전과 그에 바짝 붙어 있는 대적광전을 어느 날 이렇게 들여다 보았다. 그러자…

산바람이 강력하게 스파이크를 때린다. 그러자 불길은 확실하게 일주문이 있는 골짜기 쪽으로 튕겨 가버린다. 결국 대적광전의 불씨는 한 톨도 장경판전을 침범할 수 없다는 것이다. 또한 장경판전 서북쪽, 산바람이 불어오는 곳에다는 아예 건물조차 지어 놓지 않았던 해인사다. 장경판전의 화재예방을 계산한 것이다. 장경판전을 조성할 당시 선조들은 이렇게 적재적소적인 계산까지 하였던 것일까? 당연하다.

그것보다 더 세밀한 선조들의 계산들이 장경판전 건물에서 발견되기 때문이다. 대장경판을 봉안한 장경판전을 살펴보면, 앞면과 뒷면에는 상하로 창틀 2개가 설치되어있다. 앞면과 뒷면 창틀들을 자세히 보면, 서로 반대되는 배열이 목격된다. 앞면 창틀은 아래창이 크고 윗창이 작게 금 설치되어 있다. 뒷면은 그와 반대로 아래창이 작고 윗창이 크다. 가장 양지바른 앞면 아랫녘 큰 창은 일사량에 유리하다. 반대로 가장 음지 녘에

가장 덥고 건조한 서남쪽 전면 창틀구조와 가장 춥고 습한 동북쪽 후면 창틀구조가 서로 다른 장경판전의 광경. 1997년 겨울 사진.

속한 뒷면 아래창이 크면 과다한 습도로 인해 장경판은 습기에 의한 악영향을 받을 수도 있다. 적당한 습기와 적절한 일사량이 앞 창틀과 뒤 창틀을 통해 들어온다. 들어온 이것들은 X자로 교차한다. 이때 최적의 자연조건을 종합 계산한 구조가 장경판전의 설계라는 것이다.

이러한 추론은 개인적인 생각보다는 선조들이 만들어 놓은 문화재건물들을 관찰하다가 알게 된 지식에 속한다. 이른바 문화유산 속에 들어있는 선조들의 작품을 커닝한 것이다. 특히 겨울철에 이곳을 찾으면 더욱 이해가 된다. 같은 날 같은 시간에 촬영한 앞면과 뒷면 사진을 비교하면 눈 녹은 양지와 눈 덮인 음지의 차이가 더욱 현격한 광경을 보여준다. 전면 아래 창을 드려다 보면 한겨울 햇살이 한껏 파고드는 광경도 목격된다. 이에 반해 뒷면 음지에 쌓인 눈의 습기가 아랫녘 작은 창을 통해 필요량만 흡수되는 것 같다. 그것도 건물 내에 있는 목판들이 필요한 양만큼 들여온다. 8만여 개의 목판들은 스펀지가 되어 필요한 만큼의 습기만 받아드린다. 이러한 생각이 드는 것은 전면 큰 창과 뒷면 큰 창의 크기가 비슷한 반면 전후면의 작은 창들의 크기에는 차이가 있기 때문이다. 창틀의 크기들은 수치계산이 아닌 자연관찰과 경험에서 나왔음은 물론이다. 겨울철에 보는 장경판전의 창들과 여름철에 또다시 찾아본 이곳

1997년 겨울 같은 날 같은 시간에 찍은 장경판전 전면사진. 그날 양지와 음지현상이 뚜렷이 드러났다. 이러한 배치와 구조 속에는 우리 전통건축의 실학이 들어있다.

창틀이 던지는 선조들의 창틀공법화두!

개인적인 생각으로는 장경판전 안에 들어있는 8만대장경판들이 열쇠를 쥐고 있는 것 같다. 바짝 말라 있을 때는 마치 물먹은 하마처럼 습기를 필요한 만큼 빨아들이고, 목판들에게 불리한 과다 습도량일 경우는 통풍을 끌어들여 말려버리는 유기체가 아닌가 한다. 숨 쉬는 한옥의 한지처럼 말이다. 이럴 적 창틀이란 부수적 역할에 불과할 수도 있다.

산을 살아있는 생명체로 보고서 용이라고 칭하는 풍수적 시각에서 보면 또 이렇다. 장경판전은 가야산 화룡점정의 눈꺼풀인 것이다. 필요할 때는 열고, 필요 없을 때는 닫는 창틀이라는 눈꺼풀의 개폐작용…. 더 이상의 추론이란 머리의 한계를 느낀다. 언젠가 뜨거운 가슴으로 장경판전의 화두를 풀어줄 공학도가 나오길 바랄뿐이다.

단지 이것만은 확실한 것 같다. 현대문명이 만든 에어컨은 냉방병을 유발시킨다. 그러나 장경판전의 자연통풍은 냉방병 발병률 제로로써 육백여 년 간을 보증하고 있다. 현대문명의 이기인 콘크리트 공법에 에어컨 까지 설치한 석불사 석불은 냉방병에 시달리고 있는 실정이다. 많은 돈을 내고 사들인 공기청정기가 정말 오염된 실내공기를 청정하게 할 수 있을까. 공기를 청정하게 하는 것은 자연이다. 그런 자연은 돈 한 푼 받

콘크리트 공법에 에어컨 처리라는 과학적 복원과 복구공사를 했던 석불사 석불은 실패를 자처했다. 그러나 그대로 보존시킨 해인사 장경판전은 성공을 했다. 가장 한국적인 것이 가장 세계적인 것이라는 격언을 떠오르게 했던 현장 중에 하나다.

지 않는데⋯.

　해인사 장경판전 앞에 서면 밝혀져야 하는 우리문화유산의 지식들이란 이런 것이다 라는 생각마저 든다.

사찰의 풍수탑

서사간고 방향을 이용하여 내려오다 바라본 대적광전 주변광경. 해인사 답사를 다시 정리하는 복습시간을 갖게 한다.

장경판전을 관람한 이후 사람들 대부분은 해인사 관람을 마친다.

되돌아 나올 때는 서사간고 방향을 이용하는 것이 유리하다. 해인사 담을 끼고 도는 그쪽 길은 지대가 높기에 대적광전 주변의 조망을 제공

사진 중앙에 학사대라는 나무가 서 있다.

한다. 길 따라 내려오면, 한그루 나무를 만나는데 학사대이다. 최고운이 해인사 은둔시절 이곳에서 독서를 하였다고 전한다. 그 당시 꽂아둔 지팡이가 무럭무럭 우량아처럼 자란 것이 학사대라는

나무다. 학사대에 이르면, 사람들은 휑하니 절을 빠져나간다. 볼 것 다 보았다는 생각에서다.

풍수답사를 하다보면, 이상한 체질이 되어버린다. 모두들 관람을 마치고 내려가는데 그때부터 혼자서 진짜 답사를 한다는 것이다. 그와 같은 현상이 벌어지는 것은 시각 때문이다. 법당을 좌(坐)로 삼고서 일주문을 향(向)하고 있는 것이 한국의 사찰들이며 해인사도 그에 속한다. 그러나 일반적인 관람코스는 일주문(향)에서 법당(좌)에 이르는 향좌(向坐)로 진행을 한다. 향좌시각으로 건물들을 보게 되고, 사찰도우미들의 설명도 향좌 걸음을 걸으면서 설명도 향좌시각으로 해버린다. 그럴 경우 우리 자신도 모르게 향좌 생각으로 해인사를 판단해버린다. 이러한 향좌시각은 서구시각에 해당된다. 우리나라 문화재 안내판을 보면 주로 지붕, 공포, 창호 등의 설명은 자세히 나와 있어도, 왜 그 건축물이 그 터에 있어야 하는지는 적혀 있지 않다. 이는 나무는 보았으나 숲은 보지 못한 경우와도 같다.

802년 순응의 터잡이 진행도 산줄기를 타고 내려오는 좌향 시각선상에 있었다. 해인사 간잡이 해석도 좌에서 향을 바라보며, 좌청룡 우백호를 따졌던 좌향 시각의 각도였다. 이러한 좌향 시각 속에는 상대향 각도까지 들어있다. 왜 해인사 범종각이 그곳에 있는지는 좌향 시각으로 보아야 풀린다. 또한 칼을 든 사천왕이 왜 이곳 대문짝에 그려졌는지는 상대향 각도를 걸어야 풀 수 있는 문제다. 좌향 시각 속에 들어있는 절대향과 상대향이 만나면 헷갈리는 사천왕 배치마저 이렇게 정리해 준다.

사천왕들의 지위신분은 절대향 속에 들어있고, 직책직무(지물)는 상대향속에 들어있다고 말이다. 그런 까닭에 좌

수미정상탑으로 가는 길.

향 시각, 상대향 시각은 우리문화재 조성의 잣대치수였다. 그래서 풍수답사는 이제부터 시작된다는 것이다.

해인사 가장 뒤편에 있는 수미정상탑은 일주문과 영지 사이로 놓인 길을 따라가면 된다. 그런데도 그 길을 오히려 회피하는 것 또한 풍수체질이다. 길을 만들어버리면 공사로 인해 산줄기 지맥선은 훼손될 수밖에 없다. 지맥선 흔적도 없는 길은 말짱 도루묵 답사를 만들어 버린다. 그래서 학사대를 우회한 산줄기를 타고서 수미정상탑으로 넘어 다녔다.

엄숙 고풍스러운 석탑 분위기와는 거리가 먼 수미정상탑의 모양. 범선 돛대에 더 가깝다.

수미정상탑이 해인사 지맥선이라는 것은 혈 자리를 찾는 요령 중에 하나인 기감지(氣感知)로도 알 수 있다. 그러나 기감지는 주관적인 감각이기에 학문일 수는 없다. 이러한 지맥선 상황들을 학문화 시킬 수 있느냐는 개인적으로도 오래기간 고심했던 노력 중에 하나다. 어느 해부터는 이곳에 이르면 동행제자들 중 기공에 능한 제자를 지맥선 위에 앉혀놓았다. 그리고는 그들의 느낌과 현상을 여러 차례 체크해 보았다. 결론은 앞으로 쏠리는 기운을 느낀다는 것이다. 그렇다면 해인사 지맥선이 확실하다. 기가 쏠리는 앞쪽에는 해인사 대적광전이 있기 때문이다. 그러나 이역시 학문적 접근은 될 수 없다. 자칫하다가는 무덤 혈 자리 잡는다고 마구잡이로 남발하는 잡술이 될 수도 있기 때문이다.

　조선 왕릉들을 수년간 답사하자 왕릉의 어느 지점과 어느 지점은 같은 느낌과 현상들이 일치된다는 것을 알게 되었다. 그러한 경험시각으로 이곳을 살펴보면, 지맥선 흔적들이 곳곳에서 발견된다. 그러나 이것도 학문적 전수방법은 되지 못한다. 현장전문가가 부지런히 답사하다보면, 10여 년 후에나 생기는 경험법칙이기 때문이다. 그래도 가르쳐야 한다. 풍수미학 담당교수로서 풍수의 풍자도 모르는 학부생들에게 이곳이 지맥선이라는 것을 가르쳐야 했다. 그것도 학문적으로 수긍하도록 강의를 해야 한다. 그런 고심 끝에 나온 수업방법 중에 하나다.

　사진을 보면 수미정상탑 전면에 있는 3그루의 소나무들이 어느 한곳으로 쏠려있다. 이러한 현상들을 적어놓은 선조들의 기록이 있다. 홍만선의 산림경제다. 명당 집터는 주변 나무들이 그쪽을 향하여 에워싼다는 구절이 산림경제에 나온다. 수미정상탑의 소나무들이 쏠리는 그곳에는 장경판전이 있다. 이러한 광경들을 시청각 강의 때 사진과 함께 산림경제 구절로써 입증시켰던 것이다. 그제서야 알아듣고 수긍하더라, 풍수의 '풍' 자도 모르는 학생들도 말이다.

수미정상탑과 소나무.

　현장풍수답사에 물이 오르면, 관산점은 첫마디에 잡아버리며, 형국은 관산점에서 관산하자마자 3초안에 나와 버린다. 기감지는 3분이면 충분하다. 그런데 이것들을 가르치려고 할 때는 말짱 도루묵이 되어 버린다. 객관 타당성이 성립될 수 없는 현상들이기 때문이다.

　우리 선조들은 그런 식으로 관산점, 형국, 기감지로써 터를 잡고서 집

수미정상탑과 소나무 그리고 해인사 장경판전의 광경.

을 지었다. 그러한 선조들의 집과 터의 무늬가 기단이나 축대흔적으로 남아있는 경우가 있다. 이를 우리문화유산이라고 한다. 문화유산들 중에는 한갓 무덤들과는 달리 역사기록의 증거도 있다. 역사는 분명히 학술에 속한다. 그래서 문화유산을 통해 현장풍수를 밝힐 수밖에 없는 것이 나의 입장이다.

수미정상탑 지대석에는 구멍이 뚫려 있고, 구멍 속으로 작은 바위 돌 하나가 보인다. 본래 이곳에 있었던 돛대 바위를 표식하기 위한 것이었다.

첫 강의 때, 의심쩍은 눈초리를 보내던 젊은 학생들이 2강, 3강을 진행하자 점점 빨려드는 현상이 흔히 벌어진다. 그럴 경우 그것도 학문으로 인정할 수 있을 것이다. 우리문화유산 풍수가 말이다. 결국 서구시각으로 무장한 학부제자들 등쌀에 현장공부가 더 되었던 것 같다. 그 놈들이 회초리를 든 나의 스승이다. 눈망울도 초롱초롱한 그놈들의 과학적 사고방식에도 밀리지 않으려고 현장에서 그야말로 용맹정진을 했기 때문이다.

송광사를 가기위해 해인사 일주문을 나오면서 들었던 생각 중에 하나다. 가야산 가을 산색을 더 물들게 하던 어느 석양 무렵에···.

해인사풍수의 비밀

일주문 앞에도 구멍 뚫린 바위 하나 가 있다. 수미정상탑의 구멍과는 그 용도가 다르나 우두봉 우비정처럼 모두 풍수구멍들이다.

일주문 직선길이 끝나는 봉황문 앞에는 맷돌모양의 돌이 있다. 문제의 돌 옆에는 다음과 같이 알림을 엄숙히 공포하는 팻말도 보인다.

「알림 - 이〈돌〉은 해인사 화재예방을 위하여 소금을 담아두는 돌이오니 돌 위에 돌탑이나 이물질을 올려놓지 마십시오.」

유인 우주선으로 달나라를 가는 과학문명시대에 이와 같은 설명을 어떻게 받아드려야 할까. 그러나 과학이 오늘날의 실학이라면 당시 우리 선조들의 실학은 풍수였다. 더구나 해인사와 우리문화유산들은 과학이라는 수치로 만들어졌던 것은 아니다. 그것은 그 당시의 실학법칙과도 같았던 풍수 잣대로써 조성 되었다. 먼저 화재예방을 위해 왜 소금이 필요했던가에 대한 선조들의 생각을 읽어보자.

조계산 선암사 정문에는 해천사(海川寺)라는 현판이 보인다. 해천(海川)이라는 글자 속에는 바닷물이 들어있다. 영축산 통도사 대광명전 전각 천장에서는 "내 집에 한 손님이 있으니 정녕 바닷사람이다(定是海中人)…"

이라는 글자도 발견된다. 선암사나 통도사나 모두 사찰화재를 예방할 목적에서 바닷물을 끌어들였던 것이다. 소금은 바닷물을 상징한다.

그래서 해인사에도 소금 저장돌이 설치되었던 것이다.

이 같은 풍수잣대로써 다시 해인사를 재어보면, 화재발생 이유는 이렇다. 해인사 관음전 서쪽 끝 지점에 서서 대적광전 지붕 위를 쳐다보면, 사진과 같은 장면이 눈에 들어온다.

해인사 화재예방 소금 돌을 유발시킨 풍수 장본인은 가야산에 있었다. 가야산 정상의 화기(火氣)바위가 대적광전 지붕 위에서 경내를 쳐다보고 있다. 불 도깨비가 쳐다보면 불이 난다고 하여 이를 예방하기 위해 배치한 궁궐풍수의 드므와도 같은 것이 이곳 소금 돌이다.

가야산 바위 돌들이 불길모양의 기세를, 해인사 경내로 쏟아 붓고 있는 광경이다. 저런 광경의 기세라면 경복궁을 전소시킨다는 관악화기(火氣) 보다 더 하다. 풍수문제는 풍수로써 풀어야 한다. 가야산의 풍수화기를 해인사의 풍수 소금 돌로 예방하겠다는 원인과 결과를 우리는 두장의 사진을 통해 보고 있는 것이다.

3층 석탑 양식의 길상탑(吉祥塔).
길상은 풍수명당을 가리키는 표현 중에 하나다.

화재 발생 못지않게 해인사는 초기부터 환란지지였다. 해인사 창건 90여년 후에는 이곳 승려 56명이 한꺼번에 목숨을 잃었던 참사도 있었다. 진성여왕 때 당한 대참사 환란을 기리기 위해 세워 놓은 탑이 일주문 직전에 있다. 3층 석탑인 길상탑이다. 이러한 환란지지가 삼재불입지지로 전환되고 또한 해인성지로 승화되었던 그 이면에는 역사와 풍수가 함께 공존 하고 있었다. 이것이 해인사에 걸린 시간과 공간들이다. 먼저 시간에 해당되는 역사이야기다.

부석사 창건주 의상대사의 제자 중 손제자로서 신림스님이 있었다. 신림은 불국사와도 인연 있는 인물이다. 신림의 제자가 해인사 창건주 순응스님이다. 그러므로 부석사와 해인사는 화엄사찰이라는 같은 공간을 보여주고 있다. 그러나 시간들은 서로 달랐다. 부석사는 왕권이 강력했던 시간대에 창건된 화엄사찰에 속한다. 반면 해인사 창건의 시간대는 그와는 다르다.

부석사 창건 75년 후, 불국사를 왕즉불 사찰로 만드는 대중창이 시작되었으나 완성이후 신라는 왕권해체기인 귀족시대로 변환되어 버린다. 이후 왕들은 귀족들에게 시해되고 살해되는 전리품으로 전락하게 된다.

불국사 대중창 50년 후에 해인사가 창건된다. 그 50년 동안 7명의 왕이 교체되었다. 해인사 창건 90여 년 후, 최고운이 해인사에 은둔하였던 신라말기에는 더욱 심했다. 심지어 재위 1년도 못 채우고서 시해된 왕도 3명이나 있었던 그런 시절이었다.

극심한 왕권 해체기의 소용돌이는 해인사에 악재로 작용했다. 그러자 해인사 승려들이 몰살되는 참극까지 벌어졌던 것이다. 895년에 이러한 참변을 적어놓은 최고운의 해인사 길상탑 지문에는 「당토(唐土)에서 벌어진 병흉(兵凶) 두 가지 재앙이 서쪽 당에서는 멈추었고, 동쪽 신라로 옮겨져 와서 그 험악한 중에도 더욱 험악하여 굶어서 죽고 전쟁으로 죽은 시체가 들판에 별처럼 흐트러져 있었다」라는 내용이 나와 있다. 장차 해인성지가 될 가야산 대명당에서 이 같은 흉사가 벌어졌던 것이다.

최고운의 이러한 탄식이 있기 46년 전, 이미 해인사 터를 읽고 있었던 선승하나가 있었다. 33살이라는 장년기의 선승은 누더기를 걸치고서 우두봉으로 들어오는 산줄기를 거슬러 올라갔다. 우두봉 지맥선을 따라 간 것이다. 우두봉에서 두리봉을 지나 단지봉을 거쳐 수도산에 이르렀다. 해인사 산줄기 사십 리 허의 어느 곳에 이르자 선승은 그만 기쁨에 겨워 덩실덩실 춤을 추었다. 그리고는 그곳에 쌍탑을 세웠다.

오늘날 경북 김천시 증산면 수도산에 있는 수도암 삼층석탑이 그 현장이다. 수도암 마당에 서 있는 2기의 삼층석탑들을 관찰하면, 그 배치가 특

수도산 수도암의 여름사진. 삼층석탑 2기를 뒷녘 법당들과 이리저리 맞추어 보아도 쌍탑일금당, 일탑일금당 배치는 성립되지 않는다. 탑 나고 한참 뒤에나 들어선 절집건물들이기 때문이다.

쌍탑 사이에 있는 도선국사 표지석. 글자 식별이 용이한 사진 한 장을 찍기 위해 겨울날 답사는 반나절을 필요로 했다.

이하다. 쌍탑 뒤에는 2채의 법당 건물이 있다. 그러나 탑들과 법당의 배치는 어느 것도 일치하지 않는다. 만약 법당을 위하여 쌍탑을 세웠을 경우에는 쌍탑 중간에 법당 건물이 배치되어야 한다. 그것이 쌍탑일금당 양식 배치이다. 그렇다고 일탑일금당 양식은 더더욱 아니다. 이곳 쌍탑들은 불교신앙을 위한 석탑도 아니었다. 그렇다면 이것도 해인사 돛대 탑처럼 풍수 탑이라는 것에 눈길이 간다. 그러한 눈길을 일시에 확인시켜

주는 증표도 있다. 현장에서 발견한 비석에는 쌍탑을 조성한 창건주의 이름이 박혀있다. "창주도선국사"라고 말이다.

859년, 한국풍수의 원조인 도선국사가 이곳에 세워놓은 쌍탑 속에는 우리가 모르고 있었던 비밀이 들어 있다. 먼저 삼층석탑이 향하고 있는 전면을 바라보자. 그럴 경우 산 능선 위로 특이한 산봉우리 하나가 목격된다. 이는 가야산 우두봉이다. 이곳에서 보이는 우두봉 형상을 관산하면 연꽃이 절반쯤 피어오른 연화반개(蓮花半開)라는 풍수형국이 드러난다. 미개(未開)는 아직 피어있지 않는 꽃이기에 기세를 받을 수가 없다. 만개(滿開)는 이미 활짝 피어버렸기에 낙화가 되어 이는 보름달처럼 흉세에 해당한다. 절반쯤 핀 반개(半開)는 반월성 초생 달처럼 앞으로도 기세를 계속해서 받는다. 인하여 도선국사는 우두봉이 반개로 보이는 이곳에다가 터를 잡았던 것이다.

삼층석탑이 이곳에 자리매김된 그 이유는 연꽃이 절반쯤 피어오른 봉우리 모양 때문임이 드러났다. 연화반개형이 걸려있는 봉우리는 가야산 우두봉이다.

연꽃은 또한 불교와도 인연 있는 꽃이다. 우두봉의 연화반개와 이곳의 풍수석탑 사이에는 풍수목적과 이론이 철저하게 설정되어 있다. 먼저 목적이다. 해인사에 불리한 기세로 작용하는 억센 우두봉 산세를 오히려 연꽃 불심으로 반전시키려 했던 것이 도선의 목적이었다. 그것은 환란지지에서 삼재불입지지로의 반전이며, 해인성지로서의 개화를 뜻한다. 그래서 연화반개형을 향하여 풍수 탑을 이곳에 세웠던 것이다. 이러한 목적에는 이것들을 가능케 하는 풍수이론도 들어있다.

연꽃이라는 모양새만 보고서 따지는 것은 한국 토종풍수 형국론에 속한다. 그러나 이곳의 광경은 형국론 하나만 가지고서 해결될 문제는 아니다. '수도암이 있는 지점에다가 쌍탑을 세웠을 경우 어떠한 풍수법칙이 작용하여 해인사에 득을 주는가' 라는 논증을 풀어야 한다. 이를 충족시켜주는 풍수해법이 있다. 회룡고조형(回龍顧祖形)이 그것인데, 이는 중국풍수 형세론에 속한다. 회룡고조형의 풍수작용을 풀어보기로 하자.

구글 3D사진으로 보는 수도산과 가야산의 회룡고조형. 다음에 실린 그림과 비교하면 사진 식별이 용이해진다.

풍수에서는 산을 용(龍)이라고 한다. 수도산에서 뻗어가던 산줄기가 우두봉을 용머리로 삼아서 다시 수도산을 쳐다보고 있다. 용이라는 산줄기가 C자 모양으로 돌았기에 이를 회룡(回龍)이라 한다. 고조(顧祖)는 조상을 쳐다본다는 말이다. 우두봉이 사진처럼 삼층석탑을 쳐다보고 있기에 고조가 된다. 이럴 적 아랫녘 우두봉은 손자며, 윗녘에 있는 수도산은 할배에 해당된다. 이러한 회룡고조형은 다음과 같은 기세를 탄다고 알려져 있다.

귀여운 손자가 할배를 계속 쳐다보면, 할배는 정에 겨워 손자에게 용돈을 주는 것이 인지상정이다. 수도산 할배를 쳐다보는 손자 우두봉에게 수도산 석탑기운은 불교용돈(연꽃의 기운)을 듬뿍 준다. 이때 우두봉이 받게 되는 용돈을 불교지령으로 환전시키는 풍수 논리는 연화반개형에 들어있다. 이것이 형국론과 형세론을 종합한 도선풍수의 특징이 된다.

　도선의 삼층석탑 풍수로 인해 우두봉에 걸린 연꽃형국 불심은 다시 세형혈 형세법칙에 따라 서쪽 산줄기를 타고서 해인사로 흘러들어간다. 그로써 해인사는 이중환 택리지처럼 삼재불입지지가 된다는 것이다. 이후 역사를 보아도 해인사는 삼재불입지지도 되었고, 해인성지에 대장경을 보장한 법보사찰도 되었다.

　이것이 아직까지 숨겨져 있었던 해인사 풍수의 재조명이다. 사찰풍수를 자유자재로 구사했던 도선국사. 그래서 우리는 오늘날에도 그를 한국풍수의 원조라 한다. 859년, 한국풍수는 이곳 수도암에서 첫 출발을 하였다. 미루어 한국풍수의 첫 시작은 사찰풍수였다는 것도 된다.

해인사 풍수가 걸린 수도암 삼층석탑의 설명 조감도.

승보사찰 조계산송광사

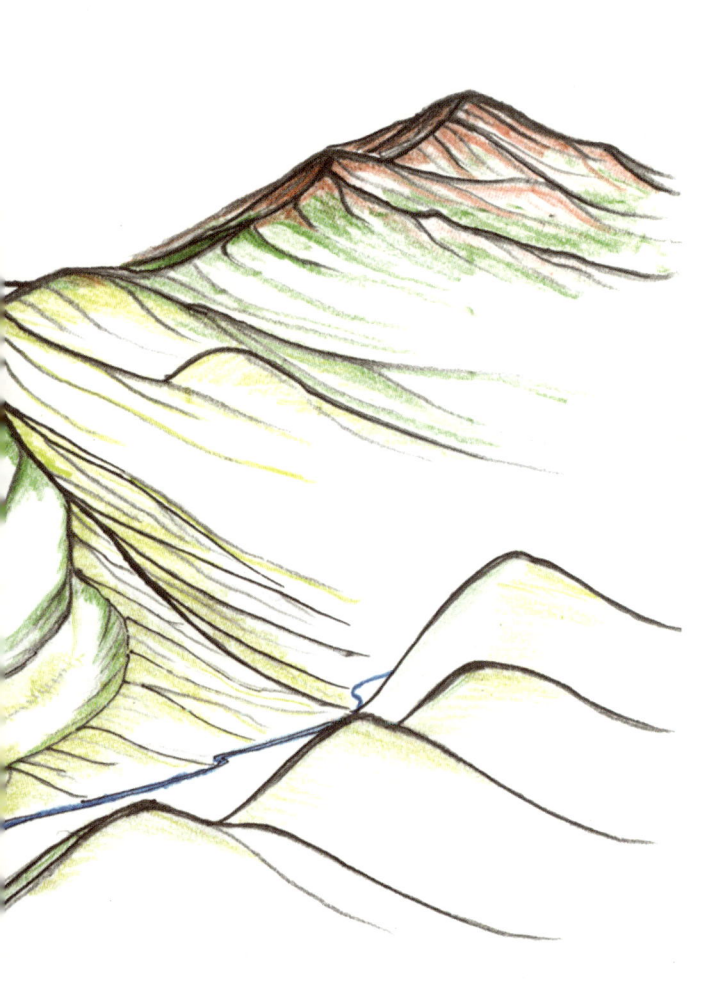

조계산

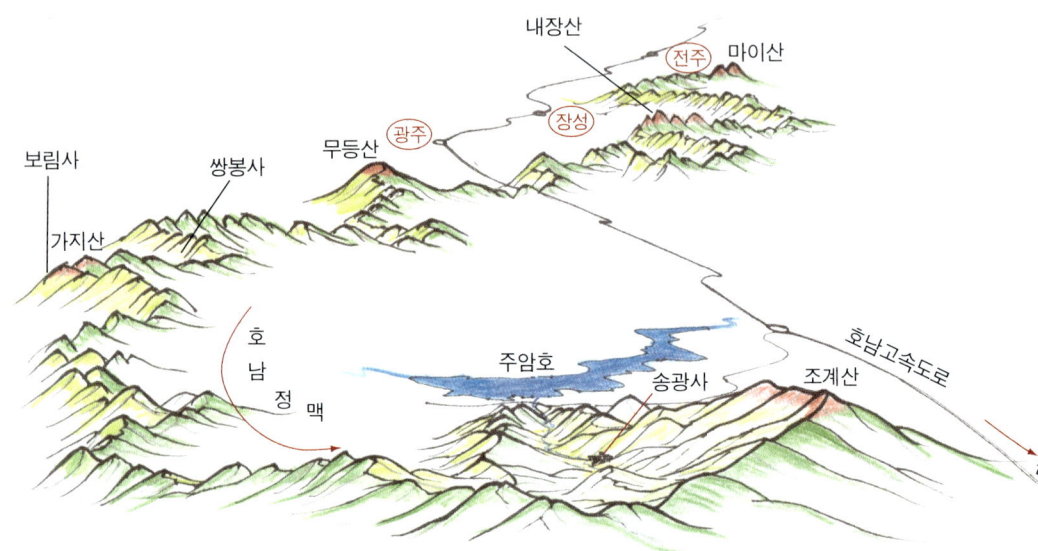

호남문화의 탯줄인 호남정맥의 정기를 직접 받는 곳에 조계산이 있고, 그곳에 송광사가 자리한다.

우리 땅을 뻗어 내리던 3천리 백두대간은 국토남녘을 2등분한다.

백두대간 동쪽은 경상도며, 서쪽은 전라도다. 또한 낙동강을 에워싸는 낙동정맥과 낙남정맥이 골격을 이루는 것이 경상도며, 전라도 산줄기들은 호남정맥을 줄기로 삼아서 뻗어나간 가지들이다.

경상도 산들은 드세고 억세다. 통도사와 해인사가 있는 영축산과 가야산도 드세고 억세다. 그러나 전라도 산들은 그와는 사뭇 다르다. 늘어진 남도가락처럼 마루 선을 하늘로 긋고 가는 광경이란 제 흥에 겨워 흥얼거리는 중모리장단이다.

산들의 기세에 따라 지저귀는 새소리도 다르듯, 양도 사투리까지 빚어 놓았다. 억센 산에 억센 경상도 사투리. 풀어진 산에 풀어진 전라도 사투리는 푹 우러난 풍토장맛과도 같다. 풍토 진국이 사투리라는 말이다.

한국의 산줄기들은 한국의 풍토를 빚어냈던 장인이기도 했다. 한가로운 산들이 만들어 놓은 풍토를 여행하다 보니, 송광사 가는 길은 언제나 평안하기만 하다.

전라도 풍토뼈대인 호남정맥은 섬진강의 발원처인 주화산에서 시작된다. 이를 시작으로 내장산, 무등산, 가지산, 조계산들을 거쳐 다시 섬진강이 끝나는 백운산에서 산줄기와 물줄기도 그 끝을 맺는다. 이것이 호남정맥의 산수회포(山水回抱)다.

내장산의 산수회포 품안에는 내장사와 백양사가 있다. 또한 무등산이 만들어 놓은 광주는 전라도 최대도시다. 그리고 구산선문 중에 하나인 쌍봉사, 조계종의 근원인 가지산 보림사. 조계산의 송광사와 선암사들은 모두 호남정맥에 걸려있다. 한번 쯤 들어보았던 대찰들이며, 삶과 역사의 유적들이기도 하다.

조계산도 이러한 호남정맥과 직접 연결된 명산이다. 명산에다가 대찰을 지었던 승려들은 고려시대까지만 해도 풍수전문가들이었다. 당시 최고 엘리트집단인 선승들은 도선국사 풍수를 구사했다. 왕과 함께 국사를 논했고, 국운을 살폈던 그들이기도 했다.

예로부터 승려들이 사찰 터를 잡을 때, 이렇게 말했다고 전해온다.

"…우리나라 산천은 그 형상으로 보아 백두산이 근거가 되는데 나무로 치면 뿌리에 해당된다. 명당이란 꽃과 같다. 하고 많은 명당 터에 절을 지었으련만, 절의 수명이 제각기 인 것은 명당의 명운에 따르는 노릇…" 이라고 말이다.

꽃은 나뭇가지 끝에서 피고, 가지는 줄기에서 뻗어 나온다. 백두대간줄기에서 뻗어 나온 가지 중의 하나가 호남정맥인 것이다. 우리국토 나뭇가지에 걸린 조계산이 명산이라는 것은 듬직한 몸체를 보아도 알 수 있다.

동쪽에서 바라본 조계산. 사진 좌측(남쪽)에서 우측(북쪽)으로 호남정맥이 흐른다.
사진 중 가장 높은 봉우리가 조계산 정상(884m)이다.

호남고속도로를 타고서 순천2터널을 통과하면, 산마루선이 하늘과 맞닿는 광경을 보게 된다. 호남정맥이다. 호남정맥 마루 선에 걸린 듬직한 산이 보인다. 조계산이다. 조계산은 주변 산들을 제압하는 기세를 갖고 있다. 그러나 제아무리 빼어난 기세의 산과 연결되었더라도 산자락이 품어주지 않는 터는 명당이 아니다. 그래서 명당이란 꽃과 같다고 한 것이다. 탐스럽게 피어오른 꽃이 아름답듯 명당의 품음새 또한 탐스럽다.

호남고속도로의 주암(송광사) 나들목을 빠져나와 나지막한 산들을 돌아든다. 언덕 몇 개를 넘으면 우측으로는 산중 바다를 연상케 하는 주암호가 펼쳐진다. 잔잔한 물결들을 구경삼아 눈길을 주다보면, 어느덧 송광사 삼거리에 이른다. 이곳에서 두 팔을 활짝 벌린 산을 보게 된다. 모든 것을 끌어들이는 기세까지 갖춘 산. 조계산이다. 조계산 포대기 속에 아이가 들어있다. 송광사이다.

서쪽에 있는 송광사 삼거리에서 관산한 조계산. 품음새가 가장 빼어난 그 속에 송광사가 들어있다.

송광사

조계산 산줄기 품 안으로 들어가서 또 다시 풍수 산자락 포대기 속에 자리 잡은 송광사 전경.
서남쪽 앞산 관산점에서 이렇게 보인다.

송광사(松廣寺)는 승보사찰(僧寶寺刹)이다.

제1세인 보조국사 지눌(1158~1210년)을 시작으로, 200여년 간 제16세 고봉법장(1350~1428년)까지 16인의 국사가 송광사에서 배출되었다.

통도사 창건(646년), 해인사 팔만대장경보장(1398년) 그리고 송광사의 마지막 16국사 고봉법장까지 참조하면, 삼보사찰은 조선 초기에 성립되었음을 알 수 있다. 이것은 삼보사찰들의 시간적 조명에 속한다.

조명의 각도를 달리하여 삼보사찰 공간들을 고찰하면, 송광사에는 관심을 끄는 무언가가 있다. 가령 통도사가 불보사찰이 되었던 것은 석가회상의 영축산과 통했기 때문이다. 가야산 중턱에 자리한 해인사는 산줄기가 호리병처럼 둥글게 장벽을 치는 삼재불입지지다. 여기에 통풍에도 유리한 지세가 되었기에 장경을 보장한 법보사찰이 되었다. 그렇다면 송광사는 어떤 이유에서 16국사를 배출한 승보사찰이 되었던 것인가?

걸출한 인물은 땅의 영령한 기운을 받고서 태어난다는 것이 인걸지령(人傑地靈)이다. 송광사의 16국사들을 이 같은 인걸지령 선상에 놓고서 보았을 때, 그에 합당한 지령은 무엇일까? 하다못해 논두렁 정기라도 받아야 면장이라도 할 수 있다는데… 또한 지령을 타고나기만 하면, 누구라도 인걸이 될 수 있는 것일까. 이런 점이 눈길을 붙잡는 송광사 풍수의 특징이다.

승보사찰 송광사를 풍수역사로써 살펴보면, 삼보사찰 중에서도 수위를 차지하는 풍수대목도 있다. 불보사찰 통도사는 자장의 형국론으로 터잡이 된 사찰이다. 법보사찰 해인사는 순응의 형세절반에 사냥꾼들의 형국절반으로 터잡이 한 사찰이다.

그러나 송광사는 그와 다르다. 형국론과 형세론이 완전한 종합체계를 갖춘 도선풍수 이후에 터잡이 된 사찰이기 때문이다. 게다가 도선풍수의 법맥을 대물림한 선승들이 터잡이 한 송광사는 풍수종합사찰이라고 하는 자리까지 차지한다. 그렇다면 조계산에 제대로 걸려있는 한국풍수의 무엇이 송광사의 인걸들은 배출했을까? 이러한 의문은 첫 현장답사 때부터 계속 꼬리를 물었던 풍수화두이며 흥미이기도 했다.

사찰출입문을 통과하여 몇 걸음을 더 가면 좌측으로 입석 하나가 보인다. 승보종찰조계산송

승보종찰 조계산 송광사의 석비.

광사(僧寶宗刹曹溪山松廣寺)를 새겨놓은 석비이다. 석비를 지나면 조계산에서 흘러내려오는 물줄기를 만나는데, 이곳의 행정지명에 따라 신평천이라 한다. 그러나 이곳에서는 조계천이 더 잘 어울린다.

행정지명들의 일방통행식의 표기는 주암IC 표기에서도 발견된다. 호남고속도로에서 송광사로 빠지는 유일한 출구를 주암면에 있다는 이유 하나만 들어 붙여버린 명칭이 주암IC다. 정작 주암면을 찾는 외지 사람은 하루에 몇 명이나 될까. 고작 하여야 열 명 안팎일 것이다. 반면 송광사를 찾는 외지인은 수백에서 수천 명에 이른다. 십여 년 전만해도 송광사 답사 때 이곳을 그냥 지나쳐버린 경험이 있다. 나 같은 답사전문가도 착각을 일으키는 행정편의주의적의 명칭, 수많은 사람들도 불만을 터트렸을 것이다. 그래서인지 근래에는 송광사IC라는 표기를 주암IC와 함께 병용하여 놓았다.

비림을 초승달처럼 감싸고 있는 산자락을 풍수용어로는 선익이라 한다.
이곳 선익의 포대기 속에는 음택풍수가 들어있다.

송광사 들머리 길과 나란히 하는 조계천에는 청량각이라는 다리가 놓여있다. 청량각을 사이에 두고서 길은 양편으로 갈린다. 이때 청량각을 건너지 말고 곧장 오솔길로 가는 것이 좋다. 보다 한적하며 황토까지 깔아놓은 소위 웰빙 산책길이기 때문이다.

물소리와 새소리를 벗삼아 숲길을 따라가면, 오순도순 모여 있는 송광사 건물들이 보인다. 일주문 직전 우측으로는 비석들이 숲을 이루고 있다. 비석(碑石)들의 숲[林] 그래서 비림(碑林)이라 한다. 비석에는 이곳 송광사가 배출한 16국사 등 큰 스님들의 업적이 새겨져 있다.

비림(碑林) 주변을 살펴보면, 음택(무덤)명당의 구조까지 눈에 들어온다. 비림 뒷녘에서 뻗어 내리는 산줄기 지맥이며, 비림을 C자형으로 감싸는 양 녘의 산자락들도 보인다. 이와 같은 양 녘 산자락을 선익(蟬翼)이라 한다.

지맥(地脈)이 생기를 공급하는 생기공급관이라면, 선익은 공급된 생기를 보존하는 포대기와도 같다. 이곳 비림의 비석들은 포대기 속에서 안식을 취하고 있다. 이러한 설명은 음택 풍수시각에 해당된다. 죽은 자의 집인 무덤을 음택(陰宅)이라 하는 반면 산자의 집은 양택(陽宅)이다. 송광사는 양택에 속하며 송광사 풍수는 양택풍수에 해당된다.

풍수역사를 고찰하면 양택풍수가 먼저 생겼고, 여기서 베껴간 것이 음택풍수다. 그런 까닭에 양택이라는 원본풍수와 음택이라는 복사본 풍수의 원리들은 서로 통한다. 원리는 통하지만 서로 다른 것도 있다. 가장 두드러지게 다른 것은 송광사와 같은 양택은 음택보다 국면이 훨씬 크다는 것이다.

이곳 비림은 규모가 작기 때문에 음택풍수를 한눈에 볼 수 있다. 그러나 송광사는 비림보다는 큰 국면에 자리하기에 한눈에 담는다는 것은 불가능하다. 이곳에서 비림 광경을 기억해두면, 이와 마주하는 송광사의 양택풍수도 그 골격을 잡을 수 있다. 송광사 건물들도 비림과 마찬가지로 조계산 자락의 포대기 속에 들어있기 때문이다.

비림의 포대기 속에서 바라본 송광사.
그 역시 조계산 포대기 속에 들어 있는 양택풍수임이 드러난다.

조계천 풍수지킴이 용두석상

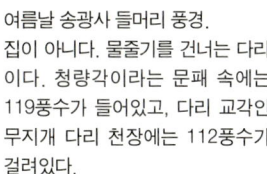
여름날 송광사 들머리 풍경. 집이 아니다. 물줄기를 건너는 다리 이다. 청량각이라는 문패 속에는 119풍수가 들어있고, 다리 교각인 무지개 다리 천장에는 112풍수가 걸려있다.

조계천은 송광사 들머리 길과 나란히 놓여있다.

그런 까닭에 들머리 길을 따라 가건 조계천을 거슬러 오르건 결국에는 송광사에 이른다. 또한 어느 길이건 조계천을 한번씩은 건너게 되는데, 첫 번째 다리는 청량각(淸凉閣)이다. 청량(淸凉)이란 맑고 서늘하다는 뜻이다.

그리고 보니 절집에서 청량이란 말을 자주 접했다. 청량산, 청량사, 청량문, 청량교, 청량각 등등 자주 보았던 단골 명칭이다. 약방에 감초 끼듯 등장하는 청량이란 정체는 무엇일까?

그 이유는 송광사와 이웃사촌쯤 되는 선암사에서도 찾을 수 있다. 조계산 선암사의 옛 이름 중의 하나가 청량산 해천사(淸凉山 海川寺)였다. 해인사처럼 선암사도 화재가 자주 일어났다. 그래서 바닷물과 계천의 물들을 소방용수로 가져다 붙인 것이 해천사다. 청량산도 그와 마찬가지였다.

화재는 습도가 낮은 건조한 날에 주로 발생한다. 습도가 높고 서늘한 날은 화재예방에 유리하다. 그래서 서늘 썰렁한 청량문패를 사찰명칭으로 내건 것이다. 입이 보살이라는 식의 절집 명칭쯤 된다.

이러한 청량각에는 풍수도 걸려 있다. 윗도리에 화재예방 문패를, 아랫도리에 풍수예방 물건을 달고 있는 것이 청량각이다. 청량각 아랫도리에 해당하는 무지개 모양의 석교 중간을 보면, 용머리 형상의 석물 하나가 보인다. 용두석상(龍頭石像)이라 한다. 용은 물을 다스리는 수신(水神)이다. 그러므로 청량각 용두는 조계천 물길을 다스리기 위한 물건 임을 알 수 있다. 그렇다면 무엇을 다스리는 물건일까? 다시 말하자면 청량각 용두의 구체적인 담당업무가 무엇이냐는 것이다.

청량각 무지개 다리 천장에 걸린 용두석상. 사천왕 눈처럼 우락부락한 눈알은 외부에서 침범하는 도둑놈도 지키고, 내부 살림살이도 단속한다. 이곳 용두는 내부에 해당되는 송광사 쪽을 쳐다보고 있다. 인하여 수구막이 용두석상이다.

그런 것은 용두가 쳐다보는 방향을 따져서 판단한다. 청량각 용두를 살펴보면 툭 불거져 나온 눈알 2개가 송광사 쪽의 물줄기를 쳐다보고 있다. 청량각을 기준점으로 삼을 때, 이는 내부 쪽을 보고 있는 광경이다. 만약 청량각 용두 눈알이 매표소 쪽으로 흘러가는 물줄기를 보고 있다면, 이는 외부에 해당한다. 그러므로 청량각 용두는 송광사 내부를 단속하는 조성물이었던 것이다.

내부의 물줄기를 단속하는 물건을 풍수에서는 수구(水口)막이라 한다. 송광사에 머물러야 하는 생기가 물줄기를 타고서 흘러나갈 수도 있다. 이를 막아주는 것이 수구막이의 역할이다.

송광사 물줄기는 예로부터 풍수상 문제가 있다고 전해온다. 그 이유는 이랬다. 송광사는 조계산이라는 배산 때문에 택지된 사찰이다. 배산에다가 사찰을 맞추다보니, 임수가 유리한 것만은 아니었다. 송광사의 임수인 물줄기는 북쪽(서북향도 풍수에서는 북향으로 친다)으로 빠져나간다. 북향의 물줄기는 북망산이라는 한국인의 정서상에도 내키지 않는 광경에 속한다. 그렇다고 이러한 임수 때문에 중요한 배산 기운까지 포기한다는 것은 소탐대실이 되어 버린다. 불리한 북향의 물줄기는 두 가지 악영향을 미친다. 송광사 내부의 기운을 빼앗아 가거나, 외부의 나쁜 기운들이 송광사로 침투할 수도 있다. 그중 송광사 기운의 누설을 막는 것이 청량각에 걸린 수구막이 용두라는 것이다.

그렇다면 북향물줄기로 인한 외부흉살(凶殺)의 침투에 송광사는 어떻게 대처하고 있었던 것일까? 외부흉살들을 차단시키는 풍수용어도 있다. 수살(水殺)막이라고 한다. 물줄기를 타고서 침투하는 살기(殺氣)를 막는다는 뜻이다. 외부에서 침범하는 수살들을 막으려면 용두의 시선은 당연히 송광사 외부를 주시하고 있어야 한다. 이는 수구막이 역할을 하는 청량각 용두시선과는 반대로, 흘러가는 물줄기를 보고 있어야 한다는 것이다.

송광사에는 용두석상 하나가 더 있다. 그것도 송광사 요사 채들이 몰려있는 대문입구 직전에 단단히 박혀있다.

우화각 용두석상의 턱을 남쪽에서 찍은 사진. 용두의 눈알은 북쪽인 송광사 외부를 쳐다보고 있다. 그런 까닭에 이것은 수살막이 용두에 해당된다.

우화각 다리 아래를 살펴보면, 청량각처럼 용두석상 하나가 보인다. 우화각 용두의 시선은 청량각 용두와는 반대로, 흘러 내려가는 물줄기를 쳐다보고 있다. 이것은 외부를 감시하는 수살막이에 해당한다.

청량각의 수구막이, 우화각의 수살막이, 송광사는 불리한 북향물줄기 풍수 때문에 수구막이와 수살막이가 함께 조성된 사찰이라는 것을 여기서 알 수 있다.

이러한 수구, 수살막이 보다 더 중요시 되는 특수법칙이 송광사에는 존재한다. 이는 송광사 배치에 직접적인 영향을 미치기도 했다. 계수즉지(界水則止)라는 글자가 그것이다. 배산을 타고서 뻗어 내리는 생기는 물의 경계인 물줄기[界水]를 만나면 멈추는[止] 법칙[則]을 송광사 건물에다가 직접 걸어보자.

조계산의 영령한 생기가 산줄기를 타고서 송광사로 내려온다. 이때 물줄기가 계수즉지 법칙으로 생기를 차단시킨다. 차단된 생기는 송광사 터에만 계속해서 쌓인다. 그로 인해 송광사는 생기 충만한 명당사찰이 된다는 것이다.

송광사 배치도를 살펴보면, 동쪽 조계산에 해당되는 배산과 물줄기 사이에 모든 전각과 요사 채들이 빼곡히 조성되어 있는 것을 볼 수 있다.

송광사의 생기는 동쪽(사진 윗녘)에서 들어온다. 북쪽은 산자락들이 이를 감싸고, 남쪽과 서쪽은 조계천 물줄기가 계수즉지로서 생기를 막고 있다. 이 같은 산자락, 물줄기의 포대기 속에 들어있는 것이 또한 송광사의 전각들이며 요사 채들이다.

계수즉지라는 물줄기의 바리케이드가 송광사 건물들의 바리케이드인 담벼락도 겸하고 있는 광경이다.

반면 계수즉지 물줄기 너머로는 요사 채가 하나도 존재하지 않는다. 얼핏 보면 두어 개의 건물들이 있으나 속을 들여다보면 승려들이 기거하는 요사채는 아니기에 그것들은 물 건너 간 것들이다.

인걸은 지령에 있다고 할 때, 이러한 지령을 모이게 하는 것이 득수(得水)다. 득수가 만들어 놓은 명당 터에서 잠을 자야지 인걸도 배출되지 않겠는가. 송광사가 배출한 16대 국사들도 인걸지령을 중요시했던 것은 마찬가지였다. 불교풍수국가였던 고려왕조에서 시작되어 유교풍수왕조였던 조선시대까지 배출된 인걸들이었으니까. 여기까지가 송광사 풍수의 첫 물꼬에 해당된다.

특이한 문지방들

송광사 대문인 천왕문 주변 문지방 중의 하나인 우화각

 우화각(羽化閣)은 송광사 득수(得水) 위에 걸려있다. 바깥쪽은 팔작지붕을 안쪽은 맞배지붕을 한 우화각을 건너면, 바로 맞붙은 천왕문이다. 절집대문인 이곳 천왕문에는 담도 없다. 담이 없는 이유는 절집을 감싸고도는 물줄기가 담장역할을 하고 있기 때문이다. 그런 광경이 어쩐지 허전하였나 보다. 그래서 담이 필요 없는 일주문 양편에다가 담 같은 것을 덧붙여 놓았다. 그런데 그것은 예사 담이 아니다. 우화각 용두와 함께 송광사 방어에 나선 수살막이 담이기 때문이다.
 우화각을 건너 천왕문을 지나면 곧이어 종고루를 만난다. 이렇듯 줄줄이 배치된 우화각, 천왕문, 종고루들은 차라리 송광사 문지방이라 하여야 더 어울린다. 그 중 우화각은 문전 다리이며, 천왕문은 대문, 그리고 종고루는 안대문에 해당된다. 불과 3십여 미터 사이에 3개의 문짝건물들이 줄지어 있으니, 문지방 같은 느낌을 받는 것도 그 때문이다.

불심이 있는 관람객은 천왕문에서 사천왕에게 수차례 합장을 한다. 그리고는 대웅보전 마당으로 가버린다. 그럴 경우 우리는 송광사에서만 볼 수 있는 볼거리 하나를 놓치게 된다.

우리문화유산에다가 전통시각을 맞추면, 그것들은 말없는 말을 들려준다. 이른바 무설설(無說說) 대화의 시작인 것이다. 이곳 문지방들도 그렇다.

우화각 같이 한옥 옆구리를 입구로 삼은 건물은 우리에게 생소한 느낌

우화각의 우(羽)자는 날개 깃털을 가리킨다. 왜 이곳에 깃털이 떨어졌는지? 이 같은 광경에는 송광사 풍수가 숨어있다. 옆구리 출입문은 부석사에서 엿볼 수 있다.

부석사의 범종루.
송광사 우화각보다 오백여년 앞선 건물이다. 정면 3칸 2층 팔작지붕 양식을 1칸 1층 팔작지붕으로 축소시키면 우화각이 된다.

을 준다. 우화각 같은 건물을 찾아보면, 부석사의 범종루가 떠오른다. 범종루도 옆구리를 출입구로 삼고 있다. 2층 3칸의 부석사 범종루를 단층 한 칸 출입구 건물로 축소시키면 송광사 우화각 모양이 된다.

우화각 다음은 천왕문이다. 천왕문에서 법당(대웅보전) 가는 길을 쳐  다보면 종고루가 보인다. 그런데 천왕문 중간에서 바라본 종고루의 광경, 사진처럼 우측으로 치우쳐져 있다. 이 같은 배치는 부석사의 안대문인 안양루에서 또다시 보게 된다.

송광사 천왕문에서 바라본 안대문(종고루)은 꺾인 길과 함께 계단 위에 놓여있다.

안양루와 종고루는 높이의 차이가 있을 뿐 이것들도 직선배치가 아니다. 이럴 경우 부석사의 법당 진입로인 범종루 → 안양루 → 법당(무량수전)과, 송광사의 우화각 → 종고루 →  법당(대웅보전)이라는 진입로가 서로 닮은 꼴이라는 것이다. 이같은 광경에 사찰양식이 끼어들면, 다음과 같은 생각까지 튀어나온다. 부석사는 화엄사찰이다. 그렇다면 송광사도 화엄사찰일까?

이러한 질문을 한층 더 증폭시키는 건물까지 송광사에는 있다. 남쪽 조계천 너머에 있는 화엄전(華嚴殿)이 장본인이다. 그런데 송광사가 화엄사찰이라는 단정을 일시에 반전시키는 광경이 종고루 문지방을 올라서자마자 벌어진

부석사 안대문(안양루)도 꺾인 길과 함께 계단 위에 놓여있다.

송광사의 대웅보전.
화엄사찰 해인사 대적광전과는 확연히 다른 풍경을 보여주고 있다. 축대 위가 아닌 평 마당에 조성된 저 같은 양식은 선종사찰 들의 법당에서 발견된다.

다. 송광사 대웅보전이 이러한 반전극의 주인공이다.

　화엄사찰 법당들은 높게 쌓은 축대 윗녘을 차지하고 있다. 그러나 송광사 법당은 축대가 아닌 기단위에 자리할 뿐이다. 송광사처럼 평평한 마당을 앞에 두고서 축대 없이 앉아있는 법당은 선종사찰양식에 속한다. 문지방은 화엄사찰양식을 보여주고 있다. 그러나 법당은 선종사찰양식을 따르고 있는 송광사라는 것이다. 그렇다면 어느 집 번지수를 따라야 한다는 것일까? 화엄사찰 문패를 달아야 할까? 선종사찰문패를 걸어야 할까? 이런 광경들이 다른 사찰에서는 볼 수 없는 송광사만의 특이한 배치이다. 이는 송광사를 송광사이도록 하는 특징이기도 했다. 이 무슨 말인가?

　송광사의 이러한 의문들을 알아보려면 역사에게 물어보아야 한다.

　송광사의 역사는 보조국사 지눌로부터 시작된다. 지눌의 사상이 그와 같은 광경의 송광사를 개산했기 때문이다. 먼저 시간을 풀어 본 이후에, 공간을 알아보는 것이 송광사 인걸지령 조명의 수순이다. 또한 송광사의 문지방들이 왜 그렇게 배치되었고 법당은 또 왜 그렇게 앉아있어야만 했는지를 알아보려면 말이다.

불교역사와 보조국사의 사상

불교가 우리 땅에 전래되었던 것은 삼국시대다.

고구려 제17대 소수림왕 2년(372년)에 받아드린 불교는 20년 후, 국운을 상승시킨다. 제19대 광개토대왕과 제20대 장수왕 재위 시에 누렸던 국토전성기가 그것이다.

그러나 침류왕 원년(384년)에 불교를 수용한 백제는 국력증강에 도움이 되질 못했다. 그러자 신라는 불교수용에 별관심이 없었다. 그로부터 백오십여 년이 지나자 비로소 신라는 불교를 국교로 인정하게 된다(법흥왕 15년, 528년).

신라초기 불교는 서라벌 평지에 창건된 칠처가람(七處伽藍)을 시작으로 전파되었다. 칠처가람 중에 하나가 오늘날 경주시에 있는 분황사이며 황룡사지였다.

칠처가람 초창기 백년 후, 신라불교는 왕성한 활동을 시작한다. 산악숭배사상에 의해 사찰들이 산지로 퍼져갔던 것도 이 시기이다. 이러한

오대산 월정사 법당.
산악숭배사상에 따라 산악정기를 받으려고 산줄기에 법당을 붙여 놓았다.

활동의 중심에는 자장율사가 있었다. 당시 자장에 의해 창건되었던 대표적 사찰이 오대산 월정사(643년)와 불보사찰인 영축산 통도사(646년)다.

통도사 창건 30년 후인 676년, 화엄종조 의상대사에 의해 부석사가 창건된다. 자장시대에서 의상시대로 넘어왔던 것이다. 이때는 제30대 문무왕 시절로 삼국통일을 완수한 시절이기도 했다.

문무왕의 왕권강화와 의상의 화엄불교는 왕즉불(王卽佛)이란 개념을 창출한다. 왕즉불 개념은 화엄사찰들을 창건하기에 이른다. 널리 알려진 범어사, 갑사 등의 화엄십찰들이 이를 기점으로 창건되고 중창되었다.

통일신라왕권을 백년간 이끌던 화엄사찰들은 불국사 대중창(751년)을 정점으로 하여 국운쇠락과 함께 그 힘을 잃는다. 왕권이 쇠락하자 왕즉불 사상은 오히려 사회적 폐단까지 낳는다. 왕즉불 시스템이 구축된 정치구조에 왕이 아닌 귀족들이 정권을 잡자 정치 시스템의 혼선과 함께 국운쇠락이 시작되었던 것이다.

그러자 이에 반기를 든 심즉불(心卽佛)사상이 새롭게 대두된다. "내 마음이 즉 부처다"라는 것이 심즉불 사상이다. 이는 선종수행의 요체이기도 했다. 선종에 의해 구산선문들이 곳곳에서 개산되었다. 실상사(828년)가 최초로 창건된 구산선문 중에 하나며, 이를 필두로 보림사, 태안사, 쌍봉사 등의 9개 산문들이 개산하기에 이른다.

화엄교종과 구산선종들의 대립시대가 열렸다. 그러자 화엄교종을 기반으

승보전 벽화에 있는 심우도(心牛圖).
마음[心]을 소[牛]에 견주어 마음공부 하는 선종요체를 표현한 그림[圖]이다.

승보전 벽화 중의 하나.
참선수행 하는 선방내부를 그린 그림이다. 화두를 잡고 있는 선승도 보이고 목을 돌려 기가 통하도록 휴식을 취하는 승려도 보인다. 깜박 수마에 졸고 있는 선승을 견책하는 입승과 장군죽비도 그려져 있다.

로 한 서라벌 귀족들과 구산선종을 지지했던 지방호족들의 무력대치 상황으로 전개되었다. 이때 구산선문 법당에는 거창한 철조불상들이 등장하기도 했다. 철조기술로 조성된 불상은 우리도 강철 검을 생산할 수 있다는 것을 서라벌 무력세력에게 보여주는 효과도 있었다.

기득권 대 개혁 세력이 무력으로 충돌했던 난세를 통일한 인걸은 선종을 지지했던 왕건이다. 왕건은 고려개국과 동시에 선종승려였던 도선의 풍수사상을 국가 기틀로 삼았다. 아울러 도선 풍수를 고려헌법(훈요십조)에 명시하기에 이른다. 고려왕조는 선종불교국가로서 출발하였다는 역사의 한 대목이다.

고려가 개국되자 선종불교 선승들이 실세로 등장했다. 정권의 실세가 되자 나말여초 때 개혁불교의 의지는 차츰 희석되어 갔다. 여기에 권력승들까지 나타났다. 이들이 기득 보수층의 악순환을 재연하자 잿밥 싸움이 시작되었다. 그러자 교종과의 분열, 그리고 선종 종파간의 파벌다툼으로 선종불교는 타락으로 빠지게 된다. 이때 타락한 고려불교를 직시하고서 정법을 바로 세우기로 결의한 젊은 선승이 있었다.

당시 25세의 젊은이는 후일 보조국사에 오르는 지눌 스님이다.

지눌은 선승이었으나, 교종의 종지인 화엄경을 3년 동안 읽어보았다. 선종과 교종의 대립과 반목을 해결하려면, 교종의 종지도 알아야 했기 때문이다. 경북 예천 학가산 보문사에서 지눌은 크게 깨닫는다. "선은 부처님의 마음이며 교는 부처님의 말씀"이라는 선종과 교종의 일치점을 찾아내었던 것이다. 그 후 이를 실천교화 할 수 있는 방법을 찾기 시작한다.

선종은 깨달음을 목적에 두고서 참선으로써 선정(禪定) 수행하는 불교이다. 교종은 화엄경 등 경전을 통해서 지혜(智慧)를 밝히는 불교다.

수행방법에 차이가 있을 뿐 결국은 같은 불교이념을 갖고 있다. 인하여 지눌은 정혜쌍수(定慧雙修)를 내세웠다. 선종의 선정[定]과 교종의 지혜[慧]라는 두 가지[雙]방법을 같이 닦자[修]는 것이 정혜쌍수(定慧雙修)다.

이러한 정혜쌍수 도량으로써 택지된 사찰이 이곳 송광사였다. 그러므로 송광사 문지방에서 발견되는 화엄사찰양식과 대웅보전의 선종사찰양식은 지눌의 정혜쌍수를 반영하고 있었던 것이다.

정혜결사 벽화.
선종과 교종을 함께 융합하는 절집이 정혜사이다. 그림에서 정혜결사 선언문을 읽고 있는 승려가 송광사 개산조 보조국사 지눌이다.

송광사 문화재들은 말이 없다. 그러나 이를 역사와 연결시키면, 그것들은 우리와 말없는 대화를 시작한다. "지금 당신이 보고 있는 문화재의 공간에는 이러한 역사가 있습니다"라고 말이다. 이러한 대화는 공간 속에도 들어있다.

송광사 대웅보전 북쪽 언덕에는 보조국사 사리탑이 자리한다. 보조국사 지눌사상이 들어있는 송광사이기에 보조국사 사리탑은 중요시 된다. 중요한 공간이기에 명당 혈에 입지시켰음은 당연하다. 보조국사 사리탑 뒤쪽을 보면 조계산에서 뻗어 내리는 출중한 산줄기가 들어온다. 산줄기와 이어져 있더라도 이곳이 명당 혈이라는 것은 입증되어야 한다.

미세한 혈 자리는 개인의 기감지로써 입증될 수 있겠지만, 기세 출중한 명당의 혈은 육안식별도 가능하다. 조선 왕릉의 경우에도 뒤쪽에 봉긋이 솟아있는 잉(孕) 현상이 이를 입증시킨다. 그래서 잉을 혈증(穴證)이라 하기도 한다. 혈을 증거한다는 표현이다.

보조국사 사리탑 주변을 관산하면, 사진처럼 봉긋이 솟은 여기(餘氣) 현상도 목격된다. 여기현상은 남계서원에서도 발견되는 풍수 혈증이다.

보조국사 사리탑의 입수맥을 보기 위해 뒷 담으로 돌아가던 도중 발견한 여기현상. 풍수명당 문화재 현장에서는 이런 광경을 자주 목격하게 된다.

보조국사 사리탑이 혈에 좌혈 되어 있음은 이로써 알 수 있다.

송광사를 정혜쌍수의 도량으로 개산한 보조국사. 그는 800여 년 전에 이곳을 훌쩍 떠났지만, 명당 혈을 차지한 사리탑은 오늘날까지 송광사를 굽어보고 있다. "철밥통을 지키려고 반대를 위한 반대만 일삼지 마라", "자신이 먼저 마음을 비워라", "수용할 것은 수용하라. 그리고 화합하라"라는 보조국사의 교훈은 송광사 사리탑의 목소리일 것이다.

이러한 대화는 시공을 초월하여 오늘날 대한민국교훈으로도 유효할 것 같다.

송광사 아침은 이렇게 시작되고, 보조국사사리탑 또한 송광사 건물들을 굽어보고 있다.
마치 입적 법상에 앉은 지눌이 제자들을 살펴보는 광경처럼… .

대웅보전 앞마당

현 송광사에서 가장 크고 화려한 대웅보전, 앞마당 정면으로 맞배지붕 종고루가 마주한다.
이곳 마당 역시 송광사에서 가장 많이 관람하는 곳이다.

종고루 계단을 오르면, 겹지붕 날개를 활짝 펼친 대웅보전이 마주한다. 이제껏 본 사찰법당 중에서 가장 화려했던 송광사 법당이다. 대웅보전은 1988년의 대중창 때, 현대감각을 살려 조성되었다. 그런 까닭에 불국사대웅전은 신라시대의 터에 자리한 조선목조건물양식이 되고, 송광사의 대웅보전은 고려시대의 터에 입지한 대한민국 건축양식이 된다.

우리는 대웅보전 앞마당에서 송광사를 가장 많이 관람한다. 이곳에서 송광사를 살펴보면, 불국사나 해인사에서는 볼 수 없었던 광경이 보인다. 절집대문인 천왕문과 절집안방인 법당의 거리가 가깝다는 것이다.

불국사와 해인사는 천왕문과 법당 사이의 거리가 멀리 떨어져 있다. 멀리 떨어져 있는 관계로 법당에서 천왕문은 보이지 않는다. 이런 점은 부석사도 마찬가지이다. 부석사, 불국사, 해인사는 모두 화엄사찰이기에 그와 같은 공통점을 갖는다.

대웅보전에서 바라본 종고루. 종고루 우측 아래쪽으로 천왕문 출입구도 보인다. 법당과 절집 문들이 마주하는 광경을 보여주는 것은 선종사찰들의 특징이다.

그러나 송광사 대웅보전에서 전면을 바라보면, 종고루도 보이고 천왕문도 보인다. 이런 것이 선종사찰들의 배치 특징이다. 선종사찰들의 마당 속에는 선종의 요체인 심즉불(心卽佛)도 들어있다. 송광사 마당에 들어있는 심즉불의 이야기를 들어보자.

"내 마음 속의 부처…."

어느 선방에서는 기상하면 법당 불상이 아닌 거울 앞에서 큰절을 올린다. 이는 자기가 자기 자신에게 절을 하는 광경이 된다. 이때 절을 하는 자신은 부처가 되고자 하는 중생이며, 거울 속의 자신은 중생 속에 있는 부처다. 결국 그 말이 그 말이다. 천왕문을 들어서는 중생이나 법당에 있는 부처나 결국 한마음 속에 있다는 논리와도 같다. 심즉불 거울 속에 있는 자신과 절을 하는 자신이 마주하듯 천왕문과 법당의 배치를 그렇게 마주시킨 것이 심즉불 사찰들의 배치인 것이다.

대문과 안방을 가깝게 두면 마당의 폭은 좁아진다. 폭이 좁아진 마당만큼 생활공간은 줄어들게 된다. 줄어든 생활공간을 보충시키려면 이번에는 마당이 옆으로 늘어날 수밖에 없다. 가로축이 긴 직사각형 마당이 생기게 된다는 것이다. 이 같은 현상 때문에 선종사찰들은 가로축 직사각형 마당을 갖게 되었다. 이곳 송광사 마당도 가로축의 직사각형을 보여주고 있다. 이런 것이 선종사찰의 특성이다.

심(心:대문;중생)즉불(佛:법당;부처)을 한마당에 담고 있는 이곳 마당에서도 풍수광경은 목격된다. 대웅보전에는 석가모니 불상이 있다. 불상 좌측 팔 쪽에 해당하는 대웅보전 좌측을 감상하면 출렁거리는 산줄기가 눈에 들어온다.

대웅보전 좌측에 자리한 지장전 뒷녘 산줄기들이 출렁거리며 뻗어간다. 청룡완연에 부합되는 송광사 좌청룡이다.

그 기세는 해인사 좌청룡보다는 약하지만 꿈틀거리며 뻗어가는 산줄기는 청룡형상을 떠오르게 한다.

이번에는 우백호 쪽을 바라본다. 이때 승보전과 성보각 사이에 있는 산이 눈길을 끈다. 머리를 성보각 쪽으로 숙이고 있는 한 마리의 길짐승이 연상되는 그런 산이다. 이는 풍수에서 설명하고 있는 백호준거에 해당 된다. 그것도 아주 교과서적인 백호준거 형상이다.

대웅보전 우측의 승보전.
그 뒷녘으로 보이는 우백호의 엎드린 백호준거의 산줄기. 아주 모범적인 풍수교과서 백호광경이다.

"법보사찰 해인사는 좌청룡이 뛰어났지만, 승보사찰 송광사는 우백호가 빼어났다!"라는 평가마저 할 수 있는 양대 사찰의 현장들이다. 그러나 송광사는 청룡완연과 백호준거라는 현상들을 하나의 마당에서 한눈에 볼 수 있는 곳이기에 풍수 강의 때 자주 등장한다.

교양강좌 풍수미학 수업시간 때 정말 열심히 듣는 학생들이 있다. 건축학부 학생들이다. 그중 4학년들은 넋이 빠져 듣는다. 젊은 건축학도들이 그렇게 빠져드는 것은 우리 고건축의 터잡이와 배치에 목말라 있었기 때문이다. 우리나라 제도권 학부교육에는 전공필수나 교양필수에 풍수 강의가 개설되어 있지 않은 상태다. 그래서 건축과 학생들은 "길이 집을 만들었다"는 서구시각 이론만 배울 수 밖에 없었다. 이러한 서구건축지식에 무장되면 될수록 우리 전통건축은 더 보이지 않는다. "산이 집을 만들었다"는 우리 전통건축시각과 서구 시각의 차이 때문이다.

송광사 마당도 "산이 집을 만든" 광경을 보여주고 있다. 대적광전 전면에 바

백호 산마루 각도와 승보전 지붕마루의 각도가 서로 닮았다.

승보사찰 조계산송광사

짝 붙어서 승보전 지붕을 쳐다보면, 뒤쪽으로 보이는 우백호의 꺾인 능선과 승보전 꺾인 지붕선이 서로 닮았다는 것을 알 수 있다. 집이 산과 발가락이라도 닮아야지, 산도 복을 집에다가 더 펴준다는 것이 한국인의 정서였다. 송광사 우백호와 승보전의 지붕선의 닮음을 우연의 일치라고 말하는 사람도 있을 것이다. 그러나 닮은꼴 현상은 좌청룡에서도 목격된다.

좌청룡 쪽에 있는 지장전 지붕은 승보전 팔작지붕과는 다른 일자지붕을 하고 있다. 지장전 뒷편에 있는 산 능선을 보면, 출렁거리듯 하면서도 전체적으로는 일자 마루 선을 긋고 있다. 출렁거리는 지붕선은 우리전통 가옥 양식에는 없기에 일자 마루선이라도 맞추어놓은 것이 맞배지붕을 한 지장전이다.

이 같은 광경은 마당 주변을 살펴보면 또다시 드러난다. 앞마당 귀퉁이에 있는 영산전 주변건물들의 지붕선과 뒷편 산마루선이 같은 리듬을 타고 있다. 영산전 반대쪽에는 근래에 새로 지어 놓은 송광사 박물관 성

산이 찍어 놓은 붕어빵인 성보각. 저런 것이 고래로 한국인의 시각이다.

보각이 자리한다. 성보각 건물은 뒷편 산을 통째로 맞추어 놓은 광경까지 보여주고 있다. 성보각을 설계한 건축가에게 찬사를 보낸다. 피는 속일 수 없다는 한국인 정서가 듬뿍 밴 건축가이기에 말이다.

옛 송광사의 법당인 대웅전이 통째로 이전되어 … … 오늘날 송광사 승보전이 되었다.

승보전은 송광사의 옛 법당을 원형 그대로 옮겨온 것이다. 1988년 송광사 대중창 때, 승보전과 지장전은 옛 송광사 대웅전과 명부전을 이곳으로 이전했다. 이곳 또한 건물이 있었던 옛 터였던 것은 당연하다.

송광사의 승보전과 지장전 건물을 감상하다가, 눈썰미가 있는 관람객이라면 이런 질문을 던질 수도 있다. 통도사 영산전의 좌청룡인 극락보전은 팔작지붕이다. 또한 영산전 우백호인 약사전은 맞배지붕으로 조성되었다. 그런데 송광사는 그와는 반대되는 광경을 보여주고 있다는 것이다. 그렇다면 통도사의 좌청룡 우백호 지붕들이 맞느냐, 아님 송광사의 좌청룡 우백호 지붕들이 맞느냐라는 질문이다. 그러한 질문에 대해 미리 정답을 알려주면 이렇다.

"통도사도 맞고 송광사도 맞다!" 이러한 답변 속에는 풍수의 원리가 들어있다.

"하나만 알고 둘은 모른다"라는 격언속의 하나가 일부분을 가리킨다면, 둘은 전체를 뜻한다. 사신사 법칙에 맞는 것은 분명히 통도사 건물들이다. 그러나 이는 하나에 속한다. 만약 송광사 좌우 건물들을 무조건 사신사 법칙에다가 맞추어버리면 이는 둘이라는 전체가 어긋나 버린다.

송광사 지장전과 승보전은 이러한 전체원리에 맞게 배치된 것이다. 전체 원리가 맞으면 변형시킨 작은 법칙도 그 기세에 흡수되어 버린다. 그래서 송광사 건물들도 맞다.

그렇다면 송광사의 둘에 해당되는 그것이 무엇이냐는 데에 질문은 모아진다. 송광사 속에 숨어있는 둘이라는 풍수비밀은 이곳을 택지했던 지눌국사의 풍수안목이기도 했다. 그 속에는 지눌이 이곳에 송광사를 개산시킨 비밀도 들어있다. 이제부터는 둘을 보기위해 한걸음 더 가까이에서 송광사 풍수지령을 알아보기로 하자. 이 역시 보이는 만큼 알게 되는 사찰여행이다.

송광산의 지령소식

　조선 제7대 세조는 보위찬탈로 인해 수많은 사람들을 죽였다. 이에 희생된 대표적인 인물들이 사육신이다. 그로 인해 천벌을 받았는데, 문둥병이었다고 전한다. 정사를 살펴보아도 세조가 만년에 등창이 심했던 것은 사실이다. 악질등창을 치료하려고 거동하다가 오대산에 이르렀다. 월정사 윗녘 계곡물에서 벌거벗은 임금이 되어 홀로 목욕을 하고 있었다. 그때 동자승 하나가 지나가자 그를 불렀다. 등을 밀어달라고 요청했고, 동자승은 등을 밀었다. 신기하게도 등창이 다 나았다. 그러자 이를 치사하면서 신신당부까지 했다.

　"과인은 임금이다. 어디 가서 옥체를 씻어주었다는 발설은 절대하지 마라."

　그러자 동자승은 이런 답변을 들려주었다.

　"나는 문수보살이다. 어디 가서 문수를 친견했다는 말을 하지 마라!"

　그리고는 동자승은 어디론지 사라져 버렸다고 전한다. 세조가 그곳을 찾아갔던 것은 오대산에 상주한다는 문수보살에게 기도하여 병을 낫게 하려는 목적 때문이었다. 그러나 문수보살 화신인 동자승에게 버림을 받자 등창이 다시 도졌다. 말짱 도루묵 상황을 자초했던 세조다.

　오대산에 문수보살이 상주하고 있다는 유래는, 신라시대 자장율사로부터 시작되었다. 입당시절 중국 오대산이 문수보살 상주처 임을 경험한 자장은 귀국 후 우리 땅 강원도 오대산에 월정사(하원문수갑사)를 창건한다. 이것이 불교의 오대산 신앙이다.

　오대산 신앙은 월정사 창건 3년 후, 영축산 신앙으로 연결된다. 자장의

오대산 적멸보궁.
오대산 신앙을 개창한 자장율사가 석가세존의 진신사리 일부를 이곳에 봉안했다. 산봉우리들이 사방을 감싸는 중심에 자리한 이곳. 용수지장(龍首之藏) 풍수대혈이다.

영축산 신앙은 통도사를 창건한다. 영산지령과 불교신앙의 만남으로 탄생한 것이 오대산 신앙과 영축산 신앙이다.

조계산 송광사를 이 같은 영산지령으로 바라보면, 송광산 신앙이라는 답이 튀어나온다. 오늘날 송광사는 있어도 송광산이라는 명칭은 없다. 인하여 송광산 신앙은 이 같은 생각까지 들게 한다.

"이 뭐꼬!"

1200년 43세의 선승 지눌은 정혜결사(定慧結社)를 성취시킬 터를 찾다가 출중한 명산 하나를 발견했다. 그 산이 바로 송광산(松廣山)이다. 그 당시 송광산에는 신라 말에 들어선 길상사(吉祥寺)라는 폐허직전의 절도 있었다. 비록 폐사 일보직전이었으나, 터는 훌륭한 명당임이 지눌의 풍수안목에 포착되었다. 이것이 송광산 길상사다. 길상사란 명칭은 지눌에 의해 수선사(修禪社)로 개명되자, 송광산 수선사가 되었다. 송광산 수선사는 10년 후, 조계산 수선사로 개명된다. 조계산 수선사가 오늘날 조계산 송광사의 전신이다. 그러므로 송광산은 조계산의 옛 명칭이었던 것이다.

조계산(曹溪山)이라는 명칭은 조계종(曹溪宗)에서 유래되었다. 조계

조계산 지맥을 내리받고 있는 송광사. 이곳 조계산의 옛 명칭은 송광산이었다.

종은 고려개국불교였던 구산선문을 통합한 종단이다. 신라 말 구산선종의 개산조들은 6조 혜능의 법맥을 이어 받았는데, 6조 혜능이 법을 펼쳤던 곳이 당나라의 조계산 보림사(曹溪山 寶林寺)다. 조계산 보림사 혜능의 법맥이 구산선문으로 이어져 조계종을 만들었고, 이러한 조계종 명칭이 산 이름으로 변하여 이곳 조계산 명칭이 되었던 것이다.

송광산 수선사에서, 조계산 수선사로 그리고 조계산 송광사로 개명된 이곳 산사의 역사를 살펴보면 관심을 끄는 대목이 있다.

우화각에 걸린 송광사 현판.
동행 중인 제자가 왜 푸른색이냐고
자꾸 물어왔다. 청색물감만 잔뜩 있
었기에 피카소 청색시대가 있었다고
우문에 걸 맞는 우답을 들려주었다.

왜 이곳은 산이든 절이든 '송광'이라는 이름이 붙어야만 하는가에 대한 의문이다. 도대체 송광이라는 문패에는 무슨 이유가 있었던 것일까.

송광산이란 명칭의 유래에는 3가지 설이 있다.

첫째, 18명의 큰 스님들을 배출할 인걸지령의 산이라는 것이다. 송(松)자를 파자하면 '十八(木)+公, 즉 18명의 인걸[公]을 뜻한다. 여기에 넓을 광(廣)자는 불법을 널리 펼친다는 의미가 된다. 이것이 첫 번째 유래설의 주장이다. 그러나 이것은 말맞추기에 해당된다. 소위 역풍수가 방안에서 육갑 짓고 있는 발상과도 같다. 이러한 말장난에 하도 속다보니 오늘날 이런 것을 믿는 지식인은 없을 것이다.

둘째, 산에 소나무(솔갱이)가 많아 "솔뫼"라고 불렀던 유래에서 송광산이 되었다는 것이다. 그러나 이것도 타당성을 부여할 수 없다. 소나무가 지천에 널린 것이 우리 산이다. 그중 이곳 송광산만 꼭 짚어서 솔뫼라 했다는 것은 설득력이 없다. 게다가 소나무 산이 뭐 그리 중요했기에 송광사라는 소나무 절집 문패까지 매달리게 했을까, 아무리 생각하여도 납득되지 않는다. 소나무를 믿는 사상이 있기는 있다. 십승지 사상이다. 그러나 송광사는 십승지 사찰이 아니다. 불교풍수로써 택지한 선종사찰이다.

셋째, 지눌이 절터를 물색할 때, 모후산에서 나무로 깎은 솔개를 날렸더니 이곳 송광산에 떨어졌다는 솔개연관설이다.

이러한 솔개 연관설에 육당 최남선은 솔갱이(솔개의 사투리)에서 송광산이 유래되었다고 풀이까지 했다. 솔개가 이곳 사투리인 솔갱이로 발음되었고, "솔갱"이 "송광"을 유래시켰다는 지명설은 타당성이 있다. 우리 산천 지명에서 흔히 발견되는 유래설의 일종이기 때문이다.

그런데 모후산에서 나무로 깎은 솔개를 던졌더니, 이곳 송광사까지 날아왔다는 것은 도저히 믿을 수가 없다.

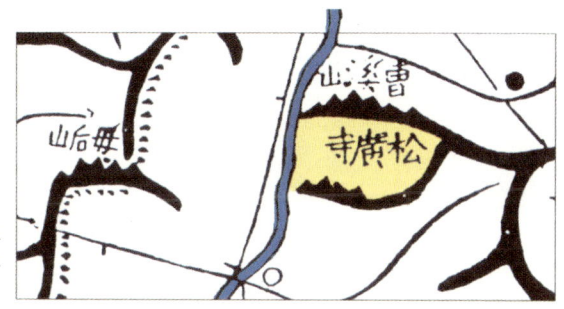

대동여지도에 나온 송광사 일대. 조계산 품안에 들어있는 송광사도 보이고, 이를 향해 머리를 내민 모후산과 보성강 물줄기도 식별된다.

실제로 모후산(919.8m)은 존재한다. 그런데 모후산과 송광사는 직선거리로 따져도 무려 9km가 넘는다. 손으로 던진 종이비행기나 나무글라이더가 이십 리 이상을 날아갔다는 것을 믿는 사람이 있다면 그 사람이 이상한 사람이다. 게다가 지눌이 나무솔개를 날리는 것을 본 사람도 없다. 뭐라도 보았어야 믿을지 말지 할 것인데 말이다.

아무튼 수년전에는 그런 생각을 했었다. 그런데 '그렇게 통할 수도 있겠구나'라고 생각이 들었던 것은 그로부터 한참이 지난 어느 날 강의 도중이었다. 풍수형세론 수업시간이었다. 시청각 화면에 안동지방의 학가산이 나왔다. 수업은 하회마을 풍수편이었는데, 생각은 다른 곳에 박혀

있었다. 하회마을 남쪽에 있는 마늘봉에서 학가산을 배경삼아 하회마을을 찍은 사진 한 장이 발동을 건 것이다.

"사진에 나온 하회마을을 혈로 볼 때 이쪽 화산은 형산이고, 저쪽 학가산은 세산이다. 그러므로 세 형 혈 법칙에 따라 하회마을 형세론을 논하자면 다음과 같다. 첫째,…" 설명은 그렇게 하고 있었으나 눈은 어느 지점에 박혀있었다. 시청각 스크린에 사진이 확대되자 학가산 우측 어느 지점에서 천등산이 식별되었던 것이다. 천등산에는 봉정사가 있다. 창건설에 의하면 의상이 학가산에서 종이학을 날렸는데, 천등산에 떨어졌다. 그래서

봉정사 일주문.

그 곳을 봉황(종이학)이 머무는 절이라는 봉정사(鳳停寺)를 세웠다고 전한다. 여기에 의상이 종이 학(鶴)을 공중으로 오르게[駕] 하였다하여 학가산(鶴駕山) 명칭까지 곁들여진다. 학가산에서 봉정사까지 직선거리는 5.5km이다. 이럴 경우 의상의 종이학 비행이나 그로부터 오백년 후의 지눌의 나무솔개 비행은 오십 보 백 보가 된다. 그리고 보니 오십 보 백 보 터잡이는 또 있다.

도선국사가 전라도 광주 무등산에서 이곳 조계산 형세를 관산한 후, 선암사를 창건했다는 것이다. 무등산과 조계산은 무려 30km가 넘는 팔십리에 이른다. 그렇다면 의상에서 도선 그리고 지눌까지 꼬리를 물고 있는 이러한 창건설화들은 무언가의 공통된 상징성을 갖고 있다는 것이다. 이를 불교시각에서 보자면, 신통한 터잡이를 부여하여 신통방통한 사찰임을 알리는 효과가 된다. 풍수시각에서 보자면, 학가산과 천등산은 연결된 산줄기이며, 무등산과 이곳 조계산도 호남정맥에 연결되어 있다. 즉, 형세론 지령(地靈)이 통한다는 것이다.

그날 수업인 하회마을의 특성은 인걸배출에 있었기에 관심은 인걸지령으로 모아지고 있었다. 이는 16국사를 배출한 송광사 지령과도 통한다.

"하다못해 논두렁 정기라도 받아야 면장이라도 할 수 있다"라는 속담은 인걸지령(人傑地靈)을 풍자한다. 면장이라는 인물(人傑)이 되려면 논두렁 정기[地靈]라도 받아야 한다는 것이다. 이러한 지령을 받으려는 집은 산줄기와 잇대어 있어야 한다. 산줄기이든 논두렁이든 생기를 전달하는 통로가 지맥(地脈)이다. 산줄기지맥과 논두렁지맥 중 출중한 생기를 전달해주는 것은 산줄기 지맥이며, 산줄기 지맥 중에서도 더욱 출중한 생기를 밝혀내고 입증하는 것은 형세론에 속한다. 그러므로 송광사 풍수지맥을 분석하려면, 가장 먼저 형세론부터 걸어보아야 한다.

그런데 지눌이 솔개를 날렸다고 하는 모후산은 이곳 송광산(조계산)과 지맥이 연결되어 있지 않다. 2개의 산 사이에 있는 물줄기(오늘날 주암호)가 계수즉지로써 바리케이드를 쳐버렸기 때문이다. 그렇다면 송광사와 모후산은 서로 물 건너간 것일 뿐 아무런 연관도 없다는 것일까?

그러나 "아니 땐 굴뚝에 연기 나랴"라는 말처럼 무슨 연고가 있었던 것은 분명하다. 산이든 절이든 송광이라는 명칭만은 꼭꼭 붙여놓았던 이곳 산 이름과 절 이름을 보아도 무언가가 있다. 그것은 도대체 무엇일까?

어떤 기록과 자료를 찾아보아도, 송광사에 물어보아도 이를 알려주는 내용들은 한마디도 없다. 그러던 어느 날 송광사 현장에서 모든 것을 일시에 풀어주던 광경을 보게 되었다.

지눌이 이곳에 터를 정하고서 가장 먼저 지었던 건물은 수선사다. 가장 중요한 첫 건물을 혈 자리에 좌혈시킨다는 것은 당연한 수순에 속한다. 그날 그런 생각에서 수선사와 잇대는 지맥을 살펴보려고 송광사 뒤쪽을 들어섰다.

치락대를 관산점으로 삼아 관산한 송광사 형국.
송광사를 향해 날아오는 모후산의 솔개모습이 한눈에 '확' 들어 왔다.

　그런데 바로 그곳이 송광지령을 보여주는 현장이라는 것을 누가 알았겠는가!

　송광사는 조계산 산줄기가 감싸고 있는 사찰이다. 사찰전체를 C자 모양으로 감싸고 있는 산줄기 중 유일하게 터진 쪽에서 날개 치면서 날아드는 솔개 형국하나가 일시에 밀려 들어왔다. 솔개 모양을 하고 있는 산을 지도에서 찾아보니 그것은 바로 모후산!

　그렇다면 지눌의 모후산 나무솔개 전설은 풍수형국과 연관된 비유며 상징이었던 것이다.

우리 땅에서 내로라하는 명당 집들은 한결같이 주변 산들을 중요시하고 있다. 그 중에서도 하회마을의 양진당, 양동마을의 서백당, 구례의 운조루는 남도 3대 명당 집에 속한다. 3대 명당집 마당에서 보면, 풍수 기세를 몰고 오는 산을 집으로 끌어들이려는 광경이 목격된다. 양진당의 마늘봉, 서백당의 성주산, 운조루의 오봉산이 그것들이다. 그런 산들을 안대길봉(眼對吉峯)이라 한다. 집에서 보이는[眼對] 풍수기세가 좋은 봉우리[吉峯]가 안대길봉이다.

송광사의 안대길봉은 솔개모양을 한 모후산이었다는 것이다. 안대길봉 광경은 사찰에서도 목격된다. 해인사 안대에는 길한 비봉산이 있다. 비봉산이라는 안대길봉을 해인사로 끌어드리려 했던 바람에서 절집대문에다가 봉황문을 걸어놓았던 것이 해인사다.

택지 당시 지눌도 마찬가지였다. 우리산천에서 가장 기세좋은 날짐승은 솔개다. 이렇게 기세 좋은 솔개지령을 받겠다는 바람에서 이곳 수선사 지맥을 치락대(鴟落臺:솔개가 내려앉은 둔덕)라고 했다. 이때 치(鴟)는 모후산이며, 낙(落)은 안대 길봉의 지령이 이곳에 떨어진다는 광경을, 대(臺)는 이곳 송광사 터를 뜻한다. 그러므로 송광지령은 솔개형국지령이었다는 송광사 풍수소식이다.

사진 중앙에 있는 둔덕이 치락대이다. 이를 풍수시각으로 보면 형세지맥에 해당되며, 여기에 치락(솔개가 떨어졌다)이라는 명칭을 걸어 모후산 솔개형국까지 연결시켰다.

승보사찰 조계산송광사

이를 송광사 풍수에 접목시키면 다음과 같이 정리된다. 오늘날 송광사 주변의 산들을 관산해보면, 가장 빼어난 산은 조계산(884m)과 모후산(919m)이다. 그 중 모후산의 빼어난 솔개 형상이 조계산 쪽으로 날아오고 있었다. 그래서 조계산을 옛적에 솔갱이(솔개)산이라 했다. 이곳 사투리인 솔갱이를 차음한 표기가 송광(松廣), 즉 송광산이다.

신라 말 송광산 길상사가 이곳에 자리 했다. 고려 중기에 지눌은 송광산 수선사로 개명한다. 고려조정은 수선사에 조계종 종찰을 상징하는 조계산 수선사라고 사액을 내린다. 그런데 조계산 수선사라고 하면, 솔개 지령과는 인연이 없어진다. 그래서 송광이라는 솔개 명칭을 다시 붙인 것이 오늘날 우리가 알고 있는 조계산 송광사다. 그러므로 조계산은 불교명칭이며 송광사는 풍수명칭이란 것이 송광사의 사찰풍수 족보인 것이다.

모후산은 형국이 빼어났다. 그런 반면 형세는 조계산이 더 출중하다. 호남정맥에 직접 걸린 것이 조계산이기 때문이다. 출중한 기세가 걸린 조계산 산줄기는 서편을 향해 둥글게 좌회전하다가 지맥 하나를 송광사

보조국사 사리탑도 형세지맥의 둔덕에 택지되어 있었다.

로 내려준다. 이러한 송광사를 관산하면 풍수지맥은 2개임이 목격된다. 하나의 지맥은 치락대로 뻗어내려 온다. 또 하나의 지맥은 치락대 북쪽 70m 떨어진 곳에서 들어오는데, 그곳에는 보조국사 사리탑이 자리하고 있다.

그런데 이상하다. 대웅보전으로 들어오는 지맥이 없다는 것이다. 송광사로 들어오는 2개의 지맥중 하나는 치락대 주변의 요사 채들이 사용해 버리고, 또 하나는 보조국사 사리탑이 사용해 버렸기 때문이다. 이는 대

웅보전이 좌혈되지 않았다는 말도 된다. 이럴 경우 송광사 대웅보전은 해인사 수미정상탑의 문전박대처럼 풍수박대를 받고 있는 꼴이 되어버린다. 세상에 그런 경우도 있을까? 법당은 절집 안방에 해당되는데, 안방을 혈 자리에서 퇴출시킨 명당 집은 세상에도 없다. 또한 법당 터를 함부로 변경시킨 사찰도 없다.

그렇다면 송광사 법당은 창건당시부터 왜 혈 자리를 차지하지 못하고 있었던 것일까? 기실 이러한 질문은 반풍수 시각에 해당된다. 형세론만 알고 형국론을 모르면 그것이 반풍수다. 풍수시각을 약간 돌려서 형국론으로 조명하여야 풀리는 문제다. 송광사 대웅보전의 풍수 번지수는 어떤 것일까?

조계산 형세지맥이 연결되지 않는 마당 중간에 자리한 대웅보전. 이런 경우 대웅보전은 허혈(虛穴)이라는 '속빈 강정 …' 과도 같다.

승보사찰 조계산송광사

대웅보전이 거기에 있는 까닭은

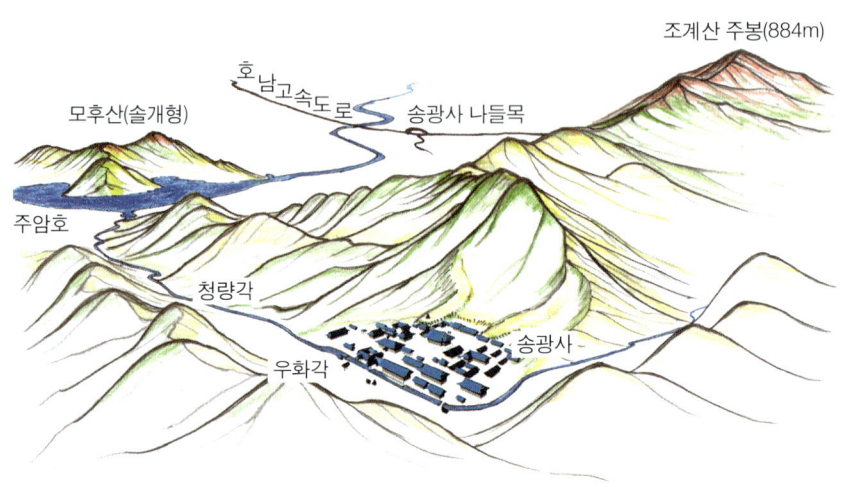

조계산 송광사 풍수 조감도

패철(佩鐵;풍수지남철)을 꺼내어 대웅보전의 좌향을 재어 보았다. 정서쪽을 향해서 약간 남쪽으로 튼 갑좌경향(甲坐庚向)으로 자리하고 있었다. 그러나 송광사에서는 이러한 패철 좌향이 아무런 의미가 없다. 오히려 30°가량을 더 튼 서북쪽 모후산 솔개의 형국이 송광사의 강력한 안대 좌향이기 때문이다. 이점 보조국사 지눌에게서 한 수 배운 송광사 풍수이기도 했다.

풍수를 처음 배우는 젊은 학생들에게 첫 수업은 형세론 강의부터 시작한다. 형세론 강의는 쉽다. 법칙들이 정립되어있기 때문이다. 법칙들을 설명해주고 시청각으로 그 모양과 현장을 보여주면 그 즉시 이해한다. 비디오 시대에 논리 정연한 사고방식으로 교육된 신세대들이기에 시청각영상과 법칙설명을 체질적으로 잘 받아들인다.

　이곳 송광사는 호남정맥 기세(氣勢)를 탄 조계산 서쪽 산줄기가 지맥을 내려주는 곳에 입지하고 있다. 지맥을 타고 온 생기는 조계천이 멈추게 하고, 모후산 솔개 안대가 생기를 북돋워 준다. 이러한 산수형세를 보고서 택지한 것이 송광사다. 이것은 송광사 형세론에 해당한다.

　형세론 강의 다음은 형국론 수업이 진행된다. 그런데 형국론 수업은 첫 설명부터 난관에 부딪친다. 산 모양을 보고 호랑이니 봉황이니 하는 것 자체가 거부반응을 일으킨 것이다. 과학적으로 보면 화강암이나 현무암이라는 돌덩이들과 마사토이든 부엽토이든 아무튼 흙더미들로 뭉쳐있는 것들이 산이다. 그런데 그런 물질들이 어찌 호랑이 성질을, 봉황의 기세를 갖고 있느냐는 생각 때문에 막혀버린다. 정말로 적막강산이다. 적어도 십년 이상을 서구 과학적 교육만 받아온 학부학생들에게 그런 생각을 버리고 내말을 믿으라고만 할 수도 없는 노릇이다. 만약에 그런 교수가 있다면 그가 더 막힌 벽창호다.

　그래서 형국론 첫 강의는 언제나 이렇게 시작한다.

　"형국론의 작용을 믿지 않아도 좋다. 아니 오히려 믿지 않는 것이 편하다. 납득되지도 않고 체험하지도 못한 것을 섣불리 믿었다가는 설풍수가 되던가, 미친놈이 되던가, 둘 중에 하나가 된다. 그러니까 믿지를 마라"

　"...... ?"

　"그러나 알고는 있어야 한다. 우리선조들이 문화유산을 터잡이 하고, 간 잡이 할 때, 태반이 형국론 풍수를 구사했다. 우리선조들은 형국에 미치신 분들이셨다. 그러니까 우리문화유산 속에는 형국론이 들어있을 수 밖에 없다. 그것들을 풀어내는 공식이 형국론이라고 생각해라, 그러니까 내 말은 문화재를 푸는 공식으로써 형국론을 배워야 한다는 것이다."

" ~ !"

이렇게 설명하면 학부생들은 거부반응을 일으키지 않고서 받아들인다. 강의할 때는 형세론 설명이 더 쉽다. 그러나 현장에서는 형세론 설명보다 형국론 설명이 훨씬 쉽다.

1997년 가을답사 오후에 촬영한 모후산 솔개 형상. 역광인데도 수동카메라는 무지막지하게 시키는 대로 찍어 버린다. 무식한 카메라와 용감한 행동이 뚜렷한 솔개형상을 건져낸 합작품이다.

강의실에서는 여름광경의 사진을 보여줄 수 있으나, 여름의 무더위와 뙤약볕 그리고 여름 특유의 냄새까지 경험시킬 수는 없다. 그러나 현장에서는 모든 것을 경험케 하고 보여줄 수 있다. 여름날의 기세를 여름 산 모양과 연결시켜주면 이는 형(形, 모양)과 세(勢, 기세)를 모두 설명하는 것이 된다. 백문이 불여일견이라는 말이 발동을 걸어준 것이다. 이때부터는 형국론도 형세론 법칙처럼 줄줄 풀려간다.

형국론은 보이는 것을 주로하고, 형세론은 듣는 것을 주로 한다는 그런 차이가 있다. 형세론이 논리적인 교종과 같다면, 형국론은 직관적인 선종시각과도 같다. 이곳 송광사는 선교결합사찰이라고 말할 수 있다. 풍수도 마찬가지다. 형국론과 형세론이 결합되어야 비로소 반풍수가 아닌 온풍수에 입문하게 된다.

이곳 송광사 대웅보전의 입지가 그렇다. 2가지 이론 중에서도 형국론으로 먼저 풀어야 풀린다. 법당이 사찰 중심부에 입지되어야 하는 이유를 화엄일승법계도에 비유하는 식자도 있다. 그러나 그것은 불국사의 물항아리를 수미산이라고 덧칠하는 것과도 같다. 차라리 조계산 동쪽에 있는 선암사를 벤치마킹하였다고 보는 것이 화엄법계도 운운 설보다 더 현실적이다.

또한 서구과학이나 서양건축술로써는 더더욱 풀리지 않는 것이 이곳 송광사이기도 하다. 대웅보전의 입지를 풀기 위해서는 송광사 형국을 밝혀야한다. 송광사 형국을 밝히기 위해서는 조계산을 읽어야 한다. "산의 마음을 읽어야 한다."라는 풍수격언은 그래서 나온 것이다.

법당마당에서 잡은 법성료의 문짝. 부처님 용안을 디자인 한 것이다. 이 역시 형국론 시각이다.

통도사와 해인사라는 불보사찰과 법보사찰들 모두 형국을 가지고 있다. 승보사찰인 이곳 송광사 역시 형국이 있다. 이러한 형국을 한 눈에 볼 수 있는 지점을 관산점이라 한다. 송광사 풍수의 관산점은 어디일까?

관산점을 찾으려면 발품 팔아서 열심히 돌아다녀야 한다. 현장답사 초기에는 관산점을 잡으려고 산봉우리를 무턱대고 오른다. 결과는 "이 산이 아닌가봐"가 일쑤다. 다시 다른 봉우리를 오른다. 결과는 "아까 그 산인가봐"로 나올 수도 있다. 그러다보면 어느 날 단 한 번 만에 관산점을 찾아버린다. 경험축적에서 오는 인간의 감각이 그렇게 만든 것이다.

Y대학교 대학원 풍수지리 석사과정 풍수특강 도중 관산점 찾는 방법에 대한 질문이 나왔다. "첫째 답사현장 중심점에 선다. 둘째 주변을 둘러보면서…"라고 열심히 설명해주었다. 나름대로 논리 체계적으로 설명한 명강의였다고 자부도 했다. 그러나 돌아오는 대답은 한결 같았다. 풍

수석사과정에 있는 50여명의 이구동성은 하나도 모르겠다는 것이다.

늦둥이 아들 녀석 하나가 있다. 먹성에 지름신이 낀 녀석인지라 낙안읍성을 기억 못해도 엿판 큰 엿장수아저씨 만난 곳이라고 들려주면, 그제야 낙안읍성은 물론 동원에 서당까지 귀신같이 기억해 낸다. 차 안에서 도시락비빔밥 먹었던 곳, 하면 "아! 병산서원"한다. 그래서 문화유산 현장들을 잘 기억하라고 부석사에서는 아이스크림을 사주었고, 도산서원에서는 도산서원이 그려진 천 원짜리 지폐 뒷면을 설명하면서 그 돈도 주었다. 이곳 송광사를 떠오르게 하려면 절집공양 중 가장 맛있는 점심밥 하면 "또 안가나, 먹고 싶다 송광사"한다. 그런 녀석을 초등학교 방학 때면, 심심풀이 땅콩 삼아 현장을 데리고 다녔다. 이렇게 몇 번 동행했던 어느 날 왕산 구형왕릉에서였다. 관산점을 찾으려고 이리 갔다 저리 갔다 하고 있었는데, 순무식한 그 녀석의 고함소리가 들려왔다. "아빠, 저기가 관산점이다! 척 보면 모르나!"

송광사에도 한눈에 형국이 드러나는 그런 관산점이 있다. 그것도 아주 쉬운 발품 코스다. 정말 엎드리면 코 닿는 자리다. 보조국사 사리탑이 있는 그 자리가 바로 관산점이다. 이곳 관산점에서 겹지붕을 한 대웅보전을 찾는다. 대웅보전 지붕 위로는 솟아오른 형상의 산이 보인다. 탐스럽게 피어오르는 모란꽃 같은 형상을 연상케 한다. 전형적인 꽃 봉우리 형국이 저런 것이다. 송광사 형국은 꽃 형국이다!

이를 눈에 담고서 송광사 경내를 다니면서 산들을 감상하면 그때부터는 꽃 같은 봉우리들이 하나 둘씩 보이기 시작한다. 꽃 속에 들어있는 송광사. 이를 화심형(花心形)이라 한다. 조계산 전체를 한 송이 꽃으로 칠 때, 송광사는 꽃심(花心)에 입지하고 있다. 이는 송광사 들머리와 만나는 18번국도 삼거리에서 관산하여도 느낌은 온다. 산줄기 장풍국면 중앙에

품위 있는 모란꽃 형상의 송광사 앞산. 이를 따라 대웅보전 지붕도 겹겹이 에워싸는 겹 지붕 꽃 모양을 보여주고 있다. 보조국사 사리탑을 관산점으로 삼아서 바라본 광경이다.

송광사가 입지하고 있다는 것까지 느낄 수 있다.

화심형국에는 독특한 특성이 있다. 형세지맥이 어느 지점으로 들어오더라도 혈 자리는 항상 중심에 있다는 것이다. 꽃의 중심을 차지한 수술 부분을 화심(花心)이라 한다. 화심에서 용출되는 기세로써 모든 꽃은 피어 오른다. 이러한 화심은 꽃의 중앙이며, 기세의 중심점이기도 하다. 풍수도 마찬가지다. 화심형 중앙 중심부에서 지맥이 용출되기 때문이다. 그런 까닭에 모란반개형, 그리고 화심형으로 널리 알려진 세종대왕 왕릉과 융건릉은 모두 쌍릉이 아닌 합장릉을 하고 있다. 화심형의 혈 자리는 오직 중심에 있기에 이곳에 택지시킨 하나의 봉분에다가 왕과 왕비를 합장시킨 것이다.

송광사가 화심형이라는 것을 알고 나면, 안내판에 나온 송광사까지 한 송이 꽃처럼 보인다.

송광사 역시 화심자리에다가 대웅보전을 택지시켰다. 대웅보전이 화심형의 혈 자리에 택지되었다는 것을 알고 나면, 송광사는 우리에게 볼거리 시각 하나를 더 달아준다.

조계산의 어느 봉우리.
저것도 꽃 봉우리 형상으로 보인다.
저런 모양을 오행으로 분류하면 목성(木星)에 해당한다.

대웅보전 주변의 전각과 요사 채들이 꽃잎이 되어 대웅보전 화심을 겹겹이 싸고 있는 송광사 광경을 떠오르게 한다. 이러한 광경을 확장시키면 이번에는 송광사 자체를 주변의 꽃 봉우리 산들이 또다시 겹겹이 둘러싸고 있다. 이는 조계산 꽃밭 속에 송광사라는 꽃이 피어있고, 송광사 꽃의 화심자리에 대웅보전이 택지되어 있다는 광경이다.

송광사 답사를 진행하던 어느 날 이었다. 학승인 듯한 젊은 스님이 이곳 마당에서 이십여 명가량 관람객들을 몰고 다니면서 친절하게 송광사 설명을 하고 있었다. 종고루에 있는 불전사물들이며, 졸지 말라는 목탁 물고기 이야기 등등을 아주 쉽고 재치 있게 설명하였다. 그 옆을 답사동행중인 풍수지리박사전공 제자와 함께 지나가게 되었다. 몇 걸음 걸어가다가 바람결에 들리던 스님의 목소리,…

" … 송광사는 풍수명당입니다. 예, 그러니까 주위 산들을 보세요, 꽃들처럼 생겼지요, 연화부수형 형국이 송광사 풍수인 것입니다. 예, 연꽃은 불교와 인연이…."

 순간 동행제자와 나 사이에는 염화시중의 미소가 흘러갔다. 불심이 강한 제자의 미소 속에는 젊은 학승에게 송광사 화심형을 바로 잡아주자는 염원이 풍겨왔다. 그러나 나의 미소는 그와는 약간 달랐다. 송광사가 꽃형국 산이라는 것을 듣긴 들었다. 게다가 조계천이 절집을 포위하듯 감싸니 이는 물위에 떠 있는 부수(浮水)에 해당된다. 그래서 기왕이면 다홍치마다. 다홍문양처럼 불교 상징인 연꽃을 붙여도 된다. 그것이 불자 된 도리가 아닌가. 아마 그쯤 되는 불심 더하기 물판 더하기 산 모양 더하기를 하다 보니 연화부수형(蓮花浮水形)풍수문패가 되어버린 것 같다. 정말 연구 많이 하신 스님이시다.

 그런데 풍수형국은 그게 아닌데, 용 한 마리를 멋지게 그려놓았으나 그만 점정은 비껴 찍어버린 격이다. 송광사 형국은 그렇게 어려운 연화경이 아니라 아주 쉬운 아함경 정도의 화심형인데 말이다.

 송광사 답사는 조계산 서편에 있는 선암사 답사와 연결될 경우가 많다. 그럴 경우 다시 호남고속도로를 이용하여 승주 나들목으로 빠진다. 승주읍을 빠져나갈 무렵 고속도로를 육교로 삼아 통과하면, 몇 십 미터 앞에 진일기사식당이 있다. 밥값은 일반식당가격인데도 남도음식이 푸짐하고 반찬으로 나오는 김치찌개와 게장무침은 정말 맛있다. 그래서 자주 이용한다. 그날도 그곳에서 저녁 겸 소주를 한잔하던 도중이었다. 운전 때문에 식사만 하고 있는 제자에게 물었다.

 "송광사가 연화부수형이 아닌 이유는 무엇이냐!"
 "기세가 아닙니다."
 "어떤 기세?"
 "하회마을이나 효종왕릉에서 느낀 것처럼 출렁거리는 세가 없습니다."

대웅보전을 앞마당에서 보아도 꽃 송이로 보이는 것은 마찬가지다.

그렇다. 꽃에는 향기가 있다. 장미꽃에는 장미냄새가 나고, 매화는 매화 향을 풍긴다. 향기와도 같은 것이 기세라는 세(勢)다. 세(勢)를 제쳐두고서 형(形)에만 치중한다면, 이는 고양이를 호랑이라 하고, 용을 뱀이라고 단정 지을 수도 있다. 그래서 형국은 형세로써 입증시켜야 하는 과정을 필요로 하게 된다.

대웅보전을 화심 중앙에 택지시킨 송광사 화심형국은 모후산 솔개 안대와 절묘한 조화를 이룬다. 화심과 솔개는 꽃을 찾아 날아드는 벌과 나비를 연상케 한다. 이는 날아오는 나비라는 비아(飛蛾)가 꽃과 만난다는 화접(花蝶)을 성립 시킨다. 송광사는 비아화접(飛蛾花蝶)이라는 형국을 또다시 창출하고 있다는 것이다. 이것이 송광사 화심을 더욱 북돋아 준다. 송광산과 송광사, 그 명칭 또한 모후산 솔개의 화접문패인 것이다.

오늘날 대웅보전도 그렇지만 옛 대웅전도 날개를 활짝 펼친 팔작지붕을 보여주고 있다. 대웅보전을 국사전에서 보면 이는 뒷산을 날개로 삼은 한 마리 솔개를 연상케 한다. 대웅보전의 솔개 형상 또한 날아오는 모후산 솔개방향과 일치하고 있다. 이러한 현상은 대웅보전 앞마당에서 또다시 보게 된다. 승보전과 지장전 건물 중 모후산을 향해 있는 것은 승보

국사전에서 보면, 모후산 솔개모양처럼 날아오는 형국을 발견하게 된다. 이때 대웅보전은 솔개 머리이며 뒷녘의 산들은 솔개 양쪽날개에 해당된다. 산과 절이 빚어 놓은 "산사 솔개형국" 이라 할 수 있다.

전이다. 솔개 날개 형상과도 닮은 팔작지붕 승보전이 그 자리로 이전 된 것은 적재적소 배치가 된다.

모후산 솔개형과 송광사의 화심형국은 승보사찰 송광사 대국면 풍수 형국이며 형세에 해당한다. 이것이 이 곳을 택지한 보조국사의 풍수안목이다.

이 같은 송광사 풍수를 두고서 고작 팔작지붕 좌청룡, 맞배지붕 우백호에만 치중한다면, 이는 소탐대실에 해당된다. 그렇지 않은가? 반풍수일수록 좌청룡 우백호 타령에만 집착한다는 풍수속담을 보아도 말이다. 혈의 기세가 출중하고, 형국이 빼어나면 좌향 같은 것은 어느 짝에도 쓸모없는 것이 되어버린다는 풍수격언도 있다.

역시 송광사다!

한국풍수원류를 여실히 보여주고 있는 고려선승들의 풍수와 함께 그 자릴 지켜온 우리문화유산 송광사이기에 절로 터져 나온 감탄이다.

송광사의 진면목

무덤 풍수 등쌀에 오늘날 한국풍수는 단절되어 버렸다.
그러나 도선국사가 개창한 한국풍수는 고려 선승들에게 전수되었고 그것은 송광사 개산조 지눌에 의해 이곳 송광사 문화유산 곳곳에 들어 있었다. 송광사 답사 때, 나는 그것을 열심히 줍고 다녔다.

국보 제42호인 목조삼존불감, 국보 제43호 고려고종제서, 국보 제56호 송광사 국사전 등과 보물 13개 그리고 천연기념물과 유형문화재 등을 합하면 국내 최대의 문화유산 사찰은 단연 송광사이다.

　문화유산 보물 창고인 송광사를 앞산에서 감상하면 이색적인 광경을 목격할 수 있다. 이색적인 광경은 사찰배치 때문이다. 여느 사찰이건 사찰주불을 모신 법당을 중요시한다. 이에 대한 예외가 있기는 있다. 통도사 대웅전과 금강계단이다. 그러나 금강계단에는 대웅전보다 더 중요시 되는 석가세존의 사리가 있기에 당연시 된다.

　이곳 송광사는 그와는 다르다. 문제의 건물들은 승려들이 기거하는 요사 채라는 것이다. 문제의 요사 채들을 절집 마당에서 감상하면, 너무나 당당한 배치라는 것이 다시 확인된다. 삼존불을 모신 대웅보전보다 더 높은 축대를 쌓고서 그 위에 보란 듯이 자리하고 있다. 뒷장 윗사진에 나온 문제의 한 건물은 수선사(修禪社)이다. 축단 위에 높이 앉아있는 모양은 마치 왕즉불 사찰의 법당같다는 느낌마저 들게 한다.

　오늘날 관람객들은 이 같은 광경을 보고서도 별 생각 없이 그냥 지나쳐 버린다. 그 이유는, 건물들의 외형에 있다. 수선사보다는 대웅보전 평면이 2배 가량 더 크고 건물도 훨씬 화려하기 때문이다. 그러나 각도를 달리하면 정말 묘한 송광사 배치라는 생각이 든다.

　현 대웅보전은 1988년에 중창된 것이다. 1988년 이전 그곳에는 대웅전이 있었다. 대웅전 건물이 오늘날 승보전이다. 그러니까 승보전 건물을 대웅보전 입지에 놓고서 상상하여보자. 그럴 경우 맞배지붕을 한 수선사 건물이 팔작지붕의 대웅전(현 승보전 건물)보다 더 크고 더욱 당당하다는 것을 상상할 수 있다.

　이뿐만이 아니다. 대웅보전도 그렇다. 신축 설계 때, 원각사 13층 석탑

승보사찰 조계산송광사　　265

팔작겹지붕 대웅보전 뒷녘 높은 곳에 자리한 맞배지붕 수선사. 원래는 옛 대웅전보다 더 큰 건물이었다. 송광사 한 건물에 해당되는 수선사에는 풍수 화두도 걸려 있었다.

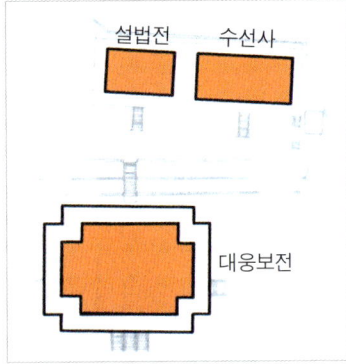

대웅보전을 탑으로 삼으면 이는 1탑2금당 양식이라는 광경마저 연출된다.

수선사로 들어서는 진여문. 여기가 진리의 문이라는 뜻이다.

평면을 참조했던 것이 오늘날의 대웅보전이다. 그런 까닭에 대웅보전 평면도를 보면 기단은 물론 건물평면까지 원각사 석탑평면도처럼 아(亞)자형을 보여준다. 대웅보전은 석탑을 상징하고 있다는 것이다. 석탑 뒤에 법당을 입지시킨 것이 사찰양식이다. 그렇다면 대웅보전을 석탑으로 삼고서 그 뒤편에 자리한 수선사가 송광사의 실세법당이라는 결론이 나온다. 수선사가 송광사의 실세 건물이 된 이유는 무엇 때문일까?

수선사로 들어가는 문은 대웅보전 뒤편에 있다. 높은 계단 윗녘에 서 있는 진여문(眞如門)이다. 진(眞)은 진리를, 여(如)는 같은 것을 뜻하는 글자다. 그러므로 진여(眞如)라는 용어는 진리가 이와 같다는 말이 된다. 진리가 이와 같다는 표현은 '이것이 진리이다' 라는 절대적 진리를 뜻한다. 그러므로 우주만유의 절대 진리에 들어서는 문이 진여문인 것이다.

우주만유 중에는 절대 진리에 들어있는 존재가 있다. 불(佛)이다. 부처의 경지는 불교가 추구하는 최상의 이상이며 목표다. 이러한 불이 되기 위한 수행과정이 있다. 그것은 참선수행으로써 심즉불을 직접 견성하는 것이다.

심즉불 사찰인 송광사에서 수선사가 실세법당인 것은 바로 이점에 있다. 이는 참선수행(參禪修行)이 수선사의 수선(修禪)이라는 글자에 들어있는 것을 보아도 짐작된다. 수선사는 참선수행을 하는 송광사 제1선방이었다. 수선사(修禪社)의 사(社)는 절집을 가리키는 용어이다. 왕조시대에 국가공인기관 명칭 중에 하나가 사(社)였다. 사(寺)는 절집을 말하지만, 사(社)는 국가공인사찰 쯤 된다. 그러므로 수선사는 고려왕조까지 공인했던 국가 제1의 선방이기도 했다.

송광사는 이곳에 자리한 수선사로부터 시작되었으며, 보조국사 지눌이 상주했던 곳도 수선사였다. 이러한 수선사와 어깨를 나란히 하고 있는 건물은 설법당이다. 설법당도 수선사처럼 참선수행을 하던 선방이었다. 설법당 옆에 남향하고 있는 삼일암, 하사당도 선방에 속한다. 그러므로 대웅보전 뒷녘을 당당히 지키고 있는 이들은 선방구역의 요사 채들이었던 것이다. 고래로 송광사는 법당 경내보다는 선방 수행을 더 중요시했던 승보사찰이었다. 이 같은 특성이 선방구역을 사찰실세로서 자리매김한 것이다.

이와 더불어 선방구역은 예로부터 독특한 광경까지 연출하고 있었음이 상상된다. 대웅보전 중심에서 바라보면, 선방구역은 동쪽에 자리한

1988년 복원 때, 터 읽기 풍수시각이 생략되자 터무니없이 선방구역을 막아버린 대웅보전. 사찰복원 때는 풍수터 읽기가 필요하다는 대목이기도 하다.

다. 동쪽은 해가 뜨는 방향이다. 지금은 겹지붕을 한 대웅보전이 선방구역을 가로막고 서 있으나, 1988년 이전에는 승보전처럼 작은 대웅전이 입지하고 있었다. 2개의 건물들을 목측해보면 현 대웅보전 처마 끝 지점이 옛 대웅전 지붕 용마루 높이와 같았다. 옛 대웅전은 지금처럼 선방구역을 틀어막지 않았다는 것이다. 이러한 조건들을 놓고서 다음과 같은 장면을 상상하여 보자. 아침 일출이라는 조명과 동쪽이라는 조명각도, 그리고 확 트인 곳에 법당보다 더 큰 건물로서 더 높이 자리한 수선사와 설법전들을 말이다. 이 같은 무대설치와 일출이라는 조명조건이 만나면 다음과 같은 장면을 연출하였을 것이다.

아침 해가 조계산 동쪽에서 떠오른다. 일출의 햇살은 동쪽에 있는 선방구역에 후광 효과를 연출한다. 그러한 광경은 대웅전을 앞세운 송광사 선방구역을 장엄하게 만들어 버린다. 이는 부처의 후광이라는 불국사 자하문의 자하서광과도 같다. 이런 광경은 또한 수선사에 좌정했던 지눌을 상징하는 장면과도 직결된다. 불일보조국사(佛日普照國師)라는 시호를 받았던 수선사의 지눌. 그 자체가 불교의 태양[佛日]이었으며, 보림사라는 선종의 발원지를 밝히는[普照] 광경을 맑은 날 아침마다 연출하였기 때문이다. 그러나 지금은 볼 수 없는 광경이 되어버렸다. 1988년 송광사 현 대웅보전을 조성할 때, 지붕선을 낮추면서 지금처럼 멋지게 지을 수는 없었을까. 너무 아쉬워서 자탄해본 소리다.

그 터에 그 건물이라는 선조들의 말은 이를 지적하는 말인 것 같다. 적재적소라는 말도 그렇고, 그러나 이미 우람한 건물이 들어서버렸는데 더 이상 볼멘소릴 한들 무엇 하랴 … , 이하 각설하고 선방구역의 터읽기 풍수나 들여다보자.

살아있는 사람의 집인 주택, 궁궐, 사찰들을 양택(陽宅)이라 한다. 반면 사자(死者)의 집인 무덤, 왕릉, 사당은 음택(陰宅)에 속한다. 이들의 배산임수와 장풍득수 원리는 같으나 택지 조건들은 차이가 있다. 그래서 양택풍수와 음택풍수라는 용어로써 달리 구분한다. 음택의 경우는 극단적인 지맥선을 중요시하기에 산줄기나 언덕 위를 올라타고 있어도 무관하다. 그러나 양택풍수는 집을 감싸는 장풍국면을 필수조건으로 삼는다. 장풍국면이 형성되어 있지 않은 언덕 위에 있는 집은 그 집 운세가 풍비박산 나고, 지맥선만 연결된 집은 정신병자까지 나온다는 그런 이야기까지 있다. 한때 유행했던 팝송가사에 나온 언덕위의 하얀 집이란 장풍국면도 없이 지맥선 위에 올라타고 있기에 이는 정신병원 발복을 한다는 것이 양택풍수의 진단인 것이다.

이곳 선방구역에는 양택풍수 택지에 관한 모범정답이 들어있다. 보조국사 사리탑 지맥자락과 치락대 지맥자락 사이에 선방구역이 자리한다. 지형을 살펴보면 산자락들이 양편에서 막아주는 ㄷ자형상을 만들고 있다. 이러한 ㄷ자 속을 장풍국면이라 한다. ㄷ자 장풍국면 속에 양택인 선

사리탑과 치락대 둔덕을 양쪽에 끼고서 들어선 선방구역. 이 같은 ㄷ자 터의 입지는 창덕궁 내전구역에서도 발견된다.

방 요사 채들이 모두 들어 있는 광경을 볼 수 있다.

　그러나 국사전, 풍암영각, 관음전, 보조국사 사리탑들은 삶의 공간이 아닌 음택풍수에 해당한다. 그런 까닭에 이들 모두 양택 장풍국면을 벗어난 곳에 자릴 하게 되었다. 또한 국사전은 산줄기와 직접 닿는 곳에 있으며, 사리탑은 언덕 위에 조성되어 있다. 양택과 음택으로 구분되는 각각의 적소명당에 요사 채와 그리고 사리탑, 국사전이라는 풍수적재들이 제대로 배치된 적재적소 광경이라는 것이다. 이런 것이 건축풍수의 간잡이 중에 하나다.

풍수볼거리와 국사인걸

송광사 건물들은 대웅보전을 감싼다. 대웅보전은 형국론 혈이기 때문이다. 이러한 건물들은 또다시 보조국사 사리탑까지 감싼다. 이 또한 형세론 혈자리이기 때문이다.

송광사 제1의 음택명당 혈자리에는 보조국사 사리탑이 좌혈하고 있다.

혈은 장풍사(藏風砂)들의 호위를 받아야 한다. 송광사 경내의 삼성각, 삼일암, 하사당, 관음전들이 장풍사(藏風砂)배치로써 사리탑을 감싸고 있는 것도 그 때문이다. 이와 같은 건축풍수 간잡이들은 서원배치에서도 발견된다. 중요시되는 사당이나 강당의 혈을 서원건물들이 감싸고 있다. 대표적인 것이 소수서원과 도산서원이다. 궁궐 등 문화유산들도 마찬가지이다.

송광사에서 보조국사 사리탑이 중요시되는 것은 창건주였다는 사실 때문만은 아니다. 보조국사 지눌은 조계종을 중흥시킨 역사적 인걸이었다. 그러므로 송광사 개산조에 머무는 것이 아닌 대한불교 조계종 중흥조가 지눌이라는 것이다. 이는 오늘날까지 유효하다.

지눌은 고려 제18대 의종 12년(1158년) 황해도 서흥군에서 태어났다. 동승 출가한 지눌은 25세 때, 승려과거에 합격하였으나 출세의 길을 버렸다. 당시 혼탁한 불교계의 현실에 안주할 수만은 없었던 것이다. 지눌의 이 같은 행동은 항상 진리를 추구하는 마음에서 비롯되었다.

진리는 하나인데, 사람들은 밥그릇을 지키기 위해 서로 자기 것만이 진리라고 우긴다. 그렇다고 그런 그들을 꾸짖는다면, 그것도 우기는 것이 되어 사회를 더 어지럽게 한다. 그래서 모두를 받아드리기로 했다. 선종, 교종 심지어는 유교, 도교까지 수용했던 지눌이었다. 내 말이 옳고 네 말이 틀린다는 사람들을 진리는 하나라는 진여의 도량그릇으로 모이게 했다. 이것이 송광사라는 그릇이다.

그렇게 모인 그들이 서로 자기 그림자와 허물을 보았을 때, '모든 것이 내 탓이요'를 깨닫는다. 그때부터 모두가 하나 되는 진리의 문지방에 들어서게 된다. 그것이 지눌이 초지일관 추구했던 사상이었다.

생각은 쉽다. 그러나 실천은 어렵다. 지눌은 초지일관 소걸음처럼 묵묵히 마지막까지 실천을 보였다. 보조국사 지눌은 1210년 3월 27일(음) 생애를 마감한다.

그날 아침부터 큰북을 쳐 모든 대중들을 법당에 모이게 했다. 법상에 앉아 제자들에게 진리를 공부시켰다. 법담을 주고받다가 최후로 한 제자가 생사의 진리를 물어왔다. 그러자 지눌은 육환장으로 법상을 쾅쾅하고 두어 번 내리쳤다.

"생사 또한 하나의 진리에 있다. 잘 보아 두어라. 바로 이것이다!"

제자들은 일제히 시선을 집중시켰다. 법당법상에는 지눌이 지긋이 눈을 감고 있었을 뿐이다. 숨소리 하나 들리지 않은 고요한 적막감. 한창 깨어나는 신록의 봄날에 들리는 것은 조계산 새소리뿐이었을 것이다. 법상에서 그렇게 그대로 입적 해버린 지눌. 생사도 하나라는 절대 진리의 진여를 마지막까지 실천으로 보여준 것이다.

송광사와 봄날의 신록.
이곳 수선사 그 넘 선방구역에서 봄
날에 입적한 선승 지눌

이러한 지눌의 마음이 담긴 사리탑은 오늘도 송광사를 내려다 보고 있다. 이럴 적 현재의 사리탑은 과거에 입적법상에 앉아있었던 보조국사 지눌의 광경과도 일치한다. 당시 입적법상 아래에 앉아 있었던 제자들처럼 사리탑 아래에는 오늘날 송광사 건물이 앉아있는 광경이다. 역시 현재와 과거의 진여이며 그리고 생사여탈의 광경이기도 하다.

생사여탈과 함께 대한불교조계종의 새벽을 알려준 보조국사의 송광사. 송광사의 새벽은 항상 꽃송이로부터 시작된다.

송광사는 이제부터 풀어야 하는 생사화두 앞에 앉아 있는 학생이며 제자들이기도 했다. 지눌의 생사화두는 이후 인걸배출의 기세를 몰고 왔다.

사리탑 둔덕 남쪽 발치에는 샘이 있다. 지눌 열반 약 백년 후 이곳에서 선승 하나가 샘물을 달게 마셨다. 물을 마신 선승은 바로 옆에 있는 상사당(上舍堂) 선방에서 화두를 잡았다. 상사당 용맹정진 3일 후 크게 깨쳤다. 이가 제9대 국사인 담당국사다. 3일 만에 깨우쳤던 연유에서 삼일암(三日菴)으로 개칭된다. 샘물도 삼일영천(三日靈泉)이라고 불려지게 되었다. 삼일영천은 보조국사 사리탑 바로 옆에 있다.

영천의 지령과 보조 지눌의 교훈, 전자가 땅에 의한 풍수지령이라면, 후자는 지눌에 의한 인화교훈이 된다. 이렇듯 풍수와 인화가 같은 자리에 있을 때 어느 것이 인걸배출에 더 유리할까. 풍수학인이라면 한번쯤 그런 생각을 하게 되는 이곳의 광경이다.

지리불여인화(地利不如人和)라는 진리적인 명언이 있다. 사람의 노력(인화)이 풍수효력(지리)보다 더 중요하다는 뜻이다. 물론 송광사는 명당 터에 자리를 잡고, 명당 간 잡이로써 매김 된 사찰이다. 그러나 이러한 풍수 대명당 송광사 일지라도 모든 것은 지눌의 노력에서 나왔다. 이는 지눌의 인화력에서 16국사가 배출되었다는 말이기도 하다. 16국사의 영정을 봉안한 곳이 국사전(國師殿)이다.

국사전에 3개의 볼거리가 있다.

대문에서 바라본 국사전과 풍수볼거리

첫 번째 볼거리는 대문에서 시작된다. 대문에서 바라본 국사전 지붕위로는 살짝 걸쳐 있는 작은 둔덕이 보인다. 그것은 치락대로서 송광사 남쪽 지맥에 해당한다. 이를 국사전과 연관시켜보면 치락대는 지맥선상에 있는 풍수 잉(孕)이 되고 국사전은 혈이 된다. 지맥선을 타고서 흘러온 생기가 혈을 맺히려할 때 불쑥 솟아오르는 현상을 잉이라 한다. 잉 앞에는 혈이 있다. 잉이 이곳 국사전의 혈을 증명하고 있는 광경이다.

국사전은 입적한 국사를 모셔놓은 사당이기에 음택에 속한다. 음택건물은 지맥선과 직접 잇대고 있어야 한다는 것이 풍수논리다. 이런 것들을 우리는 이곳 국사전에서 확인할 수 있다.

두 번째는 건물 자체에 있다. 국사전의 정면 칸 수가 이례적이다. 1930년경에 찍은 송광사 대웅전 사진을 보면 정면 3칸을 하고 있다. 오늘날 새로 지은 대웅보전 칸수는 5칸, 양편에 있는 언저리 칸 수까지 덧붙이면 7칸이다. 대웅보전 좌청룡에 해당되는 지장전은 5칸, 우백호격의 승보전은 3칸이다. 이들의 공통점은 3칸, 5칸, 7칸이라는 홀수에 속한다. 수선사, 설법전 등 선방건물들도 모두 홀수다.

그런데 국사전은 4칸이라는 짝수를 하고 있다. 이는 국사전이 음택건물이기 때문이다. 홀수는 양수(陽數)이기에 양택(陽宅)건물에 적용되며, 짝수는 음수(陰數)이기에 이를 국사전 음택 건물에 적용시킨 것이다.

세번째 볼거리는 국사전 석조기단에 있다. 인공으로 다듬어 놓은 기단 돌들의 조합이 특이하다. 특이한 조합처럼 색들도 제각각이다. 저렇게 조성했던 것에는 이유가 있을 것이다. 승려생활을 했던 덕택에 보자마자 저것은 대가사 무늬를 디자인화 시킨 것이라는 생각이 들었다.

국사전 석조기단의 칼라모자이크 광경. 불국사 석단에는 옥녀풍수가 들어 있다면, 이곳 송광사 국사전 기단에는 국사지령이 들어있다.

그렇다면 국사전 석조기단이 가사무늬 모양을 하고 있는 것은 무슨 까닭일까. 기단은 건물들과는 달리 예부터 그 자리를 지키면서 그 모양 그 모습 그대로 있기에 이는 16국사들의 대화를 들을 수 있는 내용물이 된다. 국사전 기단문양의 마음을 읽어보았다.

초기 구도자들은 밥그릇인 발우 하나와 가사 한 벌만을 소유하는 근검절약생활을 한다. 석가세존은 구도자들의 생존을 위해 최소한의 의식주를 이렇게 일렀다. 집[住]을 소유하지 마라. 나무 밑 바위에서 잠을 자되 한곳에서 3일 이상을 지내지 마라. 정주(定住)라는 소유욕이 생기기 때문이다. 먹기[食] 위해 솥은 걸지 마라. 생활의 번거러움이 구도의 시간을 빼앗아 버린다. 오직 탁발을 통해 음식을 구하고, 음식을 약으로 생각하라. 그런데 탁발걸식을 하려면 동냥그릇이라도 있어야 한다. 그래서 발우의 소유만은 인정하였다.

옷[衣]에 관해서도 지시하였다. 가장 간단한 의복은 이불 홑청 하나로 몸을 감싸는 것이다. 몸도 가리고, 이불도 되고, 디자인에 재단, 그리고 가봉도 필요 없다. 이것이 승려들의 가사였다. 그래서 가사도 소유할 수 있었는데, 가사를 소유할 수 있는 요령도 석가세존은 자상하게 일러주었다. 시주를 받거나 아니면 탁발하려 나갔다가 땅에 버려진 천 조각들을 주어 이것들을 바느질로 기워서 마련하라는 것이었다. 누더기 가사 소유를 인정한 것이다. 송광사 국사전 석조기단은 이러한 누더기 가사를 상징한다.

의복은 신분을 나타낸다는 인간사의 격언이 있다. 그렇다고 명품 의복이 명품 인간을 만드는 것은 아니다. 오히려 졸품 인간들의 콤플렉스가 명품에 의존하려는 풍조까지 만들어낸 오늘날이다.

입산출가는 인간사 인연을 떠나는 것이다. 그 속에는 당연히 재물이니 명품이니 하는 것도 단절되어 있다. 출가사문이 탁발도중에 주운 천 조각으로 가사를 만들었다. 이를 의복으로 입고 있었다. 중생들의 속안에는 거지 중에서도 상거지로 보였을 것이다. 그런데 누더기 가사를 걸친 선승 하나가 법당사자좌에 앉아서 구름처럼 운집한 사대부중을 향해 사자후를 토해냈다. 누더기 가사의 선승은 조계종의 국사였다. 이러한 기풍이 이곳 송광사 16국사들의 조계청풍(曹溪淸風)이기도 했다. 이러한 조계청풍을 국사전 석조기단이 무설(無說)로써 보여주고 있는 것이다.

송광사를 승보사찰로 만들었던 직접적인 원인은 16국사들의 인화 승풍이었다. 여기에 송광사의 풍수지령이 일조하였던 것도 사실이다. 그러나 그것은 간접적인 영향이었을 것이다. 이곳 승보사찰 송광사에서는 말이다.

송광사에는 탑이 없다.
오로지 보조국사 사리탑이 있을 뿐이다. 석가세존의 여래선이 아닌 조사선을 추구하는 선종사찰과도 그 맥은 통한다.

사찰과 문화유산풍수

조계산 서편에는 송광사가 있고 동편에는 선암사가 있다.
서편에 화심형 명당이 걸려 있다면 이곳 동편은 사진처럼 위엄 있는 장군대좌형 형국을 보여주고 있다.

"명산에 대찰있다!"

조계산은 명산이다. 인하여 조계산에도 대찰이 있다. 그것도 2개씩이나 된다. 조계산 동쪽 겨드랑이 속에 있는 대찰은 선암사이며, 서쪽 겨드랑이가 끼고 있는 것은 송광사다. 그중 선암사는 송광사보다 350여년이나 앞서 창건되었기에 조계산 토박이 사찰에 속한다. 터잡이도 한국 최고의 풍수대가가 했다. 도선국사다!

조계산의 단전(丹田)자리를 차지한 선암사에는 유명한 형국도 있다. 장군대좌형(將軍大坐形)이다. 장군이 크게 앉아 있다는 장군대좌형은 예

장군대좌형의 '단전 + 화심형 = 선암사'라는 풍수공식을 보여주는 선암사. 1994년 서쪽 관산점에서 촬영한 사진. "오지게 추운디 거길 뭇땜시 갔당께!"

로부터 널리 전해내려 오던 선암사형국이기도 했다.

장군대좌형의 혈 자리는 단전에 있다. 이른바 단전호흡의 기세를 생기 용출의 기세로 쳤던 것이다. 이러한 선암사를 현장에서 관산하면, 또다시 형국 하나가 잡힌다. 산속에 파묻힌 화심형(花心形)이다. 이럴 적 선암사는 장군의 단전기운으로 꽃을 피우고 있는 사찰이 된다. 선암사도 화심형 택지를 하였기에 송광사 택지와 같이 법당이 사찰 중심부에 자릴 한다.

명당일수록 다수의 형국이 존재한다는 것이 풍수논리다. 화심형과 비아화접형이 공존하는 송광사, 장군대좌형과 화심형을 겸비한 선암사가 이에 해당한다. 그 뿐만이 아니다. 송광사에는 솔개형의 안대형국이 있고, 선암사 역시 옥녀직금형이라는 안대형국과 마주하고 있다. 그렇다면 이들은 하늘이 내린 완벽한 대명당 사찰일까? 그렇지는 않다. 그 이유는 이렇다.

완전무결한 풍수명당을 전미지지(全美之地)라 한다. 그러나 현실적으로 전미지지는 존재하지 않는다. 십중팔구는 명당조건을 갖추고 있으나 열에 한둘은 풍수문제가 발생하는 것이 통상이다.

선암사도 송광사처럼 물줄기가 문제시 되었다. 송광사 물줄기는 가까운 곳에서 사찰을 감싼다. 이는 계수즉지(界水則止)에 유리하여 생기를 강력하게 송광사로 모아준다. 그러나 선암사는 사정이 달랐다. 물줄기가 사찰 멀리 떨어져 있기에 계수즉지에 불리했다. 또한 너무 급하게 빠져 나가는 선암사 물줄기는 생기 방출까지 야기 시킨다.

풍수 때문에 생긴 문제는 풍수로써 풀어야 함은 당연하다. 이를 비보풍수(裨補風水)라 한다. 비보풍수를 창출한 원조는 도선국사다. 최초의 비보풍수는 859년에 조성한 수도암 삼층쌍탑에서 발견되고 있다. 삼층 비보석탑을 조성한 도선은 3년 후 이곳에 선암사를 창건했다(아도화상 창건설도 있지만 그 당시는 삼국쟁탈기였기에 고구려 사람인 아도의 출입은 불가능했다).

선암사 계수즉지 풍수가 걸린 비보 연못.

도선 또한 선암사 계수즉지 문제해결에 비보풍수를 사용했다. 선암사 바로 앞에 있는 삼인당 연못이 비보풍수 조성물이다. 삼인당 연못은 산줄기 지맥 끝 지점에 있고, 지맥 위에는 일주문과 함께 선암사가 입지하고 있다. 이러한 입지상황을 종합분석하면 삼인당은 계수즉지 연못이라는 결론이 나온다.

삼인당의 계수즉지 비보를 입증하는 현장도 있다. 후대에 세워놓은 승선교가 그에 해당한다. 승선교 아래 천장에 박힌 용두(龍頭)는 선암사 쪽을 향해 쳐다보고 있다. 이럴 경우 용두는 선암사 계수즉지 역할을 보충하는 수구막이 이다.

송광사 물줄기는 북진하기에 수살(水殺)이 끼었다. 수살은 바깥쪽에서 쳐들어온다. 그로인해 송광사 우화각 용두는 선암사 승선교와는 반대로 바깥쪽을 쳐다보고 있다.

우리문화유산들은 우리문화유산끼리 서로 통한다. 그런 까닭에 선암

선암사 골짜기 물은 급하게 흐른다. 이럴 경우 생기가 샐 수 있다. 이를 단속하기 위해 이곳 승선교 용두석 상은 내부를 쳐다보고 있다. 수구막이가 정답이다.

사 풍수는 송광사 풍수가 입증하고, 선암사 풍수조성물은 송광사 풍수조성물을 논증하고 있는 것이다. 이를 풍수족보로써 짚어보면, 신라 말에 창건된 선암사풍수가 원본이고, 고려 중기에 개산한 송광사는 부본이라고도 할 수 있다.

  도선창건설과 일치하는 신라 말에 조성된 삼층쌍탑이 선암사 법당 앞에 서 있다. 자세히 보면 쌍탑의 배치각도가 어긋났다. 조계산 쪽으로 벌어져 있다는 것이다. 사람들은 쌍탑은 당연히 똑바로 배치되어 있다고 생각한다. 식자들 일수록 더욱 그렇게 생각한다. 무조건 받아드린 서양시각의 직선축이 우리문화유산풀이와 답사를 멍텅구리로 만들어 버린 일례 중 하나다.

  실상사의 쌍탑은 선암사 쌍탑과는 반대로 앞쪽으로 벌려놓았다. 화엄사 쌍탑은 우백호쪽 탑이 앞으로 더 튀어나갔고, 보림사 쌍탑은 좌청룡 탑이 우백호 탑보다 앞에 있다. 그렇다고 그것들이 불량 공사도 우연의 일치도 아니다.

  선조들은 작정하고서 출가석탑을 만들어 놓았는데, 이를 막가파 가출석탑으로 이야기 하고 있는 우리들이 불량시각을 갖고 있는 것이다. 탑들의 배치현상을 5년간 연구 분석하자 "기왕이면 다홍치마"라는 속담이 떠올랐다.

가지산 보림사에 서 있는 쌍탑을 불교교리와 문화재 양식으로 풀면 오리무중이 되어 버린다. 그러나 심즉불 풍수와 함께 비보풍수를 걸으면 그 답은 단박에 나온다. 풍수미학 강의를 듣는 학부1학년생도 쉽게 이해하는 사찰풍수 대목이다.

쌍탑이라는 치마를 만드는 도중에 기왕이면 다홍무늬인 풍수까지 곁들여 놓았다는 것이다. 풍수로써 풀면 쌍탑의 비밀은 2차 방정식 풀이처럼 풀린다. 이쪽 사찰탑의 배치는 저쪽 사찰탑이 입증하고, 이 같은 사찰들의 현상은 병산서원 동재배치가 또 다시 입증한다. 서원도 서원끼리 입증과 논증을 주고 받다가 또다시 궁궐배치와 연결되고, 전통 마을배치와도 초록은 동색을 이룬다. 이렇듯 문화유산들이 서로 통하는 것은 같은 민족이 같은 문화유산을 만들어 놓았기 때문이다. 더 자세히 들여다 보면, 똑같은 풍수잣대까지 사용했다는 것을 알 수 있다.

우리는 우리 땅을 삼천리 금수강산이라 한다. 이때 삼천리는 두만강 북쪽 끝에서 남쪽 해남의 땅 끝 마을에 이르는 발품 거리를 지칭하는 것이 아니다. 이는 백두산에서 지리산까지 뻗어 내리는 백두대간의 삼천리 산줄기 길이를 가리킨다. 백두대간은 우리 땅의 큰 잣대였으며, 백두정기는 우리민족의 기운이며 숨결이었다.

우리 땅의 큰 잣대인 백두대간에서 뻗어 나온 산줄기 중의 하나가 호남정맥이다. 더불어 우리 땅에는 13개의 정맥이 있다. 정맥이라는 산줄기와 물줄기가 서로 통하자 산수회포라는 금수강산을 만들었고, 문화유산

조계산에서 뻗어나가 백운산에서 마무리 되는 호남정맥과 그리고 백두대간.
백두대간에는 백두정기가 역사와 함께 걸려있고, 정맥들은 우리의 풍토문화이자 뼈대이며 족보에 해당된다.

들을 빚어놓기까지 했다. 그 같은 문화유산 중에 하나가 조계산 송광사이다. 송광사의 임수인 조계천은 흘러서 주암호에 합류한다. 주암호는 보성강을 이루며, 북진하다가 섬진강에 합류된다. 이렇게 합세한 물줄기들이 빚어낸 이곳에는 무형문화재가 있다. 동편제라는 판소리이다.

　동편제의 향토마을인 남원, 순창, 곡성, 구례들을 또다시 산줄기로써 헤아려보면, 이는 호남정맥이 C자 모양으로 품어주는 그 안쪽에 모조리 입지하고 있다는 것이다. 그러므로 호남정맥 C자 바깥은 서편제 지역이라는 명쾌한 답까지 단박에 나온다. 그것은 산줄기와 물줄기가 빚어놓은 것들이 동서편제이었기에 산줄기를 보면 드러나는 당연한 결론이며 결과다.

　호남정맥을 빠져나가는 유일한 물줄기는 섬진강 하류뿐이다. 섬진강 하류의 물줄기는 오늘날 경상도와 전라도를 가름한다. 그곳에는 섬진강 동쪽에 있는 마을이라는 하동(河東)도 있다. 하동서부터 물줄기를 경계로

승보사찰 조계산송광사

하여 화계에 이르면, 이제는 산줄기를 타고서 그 동쪽은 경상도며, 그 서쪽은 전라도가 되었다.

이렇듯 우리 땅의 경계와 사투리, 그리고 판소리에 지명까지 빚어낸 한국 문화의 풍토 장인들은 산줄기와 물줄기들이었던 것이다.

조계산 남쪽에는 벌교(筏橋)가 있다. 뗏목 벌(筏)자에 다리 교(橋)자를 걸어둔 이곳 문패를 글자그대로 해석하면 뗏목다리라는 아리송한 번지수가 되어 버린다. 그냥 말로 풀어보자. 이곳은 바다와 인접하고 있기에 옛적에는 온통 갯벌지역에 갯마을이 있었을 뿐이다. 갯벌에 다리가 놓여지자 갯벌의 다리, 소리 말로 하자면 뻘-다리 즉 벌교가 되었던 것이다. 뻘다리라는 말반 글반의 문패가 벌교(筏橋)라는 지명의 정확한 번지수다.

뻘다리를 만들어 준 사람은 윗녘 선암사의 초안과 습성스님이었다. 1723년 선암사 승선교처럼 아주 멋지게 만들어준 덕택에 오늘날 보물 제394호로 지정된 다리다.

벌교의 뻘다리.
그 말이 그 말이나 "짜장면" 하면 입맛 땡기는데, "자장면" 하면 배속부터 느글느글 해버리는 그런 체질적 어감의 차이가 있다. 그래서 강의 때는 벌다리가 아닌 "뻘다리"라고 한다. 뻘다리에 박혀있는 용두석상들.

낙안읍성을 답사하던 도중 남하하다가 멋진 다리이기에 한 컷 찍었던 것은 1996년 어느 날이었다. 뻘다리에도 선암사 승선교처럼 용두 석상이 박혀져있었다. 그런데 당시 확인하지 못했다. 쫀득쫀득한 벌교 꼬막이 용두보다 더 나의 입맛을 잡아끌었기 때문이다. 아니 산줄기 물줄기에 이끌리어 갔다는 것이 더 정확한 표현일 것이다.

벌교는 호남정맥 바깥쪽에 있고, 바깥쪽은 서편제 구역에 해당된다. 이곳은 음식 맛이 땡기는 전라도다. 그중 서편제 지역이 동편제 지역의 음식맛보다 훨씬 더 맛있다. 왜 그런지는 그건 나도 모른다. 동, 서편제 지역을 수시로 답사 다니면서 먹어본 입맛이 알려준 소식이니까, 하여간 그날은 용두확인은 제쳐두고서 꼬막 먹으려고 남진을 강행했던 기억만이 아직도 생생하다.

벌교 용두의 정체에 대해서는 현재로서는 이런 말 밖에 없다. 부라리고 있는 용두 눈알 2개가 바다 쪽을 보고 있으면 이는 외부차단의 수살막이이며, 반대로 조계산 방향을 보고 있으면 내부단속인 수구막이 이라고 말이다.

우리 땅에는 그 같은 광경과 장면들이 지천에 널려있다. 그러다가 풍수를 만나면 그것들은 하나씩 그 모습들을 드러낸다. 그러나 부지런히 평생을 돌아다닌다 해도 이는 한강백사장에서 모래알 줍기에 불과할 것이다. 이렇게 조명한 사찰풍수도 그렇게 다니다가 주운 모래알 몇 개일 뿐이다.

대한불교 조계종에는 당나라 6조 혜능의 법맥이 흐른다. 혜능의 사찰이 조계산 보림사였다. 그중 보림사는 우리 땅 가지산 보림사문패에 걸렸고, 조계산 번지수는 송광사의 배산 명칭이 되었다. 그러나 보림사나 조계산이나 모두 호남정맥에 직접 붙어 있기는 마찬가지이다. 이런 것이 한국문화유산들의 공통된 특색으로 풍수는 이를 풀어내는 한국학의 기초학문에 해당한다. 무덤과 발복타령만 빼면 풍수는 우리의 전통학문인 것이다!

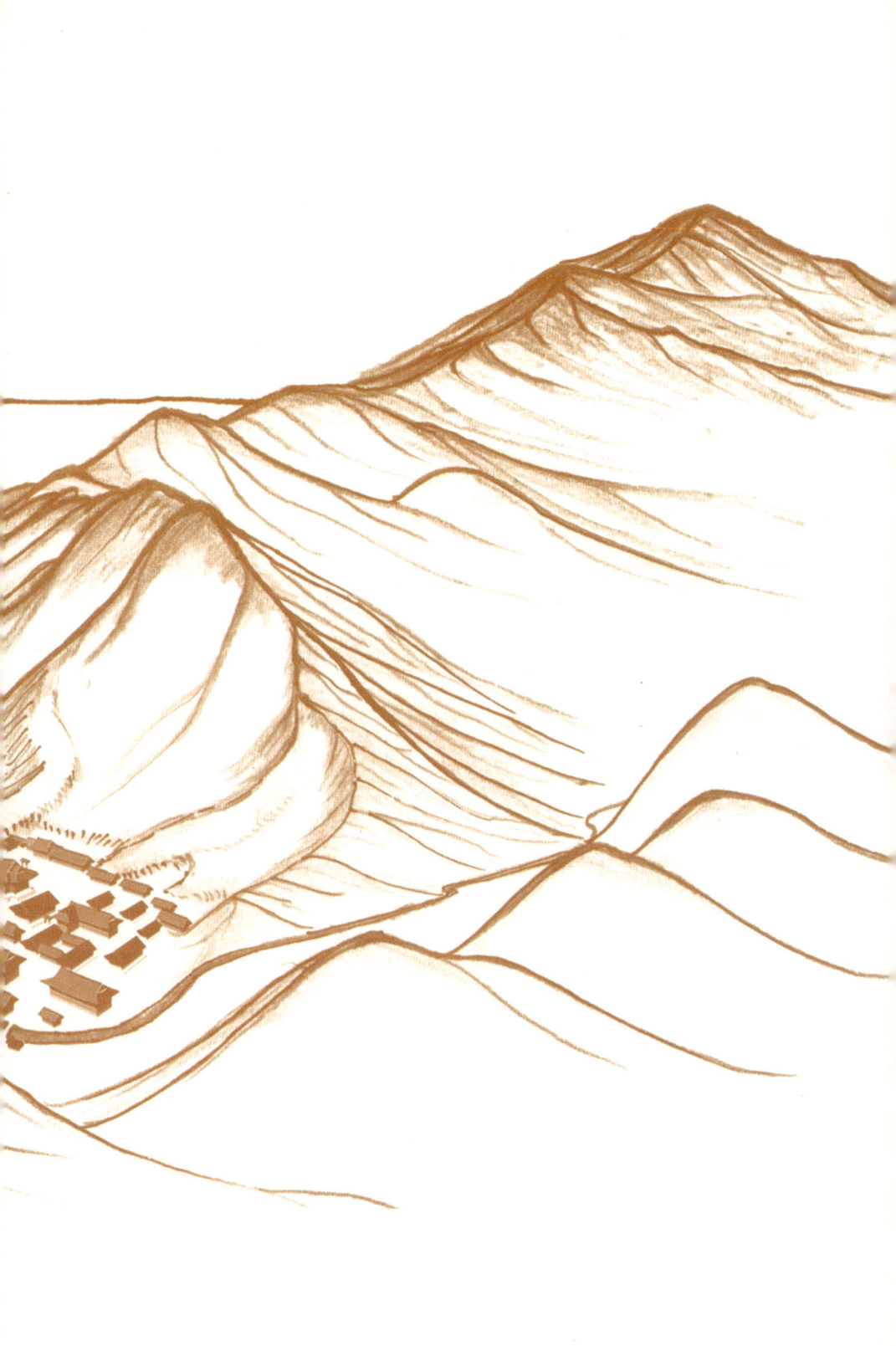